A UN PASSO
DAL BARATRO

PAOLO BROSIO

A UN PASSO DAL BARATRO

Perché Medjugorje ha cambiato la mia vita

a cura di
ALDO INNOCENTI
ENRICO SALVADORI

PIEMME

Tavole fuori testo:

1-13 © Archivio famiglia Brosio
14-28 © Archivio «La Nazione»
29-49 © Nicola Ughi – Olivia Photo Factory
50-54 © Pino Dellasega
55-56 © Archivio «La Nazione»
57-62 © Archivio famiglia Brosio

Redazione: *Edistudio, Milano*

I Edizione 2009

20145 Milano - Via Tiziano, 32
info@edizpiemme.it - www.edizpiemme.it

Anno 2009-2010-2011 - Edizione 2 3 4 5 6 7 8 9 10 11

Alla piccola Iva

Cara Iva,
mia piccola, grande gioia. Come stai? Ti penso sempre e ti voglio un bene infinito. Desidero dedicare a te e a tutti gli altri bimbi della Casa di Citluk questo libro che ho scritto con tanta passione.

Salutami tutte le suorine e in particolare Paolina e Kornelya a cui io e te vogliamo tanto bene.

Dai un bacio loro da parte mia. Mi manca tanto poterti abbracciare e stringerti forte come ho fatto nella bella foto della copertina di questo libro.

Mi ricordo sempre quando ti portavo in bici facendoti fare il giro della casa, accovacciata nel cestino della spesa, oppure quando scendevamo giù come dei pazzi lungo la discesa che porta a Medjugorje. E ancora quando al supermercato ti compravo i palloni colorati oppure quando al bar, davanti alla chiesa di San Giacomo, ti mangiavi il gelato, saltando la cena e facendo arrabbiare suor Paolina.

Tutti questi ricordi li tengo stretti nel mio cuore perché ora sono i più belli della mia vita. Grazie a Dio che me li ha fatti apprezzare.

Con tanto affetto
TUO PAOLO

Capitolo 1
QUELLA NOTTE

Torino, dicembre 2008. Non era ancora Natale, mancava solo una manciata di giorni. Avevo tanti impegni, molti incontri importanti con sponsor, altri ancora per il mio lavoro di giornalista.

Ricordo il freddo pungente di quel pomeriggio, il desiderio di cancellare il dolore della mancanza di lei, la mia dolce Gretel, amata sposa, di cui da mesi avevo solo poche, pochissime notizie.

Rammento bene il desiderio di quel giorno: noleggiare una bicicletta per fare un bel giro nel parco del Valentino, lungo le sponde del Po.

Correre in bici era uno dei pochi rimedi che conoscevo per allentare la morsa della pena della mancanza di mia moglie. Correre, correre, correre, nella speranza di dimenticare tutto nella fatica e nel freddo di quel giorno di dicembre.

Temevo di soccombere ancora una volta, di venire risucchiato nel buio delle notti delle grandi metropoli così come a Roma, Milano, Firenze e tante altre notti di questo ultimo anno, di questo anno terribile, il 2008, l'anno nero della mia vita. Ah!, come galleggiavano nei miei ricordi l'amicizia e gli strani ricorsi con l'amico Marco Pantani, il più grande campione che abbia mai conosciuto, stroncato dall'unica gara che non era riuscito a vincere: quella con la droga.

Dodici mesi in cui mi era crollato il mondo addosso e avevo perso per sempre l'unica donna alla quale avevo dedicato tutti gli sforzi, i progetti e le intenzioni della mia vita.

Pedalando nell'aria gelata pensavo a mia moglie e alle donne – tante – che avevo conosciuto dopo il distacco da Gretel. Donne conquistate, donne comprate, donne lasciate in una camera d'albergo o di un appartamento, dopo aver consumato ore e ore tra il fumo di uno spinello, l'alcol di una vodka ghiacciata, l'odore ancora addosso di sesso senza limiti, senza ragione, senza sentimenti e con tanta, tanta disperazione.

Quella disperazione di chi vuole pareggiare i conti in una battaglia ormai persa, quella fra me e Gretel: un amore in frantumi, una storia così intensa che mai, fra mille avventure, ricordo di avere vissuto così profondamente.

C'è un tratto del Parco del Valentino che si affianca a un circolo di canottaggio, dove tanti ragazzi fanno sport o magari partono da lì per fare jogging lungo i vialetti alberati. Passando con la bici, li guardavo e attraverso la loro immagine rivedevo me, da giovane, quando uscivo dai circoli di tennis in Piemonte, in Toscana e dovunque fossi andato a far tornei.

Forte, tonico, pieno di energie, vincente, come in tutte le cose che ho sempre affrontato. Come in tutti gli impegni, come in tutte le vicende fortunate o le avversità che ho incontrato nella vita.

Adesso, mentre pedalo, non posso più dire tutto questo di me. Ho il terrore di non saper resistere al richiamo facile del sesso e della trasgressione, tutto questo per dimenticare i tre dolori che erano anche i pilastri della mia vita: Gretel, mio padre, morto il 25 febbraio 2003 a Forte dei Marmi, e il mio locale, il Twiga, una delle disco e delle spiagge più importanti d'Italia, semidistrutto da un attentato incendiario.

Rientro in albergo, nel cuore della vecchia Torino. Dopo la doccia penso di ritirarmi presto perché nei giorni seguenti avrò tanto da fare.

Ma il male è in agguato.

Il male per me era la ricerca spasmodica dell'erotismo, esasperato dall'uso di cocaina, hashish e tanto, tanto alcol. Mai nella mia vita mi ero avvicinato così violentemente a questa robaccia. Avevo già provato nel passato per curiosità, perché in certe situazioni mi procurava piacere, perché mi trovavo coinvolto in compagnie particolari con donne affascinanti ed era difficile resistere a queste tentazioni.

Ho avuto tanto dalla vita. Ho pensato per anni che questo fosse il frutto della capacità di piacere al grande pubblico televisivo, alla gente che incontravo per strada, alle donne che entravano e uscivano, alla velocità della luce, dalla mia vita. Pensavo di essere invincibile, imbattibile, fortunato, dotato di una straordinaria capacità personale di intrattenere nuove amicizie in tutti gli ambienti.

Tutto vero. Ma era sbagliato il punto di partenza. Non ero io l'artefice di tanti primati e carismi umani: ironia, simpatia, capacità di divulgare con parole semplici e affidabili qualunque argomento. Una laurea conseguita con 110 e lode all'Università di Pisa con una difficile tesi in Filosofia del Diritto alla Facoltà di Giurisprudenza. A questo aggiungete la naturale capacità di fare sport a un buon livello agonistico. Calcio, tennis, sci e ciclismo. Una grande resistenza fisica alla fatica, la capacità di praticare, con una buona dose di classe, ognuna di queste discipline.

Tutto questo era ed è un grande dono di Dio, ma Paolo Brosio continuava a mettere la parola "Io" al centro della sua esistenza.

Come sono stato sciocco. Solo il dolore provocato dalla caduta dei pilastri della mia vita e il rimorso per l'esagerazione dell'uso della trasgressione e del divertimento hanno innescato, poco per volta, il lancinante sospetto – come un urlo, uno sparo nella notte – di aver sbagliato tutto. Ma proprio tutto.

Anche quella notte ho continuato a sbagliare. L'ultima volta della mia vita? Solo Dio puo saperlo.

Sono invitato all'aperitivo in un bar del centro, poi a

cena in un locale alla moda. Conosco una bellissima ragazza che si siede accanto a me per tutta la sera. È molto alta, bionda, con gli occhi verdi. È di una bellezza mozzafiato.

Insieme a lei, altre amiche affascinanti e disponibili per una serata piccante. Cominciamo a bere nel dopocena in maniera smodata: vodka ghiacciata, caviale e champagne. Girano spinelli e anche qualche riga di coca, e lì, in questa droga, c'è tutto il male possibile. Ne basta poca per perdere il controllo dei freni inibitori. La coscienza si affievolisce poco per volta. Pensi di essere un superuomo ma hai la mente sconvolta e i muscoli irrigiditi. Il desiderio di fare sesso viene amplificato, i contatti, gli abbracci, i baci e le carezze assumono un solo significato: quello di degradare la conoscenza di un'altra persona al solo raggiungimento del piacere e della trasgressione estrema.

Credo di poter affermare che la cocaina – la "bamba", come si dice – sia la droga più potente per cadere nella rete del male, anzi del Male, con la "M" maiuscola. Quello che, per chi ha fede, è impersonato da un angelo ribelle, Lucifero, il demonio.

Non so come, non so perché, mi trascino, travolto dai sensi e inebetito dall'alcol, con due di queste ragazze e prendiamo un taxi al volo, per raggiungere la loro abitazione.

Abbiamo fatto pochissima strada nel centro di Torino. Un palazzo antico, molto elegante, con un ascensore in ferro battuto che aveva le seggioline di legno per sedersi. E lì, subito. cominciamo a baciarci e a spogliarci.

L'appartamento era bellissimo, ultramoderno. Ricordo solo che, quella notte, altre persone entravano e uscivano chiamate dalle ragazze.

Ero stanco, sfatto, pieno di rimorsi, avevo "tirato" ancora, altra me ne offrivano, e fatto sesso in continuazione. Ma il mio desiderio era quello di avere pace nel cuore perché sentivo di non reggere più alle pressioni, alle fatiche, alle esasperazioni di quelle serate estreme.

Non riuscivo a resistere a quel fascino oscuro dell'erotismo mescolato al sapore della cocaina. Ne venivo continuamente tentato attraverso il sesso. La droga, da sola non mi interessava e il desiderio di sfuggirne era altissimo ma l'attrazione ancora più alta. Tutto questo per godere in modo estremo un rapporto carnale e per dimenticare, in quelle ore pazze, l'amore infinito per Gretel, una donna amata come mai nessun'altra.

Sentivo nel cuore il peso di una coscienza che urlava a squarciagola di fermare il martirio del corpo, della ragione e dell'anima. Sentivo il desiderio di cessare ogni atto scellerato diretto a fulminare ogni sentimento puro che ancora aleggiava nei sentieri più reconditi della mia vita privata.

Ma ogni tentativo del 2008 – poi lo vedremo – era già fallito, nonostante la forza della disperazione mi spingesse oltre ogni limite a combattere il Male. Il Male che aveva aggredito il mio vero tallone di Achille: la trasgressione sessuale alterata dal consumo di alcol e droghe.

Verso le 5 del mattino mi arriva nelle ossa, nei muscoli, nel cervello, come una forza nuova e potente, tanto improvvisa quanto inaspettata.

Le camere erano un campo di battaglia. Il salottino era popolato dalla gente della notte, quelli per cui oggi, quando prego, chiedo al Signore di portar loro nel cuore una voce speciale, un segno di salvezza.

I tavoli, le sedie, i soprammobili erano pieni di quelle che si chiamano in gergo "le fatture della notte": sigarette che galleggiano nei posacenere pieni di mozziconi bagnati di ghiaccio, vodka, residui di spinelli, pezzi di cellofan dove qualcuno custodiva un po' di coca o frammenti di "marocco" per farsi le canne.

Indumenti femminili, scarpe con tacchi altissimi, lingerie, soprabiti, trucchi sparsi qua e là, preservativi abbandonati sotto il letto, calze da donna appese in giro: una foto di quel mondo che non riuscivo più a togliere dall'album di questo anno maledetto della mia vita.

Fumo denso nell'aria, odori intensi e forti di corpi sudati, urla, musica, risate strane.

Momenti di stanchezza e poi subito di nuovo la voglia di far casino grazie all'alcol e alla cocaina assunte dopo aver fatto ancora sesso, molto sesso.

Poi di colpo quella coscienza che urlava forte una sola parola.

Basta. Ora basta.

Chi riusciva a fermarsi dinanzi all'ingordigia, alla voglia e alla fame del sesso che in quei momenti mi faceva dimenticare tutto?

Da solo non ce l'avrei mai fatta.

Poteva salvarmi solo un intervento straordinario e soprannaturale che mi facesse reagire alla devastazione del Male.

In quella notte, in cui il mio cuore faceva molta fatica a battere normalmente, è accaduto qualcosa di unico e irripetibile nella mia vita.

Il desiderio improvviso di pregare forte e veloce le parole dell'Ave Maria.

La bocca e tutti i muscoli facciali parevano muoversi da soli e in maniera apparentemente incontrollata. Immaginate quale stupore abbia colto di sorpresa la gente della notte che ancora stava divertendosi, animando di follie ogni angolo dell'appartamento.

Ricordo che mi alzai dal letto pregando e gettandomi sotto la doccia, facendomi la barba e uscendo dalla toilette con il secchio della spazzatura colmo d'acqua. Gettai secchiate ovunque, contro tutto e contro tutti, pregando e urlando che la festa era finita.

Crollai sul letto non prima di aver aperto tutte le finestre di quella casa. Uscì l'aria viziata ed entrò una folata di aria fresca che mi schiaffeggiò la faccia irrigidita dalla tensione, dalla sorpresa e dalla forza straordinaria che si era impossessata dello spirito e della mente.

Mi vesto come un pazzo, non so come. Con gli occhi

che mi bruciavano come se avessi cento spilli, la camminata legnosa, il desiderio di non aver mai fatto quello che avevo appena fatto, chiamai un taxi pregando Iddio che arrivasse il più presto possibile. Tornai in albergo distrutto ma, da quel giorno a Torino è iniziata una nuova vita e la risalita morale della mia anima sfregiata dal dolore e del mio cuore accoltellato negli affetti più profondi.

La Madonna, attraverso la sua preghiera, mi stava salvando e faceva risorgere un uomo a vita nuova.

Il tempo di un'Ave Maria è stato sufficiente a disinnescare la mina della perversione sessuale, della cocaina, del fumo e dei superalcolici assunti in quantità smodate. Calcolate il tempo per recitare questa preghiera: sedici secondi. Detta con calma, col cuore aperto dal dolore e dal rimorso.

16 secondi e la mia vita è cambiata per sempre.

Capitolo 2
LA PRIMA VITA

Il tempo mi ha cresciuto. Mi ha portato a vivere 52 anni intensi e pieni di emozioni. Figlio unico desiderato per 13 anni da genitori che non riuscivano ad avere figli, sono cresciuto fra le braccia di Anna, oggi una giovane automobilista patentata e rampante di 88 anni, da sempre madre superapprensiva, e la mitezza del padre, Domenico Ettore, detto Nick, nato negli Stati Uniti a San Francisco, il 13 novembre 1914, da genitori piemontesi, nonno Giacomo e nonna Rosa. Fate molta attenzione al nome di battesimo della mia nonna che fu la spina dorsale della famiglia di mio papà. Un nome, Rosa, che sarà determinante nel filo narrativo di questo libro e degli ultimi mesi del 2009, quando si conclude il secondo viaggio a Medjugorje. Nonna Rosa aveva carismi umani particolarmente forti: generosità, altruismo, dedizione alle persone bisognose e sofferenti. Intraprendente, capace, intelligente, con un grande seguito di persone che la stimavano per la semplicità con cui riusciva a realizzare i progetti della sua famiglia. È stata lei, infatti, a decidere di emigrare da Cinaglio, in provincia di Asti, un paesino del Monferrato di 400 anime aggrappato a una collina di tufo, tutta coperta di filari di uva barbera, per raggiungere la California. Un viaggio terribile, imbarcati nella classe turistica su un bastimento stracolmo di emigranti e partito dal porto di Genova, fra mille difficoltà.

Mancavano i soldi. Quei pochi erano raccolti con la fatica delle famiglie contadine attraverso il lavoro duro e poco redditizio della terra. E poi c'erano i disagi delle malattie, dello sforzo fisico, dei capricci della natura, con raccolti della vendemmia decimati dalle grandinate. Ma Rosa, forte del suo temperamento, decide: «*Anduma, as và in California, che l'è la tera del Signur. Si va là, as fà na lavanderia, a' sfa tuch da noiatri. Cum a dis a piemontiese...!*».

Mio nonno Giacomo, contadino schivo e prudente, poco avvezzo ai grandi progetti di vita mai e poi mai sarebbe partito da quel piccolo paese aggrappato alla collina, alle vigne e, soprattutto, ai suoi riti quotidiani, semplici e ripetuti

Col muso lungo Giacomo accettò, suo malgrado.

Partirono e dopo tanti giorni di navigazione arrivarono alla frontiera sul mare e, come tutti gli emigranti di quegli anni durissimi, dovettero subire i trattamenti umilianti tipici di quel popolo senza pace quando giunge alla terra promessa: le visite mediche, i controlli, la quarantena e la disinfestazione. Il via libera per la California arrivò parecchi giorni dopo.

Da questi due nonni, a San Francisco, nacque mio padre nel 1914. Il sapore di questo racconto si collega con la mia vita professionale di giornalista, scrittore e conduttore televisivo. Quando la sorte – come la chiamavo una volta, mentre ora dico: il disegno di Dio – un martedì, il 9 ottobre 1996, mi trascina là con la trasmissione televisiva *Quelli che il calcio*. La prima diretta tv della Rai dall'isola della Statua della Libertà, proprio di fronte a Ellis Island. Lì sono stati incisi i nomi dei miei nonni sui famosi muri rivestiti di ottone e dedicati agli emigranti che hanno fatto la storia dei 50 stati d'America.

Novant'anni dopo il nipote di Rosa e Giacomo, viaggiando in *business class* su un volo Alitalia e poi scortato dai rangers e ripreso dalle telecamere della televisione pubblica italiana, davanti a milioni di spettatori, presentava un programma di grande successo.

Che salto siderale, che balzo in avanti straordinario! Penso, in queste ore mentre scrivo, un risultato possibile, solo nell'ambito di un disegno più ampio, certamente non mio, preesistente fin dall'inizio, che mi ha spinto fino al forte desiderio di confessare la vita segreta del passato alla luce di quella rinnovata, sotto il segno di Dio e non più il mio.

Intanto a San Francisco, mentre nonna Rosa si prodiga a capire come si avvia una lavanderia, nasce Nick, il 13 novembre, in una casetta di legno sulla collina di Little Italy, il quartiere italiano che subì un incendio spaventoso dopo il grande disastro del terremoto del 18 aprile 1906.

Quando mio padre compì 13 anni prevalse in famiglia il desiderio di non continuare più l'avventura americana e di ritornare in Piemonte. Il richiamo delle origini fu più forte di quello dell'avventura, il desiderio di comprare terra e di coltivarla fra le dolci colline del Monferrato fu ancora più forte del sogno americano.

Giacomo era finalmente contento. Mio padre disperato. Si sentiva davvero americano con tutto il cuore.

L'unico anello di congiunzione con la terra d'origine della famiglia era il suo piemontese stentato.

Mio padre, una volta tornato a Cinaglio, pur avendo una cultura superiore agli altri, deve riscriversi alle scuole elementari del paesino per imparare l'italiano. Tante volte veniva preso in giro dai compagni di scuola. Tornava a casa disperato e si nascondeva dietro i mobili di casa piangendo e passando lunghe ore in silenzio, pensando a tutto quello che aveva lasciato là, in America.

I sogni, gli amici, i primi amori e quella lingua, l'inglese, che era stato il suo mondo, l'unico modo per comunicare con gli altri.

Ma il destino gli ha poi regalato grandi emozioni, come per compensarlo delle sue sofferenze di adolescente. Mio padre era bello, bellissimo, identico al famoso attore di Hollywood, Tyrone Power, ma, mi permetto di dire: molto più bello!

Fisicamente alto, asciutto e fortissimo, è stato il più giovane campione di tamburello d'Italia. Fortissimo anche in bicicletta da corsa, ha potuto gareggiare fra dilettanti e professionisti.

Amato e coccolato dalle donne dei paesini del Monferrato, Domenico Ettore seppe proseguire gli studi fra mille difficoltà, laureandosi con ottimi voti, in Storia della Letteratura Inglese alla Facoltà di Lettere dell'Università di Torino. Divenne poi insegnante di inglese e traduttore di testi antichi con una speciale predilezione per Shakespeare.

Insomma, un uomo colto, semplice e tanto paziente, così tanto da sopportare per 50 anni due uragani di iniziative, entusiasmi e cambi di umore repentini: il figlio Paolo Manlio Brosio e sua moglie Anna Marcacci in Brosio.

La mamma era diventata un personaggio televisivo lanciato da Fabio Fazio in *Quelli che il calcio*, mentre lavoravo ancora con Emilio Fede al Tg4, durante "Mani Pulite". Fazio voleva saperne di più sulla famiglia di Paolo Brosio. «Paolo» queste le sue parole in diretta «è un mito e noi vogliamo conoscere la mamma del mito adottato dai milanesi.»

Infatti, a partire dal 17 febbraio 1992, data storica dell'inchiesta giudiziaria più importante del dopoguerra il giorno dell'arresto del presidente del Pio Albergo Trivulzio, Mario Chiesa, iniziò la mia grande popolarità televisiva con le dirette del Tg4.

Anna Brosio non se lo fece ripetere due volte. Tifosa del Milan, per 3 anni ha imperversato sugli schermi televisivi durante tutti i collegamenti più importanti del Campionato e della Coppa dei Campioni.

Da notare un piccolo dettaglio non trascurabile per il mondo dell'informazione e dello spettacolo: di solito sono i genitori famosi a lanciare i figli nell'ambiente di lavoro più difficile e ambito di questo piccolo mondo terreno, pieno di rivalità e gelosie. In questo caso non si può parlare di figlio d'arte, vista la mia terrificante gavetta a partire dal giorno della maturità scientifica. Viceversa, qui, c'è da registrare la figura anomala del genitore d'arte, diremmo "mamma d'arte".

Mamma Anna dal canto suo, forte di una personalità senza precedenti nella "storia universale della donna", ha sempre rivendicato la sua autonomia di persona e di personaggio, giammai pensando di dovere in qualche modo ringraziare il sottoscritto di qualunque paternità televisiva. Insomma: lei era brava, piaceva al pubblico, rispondeva a tutti per le rime e, in pochi secondi, liquidava conduttori, opinionisti, veline e velone senza limiti di età e senza battere ciglio.

Dunque, perché mai ringraziare il figlio che semmai avrebbe dovuto esser grato alla madre per averlo messo al mondo facendogli fare il giornalista?

Va be'... ho capito. Facciamo finta di nulla, ringrazio io e la finiamo così, senza dimenticare che lei voleva che io facessi l'avvocato...

Ma, ancora una volta, facciamo qualche passo indietro nella storia della famiglia e vediamo come il destino ha voluto che mio padre e mia madre si conoscessero nel bel mezzo del secondo conflitto mondiale.

Dopo la laurea mio padre, pur essendo cittadino italoamericano con doppio passaporto, prestò tuttavia servizio militare col grado di tenente al 29° reggimento di fanteria della caserma di Asti. Purtroppo scoppiò la guerra e l'Italia si schierò a fianco della Germania e, dopo Pearl Harbour, anche l'America entrò nel conflitto, così mio padre finì per combattere quel paese che tanto amava e da sempre rimpiangeva.

Fortuna volle che il suo impiego in prima linea, previsto in Sicilia per il suo battaglione, fosse rifiutato dagli alti comandi militari perché ufficiale italiano ma di passaporto americano, in altri termini: era poco affidabile. Così venne dirottato, alla vigilia del Natale del 1940, alla difesa costiera dei lidi di Marina di Pisa e, un mese sì e uno no, al comando di un ventina di militari con una batteria contraerea sull'isola della Gorgona.

A Marina abitava la famiglia Marcacci, mia nonna Augusta insieme a nonno Manlio, imprenditore del settore trasporti, titolare della Gondrand e della più importante agenzia di viaggi di Pisa, in corso Italia.

Mia madre è cresciuta sugli scogli di Marina insieme a sua sorella Maria. Identiche di viso, somiglianza straordinaria, ma caratteri opposti.

Mite buona e studiosa, Maria. Ribelle, vivace, determinata e poco avvezza agli studi, con un grande talento per cinema e teatro, mia mamma Anna.

Nonna Augusta, amante della natura, aliena dalla superficialità, grande concretezza, cuoca eccezionale, donna d'ordine, era perfettamente allineata con la politica dell'epoca. Era figlia di Augusto Simoni e Vittoria Fiaschi. La bisnonna Vittoria aveva avuto tanti figli, era molto religiosa ed era un esempio per tutta la famiglia per le sue doti materne e per lo spirito di sacrificio ed era una donna di gran fede.

La figlia Augusta era molto generosa, bravissima pescatrice, grande giocatrice di poker e a tavola usava tenere il mestolo vicino alla mano destra per randellare le figlie che si lamentavano sempre perché venivano rapate a zero in omaggio alla severità fascista.

Mia madre era l'unica che aveva il coraggio di ribellarsi e spesso veniva rinchiusa giornate intere in camera per punizione.

Tutte e due le figlie erano state abituate a pescare dagli scogli e con un cencio bianco attiravano i polpi che si stringevano attorno allo straccio e loro, con mossa fulminea, li prendevano con l'altra mano e gli rovesciavano la testa per ammazzarli. Poveri polpi. Stessa sorte per gamberi, gamberoni e gamberetti.

Mio nonno era un uomo d'affari molto abile, geniale, creativo, con una doppia vita mal sopportata da mia nonna. Amava l'avanspettacolo e il varietà di Macario e Totò e soprattutto le ballerine scosciate di prima fila.

Dalle voci che mi continuano ad arrivare ancora oggi penso che ne abbia "conosciute" davvero tante.

Quando arrivò l'ufficiale Domenico Brosio a coman dare il litorale di Marina di Pisa, la sera era d'obbligo il pokerino in casa Marcacci.

Dopo due o tre serate scoppiò la scintilla d'amore fra Domenico Ettore e Anna. Un amore travolgente, fra le bombe lanciate dall'aviazione americana che avanzava da sud insieme ai marines e i cannoni tedeschi che coprivano la ritirata e facevano terra bruciata. Una volta la Gestapo andò nella villa dei miei nonni a Marina di Pisa e uccise i cavalli purosangue ospitati nei box per sfamare la truppa.

Per 13 anni i miei non riuscirono ad avere figli. Poi, nel 1956, il 27 settembre, nacqui ad Asti dove, nel frattempo, mio padre era ritornato.

Mi ricordo, da piccolo, i periodi passati fra il verde delle vigne del Monferrato, fra Settime, Cinaglio, Camerano e Mombarone, i paesi vicini sulle quattro colline, e la Meridiana che si trova sul fondovalle e la città di Asti dove mio padre insegnava inglese.

Un piccolo episodio affiora nella mia memoria. Da bambino non riuscivo a ricordare i nomi dei paesini vicini a Cinaglio. Allora mio papà, che per i contadini era il re del tambàss, mi insegnò questa filastrocca in dialetto piemontese: «*La Meridiana l'è al fundo stradun, an mesu Setmi, Zinai e Mumbarun, alla severa d'Seravale e Cussumbrà, la Meridiana a stroeva lì in metà*».

Sono tanto attaccato oggi a quelle radici che mi riportano alle origini semplici della mia famiglia, con quei valori contadini che adesso sto riscoprendo con grande felicità.

Ed è lì che forse ho appreso quei sentimenti naturali di altruismo tipici di quelle piccole società formate da nuclei familiari che si conoscono, si rispettano, si salutano, si trovano a parlare e, soprattutto, nei momenti difficili, si aiutano gli uni con gli altri come se fosse la cosa più naturale del mondo. Oggi si parla tanto di solidarietà come un concetto da apprendere e da assimilare, soprattutto per i più giovani. A quel tempo, negli anni '60, la voglia di darsi una mano e di aiutare i vicini di casa, di frequentare la parrocchia, di pregare insieme seduti sul "trau", il vecchio tronco appoggiato nelle corti delle case agricole, era cosa di tutti i giorni.

Ricordo un episodio legato a una grande passione di mio padre, la caccia. Lo seguivo dappertutto, insieme ai nostri due cani, Xantia, un setter irlandese dei diavoli rossi, e Black, un setter laverack a pelo lungo, bianco e nero.

Un giorno, col mio fucilino a canna unica calibro 22, sparai a un leprotto nel suo "jass", come si chiama in piemontese la tana dove gli adulti nascondono la cucciolata. Mirai dritto nella testa e lo colpii in un occhio, ferendolo mortalmente ma, prima di morire, la sua agonia, durò diversi minuti.

Mai più dimenticherò i suoi lamenti disperati, simili in tutto e per tutto al pianto di un bambino. Presi quel fucile, gridai tutta la mia disperazione in faccia a mio padre, e lo gettai lontano spaccandolo in mille pezzi. Da quel momento per me la caccia era chiusa. Per sempre.

I miei genitori sono stati sposati e uniti per 60 anni. Fra tanto amore, discussioni, litigate e diverbi, non si sono mai lasciati e quando mio padre se ne è andato, il 25 febbraio 2003, dopo 46 giorni di agonia per un terribile tumore al fegato, per me e mia madre è stata una tragedia.

Vi voglio raccontare due episodi che, fino all'età di 52 anni, per me non hanno avuto significato alcuno.

Ora, dopo quella preghiera durata 16 secondi, voglio provare a dare una chiave di lettura diversa a tutto il mio passato.

Avevo 8 anni, ero a letto con la varicella e la febbre alta. Mia madre era uscita a fare la spesa e mio padre stava trafficando nel bagno di casa, quando ho avuto la irresistibile tentazione, mentre mi trovavo nel letto dei miei genitori, di tagliare con un paio di forbici d'acciaio il filo della corrente dell'abat-jour del comodino.

Ricordo questo episodio con una lucidità particolare. Non so spiegare il perché, ma quegli attimi li rivedo come in un film ogni volta che chiudo gli occhi e penso alla mia infanzia. Prendo le forbici, afferro con l'altra mano il filo, do un taglio netto e, per un istante, vedo tante stelle nel cielo come quando chiudi gli occhi e ti premi il bulbo oculare forte e poi lasci la presa subito dopo.

Ricordo un colpo sordo, potente, fortissimo. Un boato nel silenzio della casa, rotto soltanto dai rumori delle pinze e del martello che stava usando mio padre per aggiustare il lavandino. Mi sento tremare e ricordo bene le urla disperate di Domenico Ettore che aveva capito tutto.

La luce saltò in tutto il palazzo. Il campanello cominciò a suonare, la gente urlava, mio padre era in ginocchio pensando che fossi morto. E invece me ne stavo seduto sul letto, un po' rimbambito ma lucido, cosciente e consapevole del dramma che avevo sfiorato. Ora mi chiedo: quante possibilità ha una persona di salvarsi, tagliando un filo della luce dove passano 220 volt, con gli impianti privi di salvavita come erano quelli del 1964? Perché non sono morto? Chi mi ha salvato? La rete del letto era di ferro e tutta la struttura era di metallo, ricoperta solo da un sottile strato di legno. Può bastare questo a salvare la vita di un bambino di 8 anni?

Le forbici che avevo utilizzato per tagliare il filo della luce erano completamente fuse sul taglio della lama con un buco perfettamente tondo in entrambi i lati. Ricordo solo che mio padre piangeva e pregava e che era molto, molto sorpreso di non avermi trovato morto fulminato.

Oggi ripenso a tutto questo e mi chiedo se qualcuno in cielo non abbia bloccato il tasto della morte che si preme in questi casi. Oggi non mi meraviglio più e ho una certezza a questo proposito: l'angelo custode, solo lui può mutare le leggi della natura per volere di Dio.

Questo episodio non è stato l'unico a suscitare clamore, paura e sgomento in famiglia. Ce n'è stato un altro, terribile, molti anni dopo.

Dal 1964 passiamo al periodo in cui frequentavo l'Università di Pisa ed ero in auto con un mio amico, Massimo, anche lui pisano. Lui guidava la Renault 5 *Parisienne* e stavamo tornando da una festa a Firenze. Avevamo bevuto molto e, quando mancava poco meno di un chilometro al casello di Lucca, ci siamo addormentati di colpo tutti e due.

Massimo si è svegliato quando mancavano poche decine di metri. Ha frenato di colpo, ma la macchina andava a più di 130 km/h. Io dormivo alla grande e non avevo le cinture, a quell'epoca non ce le aveva nessuno a bordo. Mi sono ritrovato un'ora dopo con la testa dentro il vetro della macchina, accartocciato dentro le lamiere dopo che la vettura si era sfasciata contro il triangolo di cemento armato che protegge il casello.

La Renault era stata tagliata in due come se fosse stato utilizzato un trincetto gigante. I primi soccorritori pensavano di dover estrarre dalle lamiere solo morti. Avevo il viso tagliato e lacerato dai vetri, le costole rotte, le braccia contuse. Ma ero vivo. E anche questa volta non so come sia potuto accadere. Come è possibile salvarsi da una macchina lanciata in corsa contro uno spuntone di cemento senza avere ferite mortali?

Massimo si era retto al volante nel momento dell'urto ed era stato reattivo rispetto all'incidente. Io dormivo e non avrei dovuto avere scampo.

Ne volete altre? Ne ho ancora, ma ve le racconto in un altro capitolo. A questo punto è chiaro che la mia storia non poteva finire perché il destino mi aveva riservato ancora tante pagine da scrivere.

Capitolo 3
I TRE AMORI

Giornalismo, Serena e TV

Mi sono laureato per far contenti mia madre e mio padre. Dopo il liceo scientifico avrei voluto entrare subito nella redazione di un giornale per imparare il mestiere. Già da piccolo imitavo Sandro Ciotti a *Tutto il calcio minuto per minuto*, impugnando qualunque oggetto che mi potesse dare il brivido del microfono.

Ho amato il giornalismo, come fosse un sogno, da quando avevo 10 anni. Leggevo il «Corriere della Sera» e la «Stampa» di Torino. Capivo pochissimo, ma ero attratto, straordinariamente attratto, dal profumo di inchiostro del giornale, ancora fresco di stampa.

Sono nato ad Asti e ricordo quando andavo alle scuole medie. C'era un'edicola lungo la strada per arrivare a casa. Ero attratto da tre cose: le figurine Panini, le carte assorbenti colorate – ne ho comprate migliaia (scrivevo ancora a scuola col pennino e l'inchiostro) – e i due quotidiani.

Li sfogliavo per ore e sognavo un giorno di poter scrivere un articolo. Amavo la carta stampata. La televisione la guardavo sempre e in particolare la *Tv dei più piccoli*, con la gallina Tric Trac e la volpe Celestina, la *Tv dei ragazzi* con Rin Tin Tin, il cane lupo del settimo cavalleggeri del caporale Rusty, accompagnato dal fido sergente O'Hara. Poi c'era Giovanna, la Nonna del Corsaro Nero, e uno dei pirati con l'uncino che ba-ba-balbettava continuamente e che era impersonato dal grande Pietro de Vico.

E ancora. Vi ricordate il mitico Maestro Manzi della serie tv *Non è mai troppo tardi*? Un insegnante elementare che, con grande semplicità, ti insegnava a leggere e a scrivere, perché molti, all'epoca, negli anni '60, avevano parecchie difficoltà con la lingua italiana.

In Piemonte la sera si cena molto presto, alle sette e trenta. Mi ricordo che il pomeriggio si usava fare la "merenda sinoira" col pane cotto nel forno a legna, la squisita "grescia", con salame cotto, il salamino di Cinaglio, prosciutto e un po' di gorgonzola. In pratica uno spuntino pre-cena dopo aver fatto i compiti e giocato a calcio, la mia grande passione.

La sera facevo a gara per finire presto e scappare davanti alla tv a guardare il carosello. Mi piaceva tanto il commissario della brillantina Linetti, che aveva fatto tanto per non perdere i capelli ma poi li aveva persi tutti. Una pubblicità premonitrice? Ma...

Poi c'era l'omino della Permaflex, il pianeta Papalla, la pubblicità del caffè Lavazza con la Carmencita, il grande, grandissimo Ernesto Calindri col suo tavolino in mezzo al traffico e la bottiglia di Cynar che ripeteva ossessivamente: «Contro il logorio della vita moderna».

Se penso agli stress della mia vita di inviato, per curarmi, avrei dovuto scolarmi tutte le bottiglie del Cynar. E forse, molti anni dopo, inconsapevolmente, ho preso il posto di Calindri quando mi sono ritrovato davanti al tribunale di Milano nell'isola pedonale fra corso di Porta Vittoria e la chiesetta di San Pietro in Gessate. Praticamente tutto il traffico tranviario di Milano e gran parte di quello automobilistico. In più aggiungete un direttore come Emilio Fede e un magistrato come Di Pietro con tutto il pool di Mani Pulite che arrestava venti persone al giorno, per 5 anni consecutivi. Altro che Cynar... altro che logorio della vita moderna! Eppure quella postazione, obbligata perché la Fly di Mediaset, i mezzi tecnici per la diretta, potevano trasmettere solo da quel punto, ha avuto un ruolo straordinariamente efficace per la mia immagine in tv.

Dietro di me, sullo sfondo, il grigio chiaro del marmo del Palazzo di Giustizia. Di fronte il tram arancione che sfrecciava e io, con l'immancabile barbour o il loden, tutti e due dal colore verde bottiglia. Un'immagine entrata subito nel cuore dei milanesi e poi diventata un'icona nazionale. Eppure, a seguire quell'inchiesta, c'erano giornalisti da tutto il mondo e tuttavia l'attenzione si incentrò moltissimo sulla mia figura, sui duetti col direttore Emilio Fede e sul rapporto di simpatia fra me, Di Pietro e gli altri magistrati. Si può considerare questa una mera casualità o, più probabilmente, un segno inequivocabile della direzione imboccata dalla mia vita?

Ma torniamo ai ricordi dell'adolescenza. Fatemi solo rammentare i cavalli di battaglia del dopo carosello: il *Mastino dei Baskerville* che non mi faceva dormire, la *Baronessa di Carini*, interpretata da Janet Agren, che mi metteva i pensieri e faticavo a prendere sonno, perché da un lato c'era la paura dello spettro, dall'altro la bellezza affascinante della protagonista svedese. Con *Belfagor*, il fantasma del Louvre, andavo a dormire direttamente e velocemente nel lettone con i miei.

I promessi sposi con Renzo e Lucia, interpretati da Nino Castelnuovo e Paola Pitagora, mi facevano stare male per la viltà di don Abbondio e la cattiveria dei Bravi e di don Rodrigo. Ma speravo sempre in un lieto fine.

La domenica aspettavo in gloria la partita della Juve, la squadra del mio cuore. Ricordo Anzolin, Leoncini, Menichelli, Helmut Haller, Salvadore, Luis Del Sol e Omar Sivori, il più grande. Avevo una foto bellissima, purtroppo andata perduta, con tutti gli autografi, che mi era stata regalata da una cara amica della mia mamma, la contessa Annamaria Gazzelli di Rossana, parente di primo grado della regina Paola del Belgio.

La contessa mi riempiva di regali. I più graditi erano proprio le figurine della Panini che scambiavo con i miei compagni di scuola. Unico problema: quando andavo a trovarla, mia madre mi costringeva a mettere la giacca blu con gli stemmi inglesi e i pantaloni di vigogna grigi, lunghi fino al ginocchio, che non erano mai foderati internamente, per cui passavo ore a grattarmi come un pazzo per la ruvidezza della stoffa che pungeva da morire le mie povere gambe. Il resto, ahimè, lo facevano quei calzettoni traforati blu scuri, così stretti da sembrare un laccio emostatico.

Dalle figurine ai primi amori. Ricordo con grande affetto gli anni '60, quando frequentavo le medie: alla fine dell'anno scolastico, passavo giugno e luglio nella casa di campagna a Cinaglio. Avevo sempre nel cuore le parole e le note delle canzoni più belle di Lucio Battisti: *Acqua azzurra acqua chiara*, *La canzone del sole*, *Mi ritorni in mente*. E proprio quest'ultima canzone ha accompagnato il primo bacio della mia vita con una bellissima ragazza, che si chiamava Betty. Ma, vi giuro, che quel semplice atto di sensualità mi costò tantissimo.

Ero convinto che un bacio fosse un bacio e non un vortice di sensi e soprattutto di lingue. Rimasi stupefatto, lei se ne accorse, si distaccò, e quando poi capii e mi tornò la voglia, era ormai troppo tardi. Per averne altri faticai tantissimo, anche perché la concorrenza era nutrita e agguerrita.

Con il mio compagno delle medie, Massimo Paganini, andavamo sempre a prendere il latte fresco di giornata a Val Manera da un contadino che aveva una figlia con delle gambe affusolate, bianche e vellutate, seno prosperoso e abbondante, per non parlar del resto. Lì ci fu uno dei primi incontri ravvicinati della mia vita, un po' più del primo bacio ma non ancora la prova del fuoco.

Ma i miei giovani amori non mi fecero dimenticare gli impegni scolastici e la passione per il giornalismo. Il liceo frequentato per i primi 3 anni in Piemonte e poi a Pisa al

Secondo scientifico di via San Casciani. Infatti mi trasferii in Toscana con tutta la famiglia per stare vicino ai miei parenti, i cugini Giuseppe, Giovanni e zia Maria e accedere a una sede universitaria prestigiosa.

A 19 anni, mentre frequentavo il corso di laurea in Giurisprudenza, sono entrato alla redazione pisana della «Nazione».

Accettai anche una proposta del prorettore dell'Ateneo toscano, il prof. Gianfranco Elia, per seguire i lavori del primo notiziario del Rettorato.

Quando uscì la prima edizione fu un'emozione incredibile.

Il pomeriggio mi trasferivo alla sede pisana del quotidiano fiorentino e poi davo una mano ad Antonio Silvestri, per l'edizione serale per il Tg di 50 Canale.

Gli portavo le notizie dell'ultimo minuto che arrivavano in redazione al quotidiano toscano. Non avrei potuto farlo ma, intanto, pescavo qualche lira in più. Talvolta spacciavo come clamorose notizie quelle che venivano scartate dal caposervizio Giuseppe Meucci e dal suo vice Renzo Castelli. Meucci le aveva buttate nel cestino della spazzatura, che chiamava la "bu'a delle orate" (N.d.R.: "la buca delle orate", ovvero il cestino della carta straccia dove finivano tutte le notizie di poco conto o i pezzi scritti male). Le portavo a Silvestri che le rilanciava nei titoli principali di 50 Canale. «Il Tirreno», concorrente diretto della «Nazione», telefonava ai colleghi chiedendo spiegazioni su questa notizia uscita all'ultimo momento. Meucci cercava il pezzo e la notizia nella "bu'a delle orate", ma ormai non ve ne era più traccia. Risultato finale? Tutti telefonavano a Silvestri dopo l'edizione per farsi dare una notizia che avevano già scartato nel primo pomeriggio. Tanti di questi piccoli trucchi, per sopravvivere alle necessità quotidiane, li ho imparati girovagando nelle redazioni.

Renzo Castelli è stato il collega che più di tutti mi ha aiutato a diventare professionista. Il prestigioso lavoro dell'Università, invece, mi ha spianato la strada per incontrare il nume tutelare della squadra del Pisa, allora appena promossa in serie A: il grande Romeo Anconetani.

Quando i destini si annodano qualcuno muove le fila di un progetto. Oggi, dopo quella notte a Torino prima di Natale, ho capito che nulla accade a caso ma, Lassù, ci sono una serie di persone che pensano a noi anche quando noi stessi le trascuriamo. Addirittura ci mandano messaggi e ci consigliano tramite le persone a noi più care e quelle che incontriamo per caso.

Sicuramente due di queste persone che mi hanno spinto nella direzione giusta sono Renzo Castelli e Romeo Anconetani.

Il Castelli, capufficio stampa della Alfea, società che gestisce l'ippodromo di San Rossore a Pisa, è anche uno dei giornalisti storici della «Nazione» dove ho imparato a scrivere e a muovere i primi passi da cronista. Quando Castelli guidava la redazione nel mese di agosto misi a segno uno dei "colpi" più importanti di cronaca nera di quegli anni: l'esplosione delle mine tattiche durante una esercitazione dei reparti scelti dei parà della Folgore nella cava di Avane a Pontasserchio.

Unico presidio della redazione svuotata dall'estate ferragostana: Paolo Brosio.

Verso le due e mezza del pomeriggio cominciano a gracchiare le voci concitate dei centralini operativi di vigili del fuoco, Pubblica assistenza, Croce verde e reparti operativi di carabinieri e polizia. Un'esplosione devastante aveva sorpreso un gruppo di incursori dei parà mentre si esercitavano in una cava abbandonata.

Morti, feriti, feriti gravi: una tragedia che colpiva uno dei reparti scelti, fiore all'occhiello del nostro esercito. Avvertii il fotografo Roberto Bellini e con la Vespa corremmo verso la zona dell'incidente. Riuscii ad avere foto esclusive, testimonianze in diretta, prima dell'arrivo dei carabinieri che recintarono tutta la zona rendendola *off limits*. Il primo vero e proprio battesimo di cronaca nera della mia carriera.

Da quel momento la mia vita di giornalista è stata costellata da episodi incredibili che mi vedevano presente vicino ai luoghi dove c'era bisogno di raccontare per testimoniare agli altri la sofferenza, il disastro o un evento importante che doveva essere ricordato da tutti per non dimenticare mai la storia della fragilità umana.

Scrivevo di nera ma cominciavo anche a occuparmi di sport. Come ho già ricordato, conobbi personalmente il presidente del Pisa Romeo Anconetani. Sapeva che me la cavavo bene con l'inglese e mi affidò l'organizzazione generale della Mitropa Cup, una delle manifestazioni calcistiche europee riservata alle squadre vincitrici dei campionati di serie B.

Con Romeo conobbi felicità e sconfitta, gioia e amarezza, i momenti della disperazione e persino quelli della superstizione più esasperata. Una volta, per la promozione in serie A, aiutai suo figlio Adolfo a riempire una macchina di sale grosso da cucina che Romeo cosparse abbondantemente dietro la porta della curva nord, dopo averlo fatto benedire da don Lido Batini, parroco di Arena Metato. E con Romeo mi avvicinai per la prima volta alla spiritualità durante il ritiro estivo a Cascia, in Umbria, la patria di Santa Rita. Per la prima volta avvertii la sensazione di trovarmi in un posto speciale e mi venne spontaneo pregare e chiedere le grazie per persone malate che conoscevo. Inutile dirvi che Romeo mi chiese di pregare anche per la salvezza del Pisa in serie A, visto che, comunque, già mi pagava. Pochissimo, ma mi pagava.

Lavorare con Romeo mi ha fatto costruire un importantissimo bagaglio di esperienze. Ho conosciuto tutti i presidenti di serie A e ricordo ancora oggi l'intervista esclusiva a Silvio Berlusconi sulla pista dell'aeroporto Galileo Galilei, quando scese dal suo aereo privato con il logo del Biscione.

Ancora oggi penso che la cronaca locale e la provincia

mi abbiano formato professionalmente attraverso il sacrificio e la conoscenza di fatti di vita legati a un mondo semplice e ancorato ai valori più significativi: caparbietà, sobrietà, l'amicizia che diventa solidarietà e le relazioni umane più sincere.

Ma il mio sogno era quello di diventare giornalista professionista. Alla «Nazione», nonostante la mia intraprendenza, non c'erano prospettive immediate di assunzione.

Ed ecco che arrivano le persone che mi aiutano, che danno un senso, una direzione ai miei sforzi. Ritorna in ballo Renzo Castelli e il presidente dell'Alfea, Piero Studiati Berni. Mi presentano Cesare Brivio Sforza, l'editore del «Secolo XIX» di Genova, e il direttore Carlo Rognoni che la settimana dopo mi assume al «Secolo», concorrente della «Nazione». Pochi mesi dopo arrivo alla Spezia.

Appena giunto in hotel per cambiarmi d'abito, passando dalla centralissima via Prione, mi ritrovo per primo sulla scena di un delitto clamoroso, quello di un famosissimo travestito, conosciuto da tutta la città: "la Contessa". Torno di corsa trafelato in redazione e annuncio la notizia fra lo scetticismo generale. Tutti pensavano a un malore o al massimo a un suicidio. Ma, prima ancora che chiamasse il capo della mobile, Giuseppe Gallucci, avevo già capito che si trattava di omicidio.

E quella volta a Portovenere? Era martedì 30 agosto 1988 e c'era un gran movimento di gente in quel borgo marinaro di una bellezza mozzafiato, incastonato fra il Golfo dei Poeti e l'isola della Palmaria.

Avevo avuto delle indiscrezioni di un'importante operazione antidroga che si sarebbe svolta nella seconda metà del mese di agosto, ma nessuno avrebbe mai potuto sapere la data precisa. A un certo punto sentii che il giorno era vicino.

Finché, proprio la mattina del 30, percepisco segnali inequivocabili di agitazione e massima allerta al comando Carabinieri della Spezia. In più quel giorno ero di turno la notte e rimasi incollato alla redazione come non mai. Alle 21 capisco che il momento è arrivato e che ogni segnale converge su quel tratto di costa che va da Portovenere a Riomaggiore.

Tutto si svolge in pochi minuti in una località denominata Tramonti, una spiaggetta con alcune baracche abbandonate. La banda di tredici persone era arrivata sulle coste italiane dall'Africa con un veliero a bordo del quale erano nascosti più di venti quintali di hashish provenienti dal Marocco. Una quantità enorme, una delle più grande operazioni antidroga della Liguria di Levante. I trafficanti avevano allestito una teleferica (come quelle utilizzate per trasportare i grappoli d'uva sciacchetrà) per trasportare la droga sulle montagne dove scorre la strada litoranea per poi caricarla a bordo di furgoni per lo spaccio nel Nord Italia.

I carabinieri fecero scattare il blitz non appena la droga fu scaricata dalla teleferica sulla montagna. Vennero arrestate subito 7 persone e altre 6 nei giorni seguenti. I primi arrestati furono trasportati in manette sulle imbarcazioni della capitaneria di Porto e dei carabinieri sul molo principale di Portovenere. La calata del borgo era in festa per la ricorrenza e io ero appostato lì con il fotoreporter Claudio Pistelli che scattava foto spostandosi in continuazione per non essere scoperto dai carabinieri che vedevano lampeggiare nella notte i flash della macchina fotografica.

Fu un'emozione incredibile. Erano le 22 di sera, eravamo molto agitati e continuamente controllati dai militari dell'Arma che non volevano trapelasse alcuna notizia prima della conclusione dell'operazione. Riuscimmo con la moto a percorrere i 13 chilometri che separano La Spezia da Portovenere, a sviluppare le foto e a scrivere un pezzo lunghissimo che finì in prima pagina e riempì le cronache locali del giorno dopo.

Che dire? È fortuna? Intuito? Sesto senso? O il segno del destino: trovarsi al momento giusto nel posto giusto? Comunque sia, ero là, e forse non ero solo, ma in quel mo mento non ne ero cosciente, benché forse fossi già guidato da un carisma di cui non avevo consapevolezza.

E c'ero anche sulla spiaggia della Rotonda di Lerici, nel settembre 1989, al Bagno Lido, di proprietà della famiglia Buticchi, l'ex presidente del Milan, quando Marco e Consuelo Buticchi mi presentarono Serena Corigliano, una splendida creatura alta un metro e settantotto, capelli neri lunghi e mossi, occhi verdi, gambe lunghe e affusolate, pelle vellutata e olivastra

Una bellezza mozzafiato, nata a La Spezia ma di origini calabresi.

Il classico colpo di fulmine perché da lì a poco, il 23 dicembre 1989, dopo solo due mesi e mezzo di fidanzamento ci siamo detti: sposiamoci.

Serena lavorava alla Sipra, la concessionaria di pubblicità della Rai. Aveva il piglio della donna manager. Era comunista, dunque atea, ma le chiesi di celebrare le nozze col rito cattolico e lei, per amore, fece persino i corsi di catechesi prematrimoniali.

Fra le ire di mia madre Anna, il parroco di Lerici celebra le nozze con tanto di gospel americano: *Ave Maria* cantata da un tenore e pianti di commozione di tutti i parenti.

Serena abitava a Milano, io a La Spezia. E ora? Cominciò il tormentone della autocamionale Cisa, ogni volta, per andare a trovare mia moglie appena possibile.

Il matrimonio era andato bene, nonostante le opposizioni familiari, ma la vita matrimoniale stava diventando un inferno. Stressato dalla cronaca nera, avevo imparato a guidare a occhi chiusi su quella striscia d'asfalto che attraversa gli Appennini. Il 9 maggio 1991, esattamente un anno e sei mesi dopo le nozze, mi dimisi dal «Secolo XIX» e mi trasferii a Milano con un nuovo lavoro: redattore professionista ai nuovi telegiornali di quella che allora era la Fininvest, oggi Mediaset. Una nuova vita cominciava a Milano. Finalmente la coppia Paolo e Serena si ricomponeva.

Ma non ci sarebbe stato un lieto fine.

Capitolo 4
IL PREZZO DEL SUCCESSO

È il gennaio del 1991, sono fra le nebbie e il laghetto ghiacciato di Milano 2 dove c'è la sede del primo Tg della Fininvest, *Studio Aperto.* Il direttore, Emilio Fede, mi aspetta per un colloquio.

Esco da un tour massacrante per cercare lavoro a Milano, dove ho trovato molte porte chiuse e tanti, tanti no, fra cui «Corriere della Sera», «Il Giorno», «La Notte», «il Giornale» e «la Repubblica». E anche il settimanale «Gente», dopo un promettente colloquio con l'allora direttore Sandro Mayer, mi dice «no, grazie». Mi sentivo a pezzi e avevo il morale a terra.

Più o meno queste cose le scrivevo nel '94 in un libro, *900 giorni sul marciapiede. Avventure e disavventure di un inviato a tangentopoli*, edito da Mondadori, che ha avuto un buon successo di critica e di pubblico e che raccontava, a modo mio, le imprese dei protagonisti di Mani Pulite, dagli indagati ai giudici, dagli avvocati ai sostituti procuratori.

E poi i casi di cronaca nera, i suicidi, le bombe di via Palestro e, come contraltare, le gag incredibili che riuscivo a realizzare con i colleghi e con il direttore e i colpi televisivi che mettevo a segno durante le indagini e nei collegamenti.

Il desiderio di vivere con mia moglie Serena era forte ma contrastava con la realtà che si opponeva a questo ricongiungimento. Da un lato il «Secolo XIX», diretto da Carlo Rognoni, mi lasciava andar via malvolentieri, dall'altro le difficoltà di ogni genere nel passare dalla Liguria alla Lombardia.

Quel gennaio del 1991 era dunque fondamentale perché sentivo le forze e l'entusiasmo di questo matrimonio scemare pian piano dinanzi alle difficoltà logistiche e di lavoro che stavano minando l'equilibrio del rapporto con Serena.

Il gruppo Fininvest è alla vigilia di grandi decisioni editoriali. Lanciare per la prima volta l'informazione televisiva privata Direttore *ad interim* delle tre reti era Emilio Fede che aveva bisogno di cronisti da sguinzagliare per l'Italia e nel mondo per i suoi telegiornali.

Faccio il mio ingresso nel Palazzo dei Cigni a Milano 2, agitato e preoccupato per il futuro.

Non sapevo davvero cosa potesse chiedermi. Avevo avuto, fino ad allora, due direttori di testata, Tino Neirotti per la «Nazione» e Carlo Rognoni al «Secolo XIX», e adesso avevo davanti l'incognita: Emilio Fede.

Mi presento in redazione e rimango in attesa. Mi siedo, la segretaria Brunella mi dice che di lì a poco Fede mi riceverà.

Sono le 19 e l'incontro è previsto subito dopo l'edizione serale del Tg che finisce alle 19,30. Per quattro volte, in questa prima Guerra del Golfo, i missili *Scud* iracheni colpiscono Israele. A ogni missile parte la diretta e Fede rimanda il colloquio. Mancano pochi minuti a mezzanotte, i missili si esauriscono insieme al sottoscritto e Fede, finalmente, decide di incontrarmi.

È pieno di cerone e si sta struccando. Col cotone pulisce il viso abbronzato come se fosse uscito dalla spiaggia di Cala di Volpe in Costa Smeralda. Mi ascolta, mi fa un paio di domande generiche, ma ho la netta sensazione che di quanto gli racconti non gliene freghi un bel nulla. L'unico lampo di attenzione lo intravedo nel suo sguardo quando parlo del mio giornale, il «Secolo XIX». Dice: «Quando lavoravo a Torino alla "Gazzetta del Popolo", il quotidiano di Genova era l'unico che mi pagava puntualmente le corrispondenze dal Piemonte».

Si vede subito che comincia a nascere un po' di nostalgia e un minimo di interesse nei miei confronti.

Dopo un mese mi arriva la lettera con la richiesta di assunzione. Sono felice, comincia un'avventura che durerà 7 anni. I 7 anni più importanti della mia vita professionale. Sbarco a Milano nel febbraio 1991.

Come arrivo in redazione mi guadagno lo spazio come inviato speciale dopo aver superato la prova della scaletta e delle agenzie con un trucco che conquisterà per sempre il direttore. In pratica Fede mi dà l'incarico di fare una proposta di scaletta per il Tg delle 19, facendo una sintesi delle agenzie nazionali ed estere: un compito impossibile! Ogni tre secondi spunta fuori un'agenzia nuova, dall'Italia e dal mondo, di ogni tipo di cronaca.

Al terzo giorno rischio l'esaurimento nervoso, ma al quarto giorno mi arriva una illuminazione. Chi me l'avrà suggerita? Sarà anche vero che di necessità si fa virtù, ma questa idea era talmente semplice e geniale che ha capovolto la mia giornata da sofferenza in gioia.

Compro una radio, un registratore e delle cuffie. Registro tutta la messa in onda del *Gr1*, lo riascolto e trascrivo tutto, parola per parola durante le edizioni principali, compresa la scaletta dei titoli che precedono la messa in onda. Operazione, questa, che spetta ai capiredattori e ai vicedirettori. Un lavoro da venti giornalisti. Nel giro di un'ora consegno tutto sul tavolo di Fede e mi getto sul divano, esausto.

Fede strabuzza gli occhi, esulta, credendo di aver trovato il Pulitzer degli anni '90.

Un giorno rientra prima da pranzo, mi becca con le cuffie e capisce tutto, mentre sto registrando e trascrivendo: in pratica, stavo copiando.

Mi chiama nella sua stanza. Mi aspetto che mi squarti vivo e invece mi stringe la mano e dice: «Da domani farai l'inviato per l'estero e per l'Italia».

Comincio a lavorare così tanto che non mi bastano le ventiquattr'ore e, di pari passo, entra in crisi il rapporto con Serena. Suo marito comincia a non esistere più nella sua vita.

Ma la cronaca incalza.

Nell'agosto del 1991 un incendio devastante divampa a Portofino e distrugge molti ettari di bosco, mettendo a repentaglio decine di abitazioni e la vita di molte famiglie. Un vecchio amico, brigadiere della Forestale di Genova e con l'hobby della ripresa in VHS, riesce a darmi una cassetta con delle immagini uniche. Nessuna troupe aveva potuto avvicinarsi al luogo del disastro. È il primo successo televisivo.

A Quarto Oggiaro, una banda di malavitosi, legati alla N'drangheta, fa saltare per aria il bar ristorante di un commerciante che rimane gravemente ferito e ustionato al volto e alle braccia perché non aveva pagato il "pizzo".

Arrivo con il cameraman 5 minuti dopo, e prima dell'arrivo della polizia. Raccolgo lo sfogo della moglie in lacrime, pianti, grida e urla disperate.

Ma non è finita qui perché il giorno dopo, travestito da infermiere, mi infilo nel reparto grandi ustionati dell'Ospedale Niguarda. Trovo la camera di Langella, la vittima della estorsione, che, avvolto dalle bende come una mummia, denuncia i racket a Quarto Oggiaro: una notizia che finirà sulle pagine di tutti i giornali. È un colpo magistrale con cui Emilio Fede apre il giornale della sera e così mi conquisto definitivamente la sua fiducia.

Con questo colpo non mi ferma più nessuno.

Da quel giorno in poi vado direttamente da Fede per proporgli i servizi più importanti di cronaca nazionale ed estera e rispondo soltanto a lui.

Il problema è un altro. I ritmi di lavoro mi impediscono di seguire la vita della famiglia e di stare con Serena, come fanno tutti i mariti del mondo. Le voglio bene, la amo ma forse la vedevo di più quando stavo a La Spezia. E lei, da buona sposa novella, che aveva accettato il matrimonio in chiesa pur essendo comunista e quindi atea, comincia a scalpitare sempre più rumorosamente.

Il colpo di grazia al matrimonio e la mia contestuale incoronazione professionale arrivano con l'inchiesta della Moby Prince, il traghetto della Navarma bruciato al largo di Livorno la notte del 11 aprile 1991.

110 morti e un solo superstite, il mozzo campano Alessio Bertrand. Pochi mesi dopo la tragedia riesco a ottenere una cassetta VHS rimasta nella telecamera imprigionata sotto il corpo di una guardia carceraria di Pisa, Giuseppe Canu, una delle vittime dell'incendio. Canu, che rientrava in Sardegna, stava filmando la famiglia, moglie e tre figli, mentre si trovava in una cabina a bordo della motonave, poco prima della collisione con la petroliera Agip Abruzzo e della successiva misteriosa esplosione che fece divampare il rogo gigantesco.

Si vedono i momenti spensierati e la tragedia successiva. Si sente un boato terrificante, dopo di che tutto si interrompe bruscamente insieme al rumore della spaventosa deflagrazione.

Il filmato ha rappresentato per la Procura della Repubblica di Livorno un elemento fondamentale per le indagini. È stato uno dei colpi giornalistici più importanti della mia carriera.

Ma tutto questo lo pagai duramente nel rapporto con mia moglie che aveva sposato un inviato e non un uomo.

Mi sentivo in colpa ma ero terribilmente attratto dal fascino della mia professione mentre stava cominciando ad aumentare la popolarità con le dirette televisive. Stavo lasciando, senza volerlo, mia moglie e pian piano la vita di coppia si sgretolava, giorno dopo giorno. E pensare che quel matrimonio l'avevo voluto benedetto da Dio, attraverso la Chiesa, con tutti i crismi del sacramento destinato da Gesù Cristo agli uomini.

Ma oggi mi rendo conto che era più un aspetto formale. Il rito, gli sposi, i gospel, gli ospiti e i regali.

Dov'ero con la testa e soprattutto con il cuore, quel giorno nella parrocchia di Lerici, il 23 dicembre 1989?

Avevo fatto il corso prematrimoniale, ma lo avevo fatto col sentimento di affidare a Gesù la mia famiglia o, più che altro, per rispettare la tradizione borghese del matrimonio in chiesa e del «tutto va bene se le cose sono fatte così»?

In realtà oggi ho capito che il mio attaccamento a Serena era basato su una forte attrazione fisica e sulla sua spiccata personalità.

E lei, donna manager della Sipra, ne aveva tutte le caratteristiche, il temperamento e anche l'intelligenza. Ma l'amore fisico e l'attaccamento alla persona possono resistere nel tempo e alle difficoltà della vita senza la preghiera, la condivisione di Dio, il desiderio di fare figli?

Oggi mi pongo tutti questi interrogativi per la prima volta nella mia storia e rivedo il mio passato alla luce dell'aiuto spirituale che ho ricevuto dalla Madonna per uscire da profondi dolori.

Il secondo anno di Mani Pulite, quando la mia vita era totalmente immersa nel lavoro, esattamente un anno e un mese dopo l'arresto di Mario Chiesa, il 17 febbraio 1992, entro nel tribunale di Milano dal lato di via Freguglia, come facevo ogni giorno da tredici mesi, per raggiungere il sesto piano e separarmi dinanzi al giudice civile.

Quella volta non entravo per intervistare qualcuno o per scoprire qualche notizia. Entravo per cambiare il corso della mia vita e cominciare ad andare contro il sacramento del matrimonio, celebrato regolarmente davanti a un ministro del culto cattolico. Tutte le volte che ho incontrato un'altra donna o che ho fatto sesso con lei ho commesso un peccato mortale senza neanche avere il minimo rimorso di coscienza.

È il marzo 1993, sono le 11.30, alle 13.30 ho la diretta. Piango come una fontana e così pure lei. Ha gli occhiali scuri, i Ray-Ban, con il bordo sfizioso color viola. Finisce un legame contrattuale per lo Stato, continua quello spirituale e morale, celebrato dinanzi a Dio nella chiesa di Lerici. E mentre scrivo sono ancora legato a quel vincolo.

Dunque, da quel giorno cola a picco una famiglia che avrebbe dovuto rimanere unita mettendo al mondo dei figli. Sono l'unica cosa che oggi mi manca, per essere felice, dopo avere incontrato la fede nel più profondo del mio cuore. Inizia, per contrappunto, il periodo più fortunato e felice della mia vita professionale. Ma l'amarezza per il distacco da Serena rimarrà forte nel mio cuore per molto tempo.

Ho cercato di riequilibrare la sofferenza con le armi che conoscevo. Lo sport, e soprattutto il lavoro, tanto lavoro da rimanerne schiacciato e stordito, da non avere più tempo per altro se non storie di sesso e di trasgressione, una dietro l'altra, solo per provare piacere fine a sé stesso. «Così» pensavo fra me e me «dimentico, mi diverto, non penso, e vado avanti eliminando alla radice qualunque tipo di problema.»

La mia giornata cominciava alla 9 del mattino, salvo emergenze, e si concludeva di solito con il collegamento in diretta della notte, alle 23.30. A mezzanotte dove vai da solo a Milano?

Con la popolarità che stava crescendo giorno dopo giorno, e il desiderio di uscire per rilassarmi e per parlare con qualcuno che non fosse un magistrato, un avvocato, un inquisito o un collega, l'unico svago era tirare dritto nella notte per vedere di nascosto l'effetto che fa.

Non riuscivo a farlo tutte le notti perché sarei già morto, ma ho iniziato da quei momenti a frequentare la gente della notte, quella stessa umanità da cui mi sono distaccato quell'alba a Torino con una preghiera di soli 16 secondi: l'*Ave Maria*.

A partire dal 1994 vivo da solo nel centro di Milano, cambiando spesso casa, da via della Cerva vicino a piazza San Babila a via Orti, fino ad arrivare a Porta Romana davanti al Teatro Carcano, in largo Crocetta.

Non mi ricordo bene quante avventure sentimentali – ma direi più che altro sessuali – ho iniziato, smesso, ripreso, mentre ne avviavo altre, con persone che avevo appena conosciuto a dei ritmi così veloci da non ricordare nemmeno i nomi.

Forse era lo stile di vita legato al mio lavoro che mi portava a consumare rapidamente ogni donna che conoscevo ed è stato lì che ho provato per la prima volta a farmi le canne e a bere superalcolici, subito dopo la fine del primo matrimonio, come un segnale di partenza di una gara di 100 metri.

Erba e fumo, alcol, preferibilmente rhum con ghiaccio e, per "partire", dei sostanziosi aperitivi nei locali più alla moda del centro città, erano gli ingredienti che, certe notti, mi accompagnavano fino all'alba. Talvolta anche la cocaina, quando è capitata l'occasione.

Tuttavia la passione per tennis, calcio, ciclismo, sci e palestra, spesso mi allontanava dal giro notturno e portava tanta luce e salute nella mia vita.

Tutto questo spesso non è sufficiente per lasciare definitivamente tentazioni forti e piacevoli come quelle delle belle donne, dei locali più trendy e dell'uso di droghe ancora abbastanza leggere come la marijuana e il marocco. E c'è un pericolo forte che ho sperimentato proprio nel periodo in cui la mia popolarità raggiungeva l'apice.

Uno dei momenti più critici, quando, alla fine di Mani Pulite, sono passato alla conduzione di programmi importanti in prima serata o della domenica, più popolari, come *Quelli che il calcio* su Rai Due con Fabio Fazio, *Otto Millimetri*, in prima serata su Italia 1 con Alessia Marcuzzi.

Con Fazio ho avuto anche la grazia di Dio di andare in diretta tv per duecento volte in Italia e nel mondo. Nel frattempo sono arrivate le pubblicità fra le più famose della storia dei *commercials* come il the Star e, soprattutto, l'Agip.

Ero all'apice dell'esaltazione del mio "io", pensavo di essere da solo al centro del mondo e, con la simpatia che la gente mi riconosceva, di non poter avere ostacoli, problemi o sofferenze da portarmi dietro.

Eppure la mia storia è contraddittoria. Perché accanto

alla voglia di cancellare gli eventi negativi della mia vita con il divertimento portato all'estremo, ma senza mai tirarsi indietro nel lavoro, mantenevo sempre nel mio cuore il desiderio di fare del bene a chi stava peggio di me. Quasi come se fosse un modo per sdebitarmi con la sorte che mi aveva voluto beneficiare con un'abbondanza di successi.

Per questo fondai la Black Spruts (le Seppie Nere della Versilia) associazione onlus grazie alla quale ho regalato, insieme a un gruppo di amici e di sponsor, biciclette da corsa, borse di studio sportive, abbigliamento tecnico, fondi per associazioni come quelle che aiutano i malati di distrofia muscolare. Con la squadra di calcio abbiamo donato decine di migliaia di euro attraverso partite disputate in tutta la Toscana.

Alla fine degli anni '90, dopo la celebrazione di un evento con tanti personaggi al Palazzetto dello Sport di Forte dei Marmi, abbiamo donato una scuola a un piccolo villaggio in Albania, Cavaje, vicino a Durazzo.

A consegnare il grande container c'era anche Paolo Bertolucci e Bedy Moratti, sorella del presidente dell'Inter. Da questa onlus dal nome curioso che trovai in un libro ingiallito di un vecchio pescatore norvegese che abitava in una delle isole Lofoten, a largo della Norvegia del Nord, nascerà poi la Fondazione Olimpiadi del cuore. Un percorso seguito e voluto nel tempo grazie all'aiuto e alla disponibilità di tanti personaggi dello sport e dello spettacolo. In particolare Marcello Lippi e Andrea Bocelli. Fra le realtà che ci seguono sin dal primo giorno una grande banca, la banca più antica del mondo, e una azienda privata, la Snai, che lavora nel campo delle scommesse sportive. L'istituto di credito è il Monte dei Paschi di Siena. La persona che mi ha aperto le porte per questo progetto di solidarietà oggi purtroppo non è più fra noi. Stefano Bellaveglia, vice presidente ma soprattutto grande amico, è mancato in circostanze assurde e drammatiche, colpito da un ceppo della malaria che non lascia scampo, mentre andava a consegnare dei fondi in una missione in Africa che aveva fortemente voluto. Di lui rimarrà un indimenticabile ricordo nel mio cuore. Oggi lo rivedo nelle sue figlie Marta e Bianca che continuano la sua opera di carità. E la continuità, quel legame inscindibile con palazzo Salimbeni l'ho trovato nella persona di Giuseppe Mussari, il presidente, e del direttore generale Antonio Vigni, oltre al manager della comunicazione Davide Rossi. Con loro abbiamo portato a termine quella straordinaria operazione per aiutare gli orfani vittime dello tsunami in Sri Lanka: un villaggio voluto da Marcello Lippi.

Altro partner di fondamentale importanza, oggi il maggiore sostenitore delle Olimpiadi del cuore, è la Snai che fa capo alla famiglia Ughi di Lucca e ai Ginestra di Palermo. Maurizio Ughi e Francesco Ginestra mi assistono in tutte le iniziative e la loro umanità nel portarle a compimento è, a mio giudizio, ancora più importante del denaro che viene versato nelle casse dei più bisognosi. Oggi con loro sto aiutando gli orfani dell'Erzegovina e i terremotati d'Abruzzo, un progetto questo portato avanti insieme alla Provincia di Trento e alla Nazionale italiana di calcio dei cantanti. Che Dio ci dia sempre la forza di non abbandonare mai le nostre intenzioni e che ogni progetto sia allineato con la volontà del Cielo. E la volontà del Cielo la puoi ascoltare, se tu vuoi, attraverso la coscienza che è il microfono di Dio. Essa parla dentro di noi e nei momenti più critici la senti con tanta forza che non si può fare finta di nulla.

Intanto la mia professione va avanti a gonfie vele e questo vento del successo mi trascina con Fazio fino al *Festival di Sanremo* e, per 2 anni, divento uno dei protagonisti di Sanremo Notte, il mitico *Dopofestival*.

Donne, ancora donne, party esclusivi, sponsor che ti circondano di attenzioni.

Agenti che fanno la fila per averti nella loro scuderia, le famiglie più importanti di Milano e di Roma che ti riempiono di inviti per averti con loro nei salotti che contano e mostrarti come un oggetto prezioso da esibire ai loro amici. E arriva persino uno dei programmi più storici della Rai: il Giro d'Italia in onda su Rai Tre.

Lascio Rai Due e Fazio. Giovanni Bruno, all'epoca direttore di Rai Sport, mi affida una striscia quotidiana dal titolo *Un uomo solo al comando*, una trasmissione dove registro, pedalando, gli ultimi 60 chilometri di ogni tappa.

Una fatica ciclopica. Percorro 1260 chilometri complessivamente, di cui 540 di salite, le più dure d'Italia, fra cui San Pellegrino in Alpe, il passo dell'Izoard, Prato nevoso, Acetone, Passo Gavia, Le Cime di Lavaredo e altre salite nel Sud Italia che mi hanno lesionato i legamenti del ginocchio e le cartilagini della rotula, nonostante utilizzassi un cambio triplo Shimano per facilitare la pedalata.

Considero oggi, dopo il mio avvicinamento alla fede, questa impresa un dono di Dio che mi ha regalato un fisico capace di superare le prove più ardue della vita.

La circostanza più triste è quella di non aver tenuto presente quest'ultima considerazione quando ero lì che pedalavo, facevo dirette e partecipavo tutti i giorni al processo alla tappa, dopo essermi alzato alle 4 del mattino, tutti i giorni per 21 giorni. Mi sono allenato per anni ma non ho mai preso nulla per resistere alla fatica. Mai. Lo giuro. Mai preso nessuna sostanza per lavorare o fare sport. La mia unica debolezza: le donne e il divertimento.

Ricordo solo che al 21° giorno del Giro, al ritorno a Milano, mi ubriacai e, dopo tanti giorni di astinenza, finii la notte con due ragazze nel loro appartamento in centro a Milano fra alcol, canne e tanto champagne da farci la doccia. Avevo una contusione sulla coscia destra e zoppicavo dalla gamba sinistra per i postumi di una caduta in bici. Mi ricordo che queste due ragazze giocavano a nascondino tra una camera e l'altra e facevo davvero fatica a rincorrerle. L'ho pagato caro quel Giro. Fu più dura lì che sulla salita di San Pellegrino in Alpe.

E pensare che quell'anno il Giro d'Italia partiva con

una crono veloce da Roma. Partenza da piazza Venezia per finire in piazza san Pietro e infatti, il giorno prima, tutti corridori, i conduttori televisivi e i dirigenti Rai e Rizzoli, compreso il sottoscritto, siamo stati ricevuti in udienza privata dal Santo Padre Giovanni Paolo II.

Ho potuto parlare con lui per alcuni minuti e avere la sua benedizione speciale. Allora mi chiedo: non era meglio finire il Giro ringraziando il Signore andando a letto presto, piuttosto che finire inchiodato in un appartamento con due sciagurate come me?

Oggi la penso così. All'epoca ero cieco, sordo ai richiami della coscienza, ma dopo 21 giorni di astinenza sentivo di meritarmi un "premio".

Avevo la mente offuscata dal richiamo del sesso continuo, ossessivo e invece avrei dovuto ringraziare la Madonna 100.000 volte per quel brutto incidente che mi è capitato durante la tappa di Feltre, in Veneto.

Stavo pedalando, alla mia destra l'ex ciclista Gigi Sgarbozza, velocista degli anni '70, e alla mia sinistra quella straordinaria campionessa pluriolimpica d'oro e mondiale che risponde al nome di Paola Pezzo.

Per darle un bacetto sulla guancia davanti alle telecamere, mi sono avvicinato senza tenere presente che la sua bicicletta Mtb ha il manubrio dritto mentre quello da corsa è notoriamente ricurvo.

In un nanosecondo si incastrano i due manubri e tutti due precipitiamo a valanga sul povero Sgarbozza che fa appena a tempo dire col suo tipico accento romanesco: «A Brò... ma chee stà a faà ...? Ma li mortacci!».

Tutti al pronto soccorso: Paola con la schiena lesionata salta i Campionati italiani, io con un'abrasione alla coscia destra all'altezza dei glutei e contusioni varie in ogni parte del corpo, che mi provocarono una infezione con febbre da cavallo e gravi difficoltà a proseguire il Giro. Sgarbozza, forte contusione alle costole e alla spina dorsale. Il Giro l'abbiamo finito in condizioni pietose.

Dopo queste avventure e disavventure sulle due ruote, mi chiama il mio caro amico Carlo Conti e mi propone di andare a lavorare con lui, Iva Zanicchi, Rosita Celentano e Matilde Brandi a *Domenica In*.

Detto e fatto! Vado a Roma, chiudo il contratto e si comincia.

Siamo all'inizio del secondo Millennio e, contemporaneamente alla nuova avventura televisiva, con un gruppo di amici importanti, diamo vita a un progetto ambizioso per animare il divertimento delle notti della Versilia: nasce il Twiga, una delle spiagge e delle discoteche più amate dai giovani italiani.

Andò così. A Milano, dopo una partita del Milan allo stadio di san Siro, conosco, insieme ad Adriano Galliani e al mio amico Claudio Brachino, il manager della F1 Flavio Briatore.

Lo convinco a venire in Versilia a vedere come avevo arredato una spiaggia con un chiringuito piazzato nel centro come usano fare, nelle località più alla moda, spagnoli, argentini e brasiliani. Flavio mi raggiunge, si convince e decide di darmi fiducia e realizziamo, al confine fra Forte dei Marmi e Pietrasanta, una spiaggia con discoteca, stabilimento balneare e ristorante che oggi si può considerare uno dei locali più importanti d'Italia.

Dopo 2 anni di *Domenica In* e i primi successi del Twiga, viene nominato direttore di Rai Uno Fabrizio del Noce, che mi affida per un anno il programma *Italia che vai, le città più belle d'Italia* e, subito dopo, per quattro anni uno degli appuntamenti televisivi più amato dagli italiani: *Linea Verde*.

Mi sentivo appagato e baciato dalla dea bendata. Stavo percorrendo le tappe televisive dei più grandi conduttori e giornalisti italiani.

Ma nel mio cuore non c'era nessun senso di gratitudine. Ero convinto di essere un fenomeno.

Pensavo che, grazie al mio spirito di sacrificio, alla volontà e alle capacità professionali tutto mi fosse dovuto per un naturale gioco delle parti. Cara televisione: sono bravo, ti servo per gli ascolti e tu mi paghi. Della mia vita faccio ciò che mi pare. Ho lavorato come una bestia, non devo niente a nessuno, il mio debito con la società è saldato.

O quasi, perché spesso con le mie fondazioni, aiutavo il prossimo e mi mettevo in pace con la coscienza. E lo facevo volentieri perché pareggiavo la bilancia del dare e dell'avere. Povero Paolo! Non sapevi ancora che, minuto dopo minuto, stava arrivando il momento cruciale, quello in cui si ridefiniscono pesi e misure.

Capitolo 5
GRETEL, UN NUOVO AMORE

Dall'*Isola* in Honduras a *Stranamore*

Maggio 2006: sto per concludere l'ultima puntata di *Linea Verde*, lo storico programma di Rai Uno seguito da più di 5 milioni di spettatori. Il direttore Fabrizio Del Noce ritiene che il mio viaggio nel mondo della natura, delle bellezze, delle tradizioni enogastronomiche e della cultura della più bella provincia italiana sia concluso.

Sinceramente sono dispiaciuto, quasi amareggiato perché questo programma ti lascia un segno profondo nel cuore e nelle amicizie. Non solo con la redazione della trasmissione, ma in particolare con tutto quel mondo legato all'agricoltura, all'ambiente, alle persone che gravitano attorno a una società rurale ancora animata da sani principi, vita semplice, cibi genuini, rapporti di cordialità e calore umano sinceri.

In questa trasmissione e nelle puntate che andavo costruendo in giro per l'Italia ho trovato per la prima volta, nell'ambiente del lavoro, quei fondamenti di verità che fanno parte della vita cristiana. Oggi sarei felice, anche guadagnando di meno, di ripercorrere quelle tappe fortunate e gratificanti. Solo durante il Giro d'Italia, attraverso la fatica di quelle pedalate e la bellezza incantevole dei luoghi toccati con la carovana "rosa", ho percepito quelle emozioni da brivido che mi hanno riavvicinato ai valori puri e semplici della vita.

In quei momenti difficili, quando capisci che devi chiudere un capitolo della tua vita professionale e metterti alla prova per aprirne un altro, ecco che mi trovo di fronte a una decisione importante.

Un altro capitolo nuovo e importante nella mia vita affettiva l'avevo aperto nel frattempo proprio mentre conducevo questa trasmissione. Avevo infatti conosciuto Gretel, una magnifica ragazza cubana di 22 anni, e ci eravamo perdutamente innamorati. Tutto pareva preludere a una relazione felice e serena. Ma dietro l'angolo c'era già in agguato la catastrofe: quello che sembrava l'inizio di un rapporto duraturo e consolidato da un matrimonio civile si rivelerà una trappola mortale.

Intanto, da alcuni mesi il produttore Giorgio Gori, amico e amministratore delegato di Magnolia, mi chiama per propormi il ruolo di inviato speciale e co-conduttore di uno dei programmi più popolari della televisione italiana: l'*Isola dei famosi*.

L'*Isola* era arrivata, con la conduzione di Simona Ven tura, a un punto di svolta. Dopo tre anni a Santo Domingo era giunto il momento di cambiare location per far sbarcare i naufraghi in un luogo nuovo, ancora top secret. Tutto da definire.

La scelta cadde sull'Honduras, la terra del pirata Morgan che aveva seppellito un tesoro di inestimabile valore in lingotti d'oro, gioielli e pietre preziose, nell'isola più grande di Cajo Cocinos.

Il mio destino mi portava lì. Nelle acque trasparenti della barriera corallina più importante del mondo, dove non esistono strutture alberghiere ma solo baracche di pescatori e un mondo sommerso di impareggiabile valore. Un paradiso per i sub.

Dunque, sono il primo conduttore sull'*Isola dei famosi* targata Honduras. Arrivo dopo i tre anni di Santo Domingo dove mi hanno preceduto Mazzocchi e Caputi.

Mi ricordo ancora i compagni di avventura di quella

edizione: El diablo Claudio Chiappucci, grande ciclista entrato nella storia di questo sport anche per la maledetta sorte di essere un grandissimo abbonato al secondo posto, magari dopo aver dominato le grande classiche e il Giro d'Italia; e Fernanda Lessa, bellissima modella brasiliana, ribelle, abituata a essere omaggiata dagli uomini e poco avvezza alle difficoltà terrificanti di quella edizione. E ancora, Cris & Cris, le due bionde conduttrici diventate veejay di Mtv, la tv dei giovanissimi. Assieme a loro, il terremoto Den Harrow, idolo della musica dance anni '80, originario di Brescia ma dal nome hollywoodiano. Mi ricorda tanto Renato Carosone autore di un grande successo come *Tu vo' fa l'americano ma sei nato in Italy*. Eppure Den balzò in vetta alle classifiche europee di vendita di dischi ed ebbe una straordinaria ondata di popolarità con il singolo *Mad Desire* che fece ballare tutti. Poi il mitico re del Palio di Siena, il fantino Andrea Degortes, da tutti conosciuto come Aceto, un amico ma, allo stesso tempo, un personaggio da prendere con le molle per i suoi scatti d'ira che nessuno riusciva a fermare. Memorabili le sue violente discussioni, arrivate fino alle minacce, con Den Harrow. E, alla fine, una bellissima donna, la pallavolista di livello mondiale Maurizia Cacciatori. Semplice, dal fisico statuario, ha portato serenità all'interno di una banda di pazzi.

E, a questo proposito, secondo voi sotto il sole cocente dell'Honduras poteva mancare un tipo come Massimo Ceccherini? Grande amico sin dai tempi in cui abitavo a Roma, e frequentavo gli altri toscani di successo come Carlo Conti e Leonardo Pieraccioni. Massimo all'*Isola* – e non solo per conto mio – è stato il più bravo, simpatico e spumeggiante concorrente di tutta la storia dei reality. Peccato, perché dopo aver fatto alzare gli ascolti del programma con la sua simpatia e le sue imprese di pescatore provetto e di improbabile nuotatore, ha rovinato tutto a poche puntate dalla fine facendosi espellere dal programma per aver sparato in diretta una bestemmia incredibile.

Povero Massimo! Quanto mi sei mancato quando hai dovuto lasciare Cajo Cocinos. Il mio sogno è quello di portarti con me in uno dei miei pellegrinaggi a Medjugorje e pregare insieme a te sulla collina delle apparizioni della Madonna, il Podbrdo. «Paolo, se tu riuscissi a portare Ceccherini a pregare a Medjugorje» dice Carlo Conti «stai tranquillo che quello sarebbe lo scoop più fenomenale della tua vita.»

Intanto da Milano Malpensa sbarco, dopo uno scalo intermedio, a La Ceiba e da lì in auto raggiungo l'albergo Palma Real che ospita i novanta italiani della produzione del programma.

Mi accompagna mia moglie Gretel. Siamo ancora felici insieme ma qualcosa ormai fra noi si è incrinato, soprattutto a causa delle liti familiari tra lei e mia madre Anna e i suoi genitori Berta e Manuel. Quando il male si insinua in una famiglia, e non c'è il conforto della preghiera, state pure tranquilli, cari lettori, che non c'è sforzo umano che sia capace di mantenere unito il gruppo familiare. Infatti, se da un lato l'attrazione, l'amore e il bene infinito fra me e Gretel erano ancora forti, dall'altro il tarlo della gelosia per mia madre e l'orgoglio e la fierezza cubana dei miei suoceri e di mia moglie stavano lentamente demolendo il nostro rapporto.

Certamente l'*Isola dei famosi* non ha favorito il miglioramento dei nostri rapporti anche perché Gretel poteva rimanere con me solo per quindici giorni e poi doveva rientrare in Italia, con una tappa intermedia a Cuba, dai suoi genitori. Ricordo solo le giornate passate insieme, qualche volta nell'isola di Cajo Cocinos e molto più spesso sulla costa al Palma Real.

Si capiva che avrei dovuto restare altri due mesi lì, mentre lei sarebbe dovuta rientrare a Roma perché conduttrice della rubrica meteo di Sky Tg 24. Un bellissimo lavoro che si era guadagnata dopo i provini con il direttore Emilio Carelli e che aveva brillantemente superato.

Avevo insistito molto che Gretel tentasse questa strada professionale. Dopo aver lavorato tanti anni come modella in giro per il mondo, ritenevo che fosse una nuova e bellissima soddisfazione. Una gratificazione per lei. Non avevo capito nulla. Ancora una volta mi ero lasciato trascinare dalla mia testardaggine senza pensare che la passione per il lavoro è una prerogativa per pochi e comunque così la vedo io.

Ma non tutti hanno la stessa visione della vita. Gretel avrebbe amato molto di più rimanere a casa ad accudire i figli. Una famiglia, insomma, che io non avevo ancora il coraggio, la capacità, il desiderio di mettere su.

Sentivo che mia moglie aveva il talento – di immagine, bellezza, intelligenza, prontezza di riflessi – adatto per arrivare in alto nel mondo della televisione e francamente mi stupivano la sua ritrosia, la diffidenza e la mancanza di decisione per approdare a programmi importanti, pur avendone tutte le capacità. Non mi sono mai dato pace per questo: era mio desiderio trasmetterle questa sensazione e questa forza che avevo e che a lei mancavano.

Come si dice, avevo fatto i conti senza l'oste. E mi sono ritrovato con una moglie ostile a mia madre, avvelenata dal pessimo rapporto con i nostri familiari. Soprattutto non avevo compreso quale fosse il desiderio vero, sincero di Gretel in quel momento della sua vita: avere una famiglia tutta sua, allevare i figli e decidere insieme a suo marito i destini di questo nuovo gruppo familiare senza interferenze.

Tutto questo l'ho capito quando era tardi. Troppo tardi, per prendere provvedimenti, per tornare indietro, per riflettere su tutti questi anni passati insieme a costruire cose e progetti che mia moglie non condivideva.

La verità è che ho amato il lavoro e il sacrificio per realizzare la mia carriera più di ogni altra cosa e oggi ho pagato dazio per questa scelta in modo durissimo, arrivando a sacrificare l'amore per Gretel, la donna che più di tutte ho amato nella mia vita.

Ma torniamo a quella fine estate del 2006. Dopo venti giorni, dunque, Gretel lascia La Ceiba e decolla per il Belize. Da qui raggiunge Cancun e dal Messico atterra all'Avana.

Ricordo bene che mi chiamò al momento dell'arrivo, distrutta per la lunghezza del viaggio e la durata delle attese. Quando ricevetti la sua telefonata tirai un sospiro di sollievo. Ero in apprensione perché sapevo che il Golfo era attraversato da diverse perturbazioni che da quelle parti in breve si trasformano in devastanti uragani.

Percorro tutte le tappe più importanti delle trasmissioni con uno sforzo notevole dovuto alle temperatura rovente (quasi 40 gradi) con un tasso di umidità pari al 96 per cento. Non si respirava proprio. I "mosquito" imperversavano e due montatori della troupe di Sky erano stati punti dalla zanzara Dengue, un insetto terribile paragonabile solo alla zanzara che trasmette la malaria. La Dengue ti fa crescere la temperatura corporea fino a oltre 42 gradi e, se non hai i farmaci giusti sottomano, ci lasci la pelle. Se poi vieni punto due volte nel corso della tua esistenza non c'è farmaco che ti possa salvare.

Vi dico la verità. Torno in Italia con tanta popolarità in più, un ricco gettone professionale, ma il cassetto dei desideri più reconditi terribilmente vuoto: quello degli affetti familiari.

Fioccano le ospitate, tutti mi cercano, ma il richiamo della foresta batte per gli amici della Toscana. Appena tornato da Cajo Cocinos arriva la chiamata del mio fraterno amico Carlo Conti che mi vuole con sé per otto prime serate su Rai Uno per un nuovo programma: *Fratelli di test*.

Produttore, ancora una volta, Giorgio Gori.

Stavolta vesto i panni dell'opinionista in studio che interviene come battitore libero e che gareggia rispondendo alle domande del conduttore. In studio Alessia Ventura.

Si arriva così a maggio e comincia a profilarsi all'orizzonte un interessamento di Mediaset per un doppio contratto che riguardi sport e spettacolo. Sento che è giunto il momento di ritornare a lavorare là dove ho iniziato: Milano 2 e Cologno Monzese. Intanto a casa le vicende familiari peggiorano in modo sempre più evidente. Man mano che si deteriorano i rapporti umani fra i familiari, peggiora il rapporto tra me e mia moglie Gretel.

Per allontanarla dalla vicinanza con mia madre in Versilia a Forte dei Marmi, mi ero trasferito a Roma vicino a villa Ada, tra piazza Vescovio e via di Priscilla. Gretel conduce il meteo a Sky lungo la Salaria, io in giro fra Roma e Milano. Mi sento più tranquillo perché suocera e nuora sono lontane 400 chilometri. Saranno sufficienti? Con l'autunno partono i miei due nuovi impegni con Mediaset: nei fine settimana seguo tutte le dirette della Juventus, la mia squadra del cuore, sul digitale terrestre, comprese le prestigiose sfide di Champions League in tutti gli stadi d'Europa.

Durante la settimana, a partire dall'inizio del 2008, sarò impegnato anche nelle registrazioni di *Stranamore*, il popolare programma televisivo lanciato da Fatma Ruffini.

Quindi decido di trasferire la base della nostra famiglia da Roma a Milano 2 visto che Gretel può lavorare a Sky nella sede di Milano.

Mai scelta fu così nefasta.

Mia moglie non si ambienta in Lombardia, non ne vuole più sapere di lavorare a Sky e torna in Versilia dove, in attesa di trasferire mia madre in un appartamento vicino, abitiamo tutti in una casa molto grande nel centro di Forte dei Marmi.

Apriti cielo!

Ogni momento c'è un problema e neanche la vicinanza di mia suocera Berta – che mi vuole molto bene e fa di tutto per attenuare i dissapori, che al contrario, ahimè, si inaspriscono – riesce a portar pace in famiglia.

Siamo a settembre 2007 e per me inizia un nuovo lavoro meraviglioso, se non fosse per la situazione così critica in casa.

Appena inizia il campionato, comincio a girare l'Italia per fare le telecronache in diretta per le partite della Juve nel campionato di serie A e per i preliminari della Champions League in Europa. Anche questo lavoro finisce per allontanarmi dalla famiglia, durante i fine settimana e, per le coppe, anche durante il martedì e il mercoledì.

Tutto ciò rende molto più difficile capire la situazione, stare vicino a Gretel e fare da cuscinetto fra lei, mia madre e mia suocera che, vi assicuro, rimane una delle poche persone che mi dava equilibrio e serenità.

Mancano solo pochi mesi per arrivare alla fine del 2007 e ancora Mediaset mi avverte che a metà gennaio 2008 inizieranno le riunioni con gli autori e la produzione di *Stranamore.*

Siamo alla vigilia dell'*annus horribilis.*

Capitolo 6
IL DOLORE E LA PAURA

Lettera dalla mia Coscienza

Cari lettori, ciò che sto per raccontarvi fa parte dei segreti più intimi e reconditi della mia vita privata.

Fa parte, dopo il mio avvicinamento alla fede, della riservatezza e del segreto confessionale davanti a Dio per il tramite di un sacerdote che ha raccolto questo capitolo della mia vita che mai – giuro, mai – avevo rivelato prima d'ora.

Oggi mi sento di uscire allo scoperto con una testimonianza pubblica attraverso questo libro che racchiude le fasi più salienti della mia esistenza. Come una sorta di testamento della coscienza davanti a Dio e agli uomini, voglio essere nudo senza più zone d'ombra per ricevere d'ora in poi la spinta, la forza e il coraggio dallo Spirito Santo, di testimoniare quello che mi è accaduto.

Le ferite morali talvolta sono più terribili di quelle fisiche dovute a malattie o traumi o incidenti. E questa ferita me la sono trascinata per almeno metà della mia esistenza. Oggi, con l'aiuto di Dio, porto avanti questa esperienza che ha marchiato la mia adolescenza.

Avevo da poco compiuto diciassette anni e frequentavo da circa tre mesi la quarta liceo del Secondo scientifico di via San Casciani a Pisa. Ricordo a quei tempi che la ricreazione avveniva nel piazzale retrostante all'altro liceo, Ulisse Dini, che si affacciava sulla centrale via Crispi. In quello spiazzo sterrato centinaia e centinaia di studenti di varie classi e scuole si trovavano, per quindici minuti familiarizzavano e si conoscevano. Proprio lì conobbi la ragazza, allora sedicenne, che avrebbe dovuto essere mia moglie e la madre dei miei figli.

La chiamerò Francesca, anche se il suo vero nome è un altro e, per motivi che sicuramente capirete, lo terrò nascosto e mai lo rivelerò. È stata la prima donna della mia vita. Con lei ho fatto per la prima volta l'amore e anche per lei fu così. Una passione travolgente fra due persone innamorate l'una dell'altra, ma incapaci di comprendere l'importanza dell'atto che stavano compiendo.

Ricordo benissimo i primi momenti di imbarazzo che abbiamo dovuto affrontare insieme perché tutti e due, pur travolti dalla passione, eravamo assolutamente inesperti.

Dopo alcuni mesi che stavamo insieme, Francesca mi confessa di avere un ritardo nel ciclo.

Facile immaginare la nostra agitazione, i pensieri che ci frullavano per la testa e le paure per una situazione più grande di noi e che eravamo assolutamente incapaci di gestire. In più il terrore di raccontare tutto ai genitori in un momento in cui, alla nostra età, una gravidanza inattesa e indesiderata avrebbe rappresentato un'autentica tragedia.

Decidiamo di rivolgerci a un medico di fiducia, esperto ginecologo, per stabilire se il ritardo sia dovuto realmente alla gravidanza. La sentenza arriva, inappellabile, dopo circa una settimana. Aspettiamo un bambino. Sono assalito da uno sconforto totale.

Non me la sento di diventare padre.

Non me la sento di raccontare tutto ai miei genitori, né tantomeno di affrontare mia madre per dirle che sta per diventare nonna. Lei, Francesca, più che terrorizzata è scossa, frastornata ma non ha la stessa mia decisione nell'affrontare con fermezza il problema e interrompere immediatamente la gravidanza. Ricordo benissimo: non è decisa né per il sì, né per il no.

È confusa. Sa che toccherà a lei la parte più dura, e io di questo sono angosciato, ma capisco che un figlio in quel momento avrebbe cambiato la nostra vita e quella dei nostri familiari. In meglio o in peggio? Oggi non avrei dubbi su cosa decidere. Ieri avevo paura e non volevo figli a soli diciassette anni.

Cercavo solo di sfuggire al problema, di rimuoverlo alla radice come se non fosse successo nulla.

Inventando una scusa alle famiglie, stiamo insieme per due o tre giorni completamente isolati dal mondo.

Alla fine, di comune accordo, prendiamo la fatidica decisione: rinunciamo al nostro bambino, scegliendo l'aborto. Troviamo il medico, e vi giuro che in quel periodo non era facile, soprattutto per due ragazzi giovani come noi, neppure maggiorenni. Francesca va in uno studio medico accompagnata da una persona a lei cara. Torna dopo tre ore, io l'aspetto fuori. Trepidante e pieno di ansie per la sua salute e per tutto quello che riguarda il suo equilibrio psichico.

È scossa, sta bene fisicamente anche se è molto debole.

Per un lungo periodo stiamo vicini cercando di capire e di aiutarci a vicenda. Persino a scuola mi impegno di più nelle materie a me ostiche per migliorare e aiutarla. Mi sento in debito nei suoi confronti e tutto quello che faccio è nulla rispetto a quello a cui avevamo rinunciato.

Le volevo molto bene, mi piaceva fisicamente, ma non mi sono mai sentito veramente innamorato. Lei mi piaceva, mi piaceva tanto. Le volevo molto bene, ma non mi sentivo di legarmi per sempre a una persona che avrebbe potuto essere la madre di mio figlio.

Che brutta situazione! Quanto meglio sarebbe desiderare una persona per tanto tempo prima di fare l'amore.

Oggi ai miei figli, se Dio me ne volesse dare almeno uno, vorrei dire tutto questo: «Figlio mio, ti voglio bene. Tuo padre ha sbagliato, non fare mai come lui. Stai attento, perché un atto di amore e di sesso può lasciare segni indelebili sulla tua vita e, soprattutto, su quella degli altri. Quando sei giovane e quando non sei vicino a Dio, anche in età più avanzata, non pensi mai alle conseguenze degli atti che compi. Si pensa solo e soltanto a soddisfare l'istinto, le esigenze immediate, le tentazioni della vita che, dietro il piacere possono, nella sofferenza altrui, nascondere il Male».

Questo ha pesato tantissimo nella mia coscienza perché mi sono sentito sempre in colpa per ciò che abbiamo fatto e per la decisione presa.

Per alcuni anni i rimorsi non sono venuti a galla. Erano rimasti solo lo spavento e la paura di uno scampato pericolo. Quando mi addormentavo, la sera, il pensiero di quegli anni e dell'amore di quella ragazza non mi ha mai lasciato. Me lo sono trascinato dal liceo all'università, dall'università al lavoro, e, probabilmente, nel mio inconscio, in tutta la mia vita interiore e in quella più recondita, nell'erotismo, nella sensualità. Non sono mai più riuscito ad avere un rapporto sessuale con l'idea di potere avere un figlio, ma solo finalizzato al piacere. Un vero e proprio blocco psicologico che mi ha costretto alla fine a cambiare continuamente partner e a non prolungare troppo i rapporti per scongiurare il rischio di creare una famiglia.

Oggi, cari lettori, non mi preoccupo quasi più del problema dell'approccio sessuale. Ci penso, è logico, fa parte della mia vita, come quella di tutti.

So che, se Dio vorrà, quando avrò regolato la mia posizione davanti alla Chiesa, troverò la persona giusta per mettere su famiglia. Se non sarà così, vorrà dire che il Cielo avrà scelto diversamente per me.

Nel frattempo sto cercando di colmare il vuoto che mi hanno creato queste situazioni laceranti. Come? Prima di tutto leggendo e poi meditando i messaggi lasciati dalla Madonna di Medjugorje al mondo e ai singoli veggenti dal 1981 a oggi. Sono centinaia di pagine di comportamento da tenere nella vita per ciascuno di noi. Chi non li legge perde il senso della parola di Dio. Mi rimarrà sempre impresso quel libro dalla copertina celeste: *I messaggi della Regina della Pace*, edizioni Shalom.

Sapete quali sono le preoccupazioni più grandi della Madonnina? I fatti e i misfatti della nostra vita. E nella mia ce ne sono davvero tanti. In particolare ci sono proprio quelli che la Madonna ci invita a evitare.

L'aborto su tutti e, purtroppo, lo abbiamo già visto.

L'incapacità di gestire la famiglia e la vita matrimoniale, cioè la piaga dilagante delle separazioni e dei divorzi, e anche questo è affar mio per ben due volte.

Una vita sessuale dissennata e indiscriminata che ha lasciato profonde ferite a tante donne e che, a sua volta, ha procurato a me, alla mia anima, al mio cuore, lacerazioni indicibili. Bene, questo terzo punto negativo della mia vita è un vero e proprio record.

Un ultimo terribile problema, riportato molte volte nei messaggi, è quello del dilagare della droga soprattutto fra i giovani. Che dire? Mi rimane l'amarezza di averne fatto uso soprattutto nel momento della debolezza e della sofferenza.

Che cosa mi è rimasto? Un cumulo di macerie nel cuore. E di questo si preoccupa la Santa Vergine di Medjugorje. Di non spezzare una vita sul nascere. Di salvare le famiglie dallo sfascio delle separazioni e dei divorzi.

L'altro problema è la crisi dei ragazzi nei confronti della Chiesa. Sempre più giovani mancano di fiducia nei confronti dei sacerdoti. Bene, anche qui mi sono riconosciuto, perché per trent'anni sono stato lontano dai parroci e dal loro conforto. Mi annoiavo a morte quando entravo in chiesa, guardavo in continuazione l'orologio e sbadigliavo finché non uscivo. Le poche volte che assistevo alla messa era solo per fare contenti i miei genitori.

Come mai allora è maturato questo desiderio infinito di avvicinarmi alla fede e di essere felice oggi, quando entro in chiesa? Addirittura la mattina, quando mi sveglio, sento forte il richiamo di andare a parlare con Gesù durante la celebrazione eucaristica. Attendo quel momento cruciale, quando il sacerdote alza l'ostia, per comunicargli affanni e preoccupazioni, per chiedere perdono degli errori e per avere conferma di ciò che devo e non devo fare. Dentro di me sento sempre la Sua risposta. Ma chi mi ha portato da lui? Sempre Lei, che si adopera a recuperare gli sbandati e quelli che hanno perso la strada, Lei, la Vergine Santa. E quando ti ha preso non ti molla più.

Vogliamo andare a scartabellare nel calendario per segnare le "coincidenze"?

Il 2 febbraio 2009 è il giorno in cui parto per Medjugorje e quel giorno la Madonna appare a Mirjana.

Il 25 febbraio 2009, ore 9 del mattino, al tribunale Civile di Lucca, dopo tantissimo tempo rivedo mia moglie per la prima volta per la separazione, lo stesso giorno in cui la Madonna appariva con un messaggio per il mondo alla veggente Marija.

Mentre scrivo queste pagine, mercoledì 19 agosto 2009 e sono quasi le tre del pomeriggio, mi chiama il mio editor, Diego Manetti, e mi chiede se va bene vederci sabato 22 per la prima lettura del libro. A questo punto non mollo più il mio messalino Shalom e vado a verificare nel suo calendario tutto quello che mi succede. Come mi aveva anticipato, la mattina di mercoledì 19 a messa un mio caro amico, l'imprenditore Fabio Sghedoni, scopro che è la data della celebrazione di Maria Regina, quando la Vergine fu assunta in cielo col suo corpo e con la sua anima e fu esaltata dal Signore come Regina dell'Universo.

Lei, la Vergine Santa, da quella notte a Torino dell'antivigilia di Natale 2008, non mi ha più lasciato da solo. L'ho cercata, e Lei mi ha protetto col suo manto celeste. In ogni cosa che ho fatto, pensato, proposto, Lei mi ha consigliato, avvertito, mandato segni inequivocabili. Guidato e ispirato. E là dove sono scivolato, mi ha offerto il suo aiuto e, tramite suo Figlio, ha perdonato ancora una volta i miei sbagli. Lei arriva quando tu la cerchi con sentimento di verità.

Quale migliore famiglia potresti incontrare nella vita a cui chiedere un aiuto? E perché noi ci riduciamo sempre all'ultimo secondo per cercare la salvezza e non ci sforziamo mai di cercarla prima che gli eventi ci sommergano dal dolore?

Perché?

Non l'ho capito per 50 anni. Comincio a spiegarmelo solo adesso.

Per rivedere la mia vita, per capire fino a che punto arrivi la stupidità umana, ripercorrerò con voi, cari lettori, quelle tappe di dolore e di paura che hanno segnato la mia vita e che mi hanno fatto pensare alla fede solo quando ormai ero in mezzo al guado del pericolo.

Il ricovero in ospedale, l'ulcera, le trasfusioni...

Nel 2000 parte l'avventura del Twiga, il locale del quale sono socio con il re della F1, Flavio Briatore, la famiglia di Marcello Lippi, allenatore campione del mondo di calcio, e l'esponente di una partito di destra, Daniela Santanchè. L'amicizia – e non la politica – ci lega da molti anni. Nel 2000 si completano i lavori di ristrutturazione della spiaggia, della discoteca e del ristorante, che sorgono in Versilia nel comune di Marina di Pietrasanta, di fronte al Parco della Versiliana.

Faccio la spola fra Roma e la Toscana perché in quell'anno sono sotto contratto per Rai Uno come conduttore di *Domenica In*, insieme a Carlo Conti e Iva Zanicchi. Stretto da un lato dalle mille burocrazie delle autorizzazioni comunali (sovrintendenza alle Belle Arti, Circoscrizione doganale, Asl di Viareggio) e, dall'altro, dagli investimenti finanziari delle banche per gli appalti del Twiga. Lavori che non finiscono mai e che rischiano di pregiudicare l'inizio della stagione estiva.

Briatore, da amico qual è sempre stato, capisce subito

le difficoltà dell'inizio e, per darmi una mano, manda in Versilia uno dei suoi uomini, Pierino, il general manager del lussuoso villaggio di Malindi, in Kenya.

Intanto, stressato dalla responsabilità e dai viaggi per la tv, continuo imperterrito a far sport senza rendermi conto che un pericolo subdolo è in agguato.

Le mie passioni sono tennis, calcio, jogging e ciclismo. Quando il tempo a disposizione per lo sport è tiranno, mi dedico alla corsa che è la più a portata di mano. Esco dal Twiga, siamo nel maggio del 2000, e mi dirigo correndo verso la pineta della Versiliana.

Faccio poco meno di un chilometro e comincio a sentire crampi a gambe e braccia. Mi sembra impossibile, sono stupito perché da sempre abituato e allenato. In quel periodo ero fidanzato con Fabiana Taraschi, alla quale ero molto legato e che in quei momenti difficili mi è sempre stata molto vicina.

Mai avuto problemi, mai malattie gravi, al massimo una bronchite, un po' di influenza e qualche linea di febbre. L'ultimo intervento, quando avevo otto anni e mi avevano tolto le tonsille. Per il resto, fratture e distorsioni per le passione sportive, ma mai nulla di grave.

Mai una sensazione così spiacevole come quella di quel giorno di maggio.

Mi sento le forze venire meno. Mi si annebbia la vista.

La bocca si riempie di saliva, provo nausea e senso di svenimento. Casco per terra e pian piano mi trascino sotto l'ombra di un pino. Vengo soccorso da due ragazzi che mi aiutano ad arrivare fino al Twiga. Faccio pochi passi e stramazzo per terra. Svenuto.

Arriva l'ambulanza, sale con me Fabiana e mi trasportano a sirene spiegate al vecchio ospedale di Viareggio, il Tabarracci.

Il sospetto, confermato dalle analisi, è di un'ulcera perforante grave con perdita violenta di sangue dallo stomaco. Vengo sottoposto immediatamente al check-up per il gruppo sanguigno e subito dopo a trasfusioni di sangue, una dietro l'altra. Avevo i globuli rossi al minimo. Ancora pochi giorni e sarei stato colto da ictus o da infarto. Sono stato salvato dai medici del pronto soccorso di Viareggio e dal dottor Umberto Ferro, gastroenterologo, oggi al Nuovo Ospedale Versilia.

Al termine delle trasfusioni, sottoposto a una gastroscopia urgente con suturazione in via chirurgica di una lesione nella prima parte dello stomaco, mi è stato trovato un adenoma tubolare, per fortuna benigno, che dovrò, tuttavia, tenere sotto controllo anche per il futuro per evitare che possa degenerare in un tumore.

Non ero abituato ad affrontare le difficoltà, i disagi e le menomazioni di una malattia.

Ricordo la corsia di quel vecchio ospedale dove mi avevano salvato la vita. Medici e infermieri curavano me e gli altri pazienti con un'umiltà e una dedizione, fuori dal comune e in una situazione di grande disagio perché quella struttura, vecchia e fatiscente, metteva a dura prova, ogni giorno, le loro professionalità e la loro umanità.

Oggi il Nuovo Ospedale Versilia è un gioiello di cui andare fieri. E di recente ne ho avuto una ulteriore riprova con il ricovero urgente di mia madre nel reparto di Medicina Generale diretto dalla professoressa Lambelet.

Mio padre

Domenico Ettore era l'ago della bilancia della mia famiglia. La sua bontà e la sua semplicità erano il cemento che teneva insieme tutti noi, i Brosio.

Mio padre era colto, umile, modesto e tanto disponibile verso tutti con la sua gentilezza ed educazione. Era paziente e aveva sempre una parola buona per tutti. Non faceva pesare la sua istruzione e la cultura.

Anzi, si mostrava sempre desideroso di conoscere e di

apprendere dalle persone più umili come da quelle preparate e facoltose. Per me è stato un modello.

Era una persona per bene, quello che una volta si definiva "un galantuomo di altri tempi". È stato campione di tamburello e amava la bicicletta. Talmente tanto che, all'età di più di 80 anni, gli piaceva percorrere ogni giorno il lungomare della Versilia, da Forte dei Marmi a Lido di Camaiore e da qui, tornando indietro, fino a Marina di Massa, per ritornare a casa.

Poco prima di morire era ancora forte nel fisico, lucido nella mente, solido nel cuore e nella fede.

Il Male, sotto forma di tumore maligno al fegato, lo colpì forte, improvviso, senza dargli scampo. Ricordo quasi 50 giorni di agonia col viso e la lingua deformati dalla violenza della malattia, imbottito di antidolorifici.

Ricordo con tanta tristezza di non essergli stato accanto nel momento della morte. Ero impegnato in una produzione televisiva di un programma di Rai Uno: *Italia che vai, le città più belle d'Italia*. Mi trovavo a Parma, erano le 23.45 del 25 febbraio 2003. Mi arriva la telefonata di un'amica di famiglia, Anna Pennati. Lo ha amorevolmente assistito ogni giorno e, quotidianamente, mi raccontava le pene, i peggioramenti, le parole, le ansie e le preoccupazioni di mio padre che si dibatteva fra la vita e la morte.

Ogni giorno pregavano insieme a lui, quando riusciva a parlare. Quando non ce la faceva, mia madre e Anna Pennati, insieme a Licia Molinari e altri amici cari, continuavano a snocciolare rosari e coroncine della Divina Misericordia. Credo che mio padre sia morto e sia già in Paradiso, accompagnato da Gesù e Maria.

Domenico è stato sicuramente uno dei potentissimi angeli custodi che hanno retto, vigilato e amorevolmente assistito suo figlio Paolo mentre si trascinava nella palude dei peccati e degli errori della sua vita.

I frati della parrocchia di San Francesco di Vittoria Apuana e l'altro amato parroco di Forte dei Marmi, don

Piero Malvaldi, non l'hanno mai abbandonato fino all'ultimo istante.

Guardo l'orologio. Quella notte in hotel a Parma continuavo a mettere a posto gli appunti della trasmissione, l'abbigliamento e i vestiti per la messa in onda del giorno dopo, senza riuscire a terminare mai nulla.

Come se dovessi aspettare una chiamata che non arrivava mai.

Il telefono squillò, sentii la voce commossa, rotta dall'emozione di Anna Pennati. Non ci fu bisogno di tante spiegazioni. Compresi che ciò che doveva succedere era accaduto. Ero preparato da 50 giorni, ma la mazzata che mi colpì fra capo e collo fu tremenda.

Mio padre era morto

Il giorno dopo trovo un caro amico di famiglia, Sergio Marrai, proprietario del Tennis Italia, che mi aspetta a Parma, sotto l'albergo. Era venuto a prendermi perché sapeva che non ero in grado di tornare a casa da solo. Quando arrivo al Forte, trovo il giardino con la gente assiepata davanti alla porta di casa.

Sento i lamenti sommessi e il pianto di mia madre. Entro e trovo mio padre disteso sulla bara, già vestito, con le mani appoggiate al petto come se pregasse. Fra le mani, il suo rosario preferito. Il viso sereno, rotto da una piccola smorfia che sembrava un sorriso.

Ho il cuore gonfio di tristezza. Gli occhi pieni di lacrime, la voce incrinata dalla commozione.

Vi dico la verità, cari amici: ancora oggi, se ci ripenso, riapro una ferita che solo con la fede posso rimarginare, pregando e chiedendo aiuto alla Madonnina. Questi dolori non si possono combattere con altri strumenti che non siano quelli della preghiera.

Da quel giorno ho usato tutto quello che conoscevo per dimenticare, tranne il ricorso alla migliore medicina del mondo: la fede. Perché? Perché la fede non si trova in farmacia, al supermercato o te la può regalare qualcuno in qualche televendita. La puoi trovare soltanto nel tuo cuore quando questo è aperto all'amore verso te stesso e gli altri. Questo succede solo quando sei in grazia di Dio. E ci devi arrivare da solo, con le tue forze, solo al momento giusto, ma invocando la fede, non un minuto prima, non un minuto dopo. Questo è il progetto di Dio per noi. Credere in Dio è un percorso, noi possiamo solo intraprenderlo.

Nel Vangelo secondo Luca, c'è un bellissimo passo su Gesù che, da bambino, viene ritrovato da Giuseppe e Maria fra i dottori del tempio. Allorquando lo ritrovarono, Maria gli disse: «Figlio mio, perché ti sei comportato così con noi? Tuo padre e io ti abbiamo cercato per tre giorni, pieni di angoscia». Gesù rispose: «Perché mi cercavate? Non sapevate che devo occuparmi delle cose del Padre mio?».

Quindi Gesù tornò a Nazareth, ubbidiente.

Questo è il mistero non di Gesù smarrito, ma di Gesù ritrovato. Così ho imparato a pregarlo e a conoscerlo nel quinto mistero della gioia del rosario dedicato alla Madonna. Me lo ha spiegato un cardinale e teologo che si chiama Angelo Comastri che lo ha scritto in un libriccino sul rosario, che ho "consumato" fra le mie mani nei momenti più bui di questi ultimi due anni.

Il destino è scritto da Dio e se vuoi trovare Dio devi cercare Gesù. Ecco che cosa ci insegna il mistero del ritrovamento. La fede va cercata con la forza della preghiera e tutti i giorni. Ogni giorno. Perché ogni giorno possiamo smarrirci, possiamo perdere la luce, e allora dobbiamo metterci in viaggio come Giuseppe e Maria fino a quando non l'abbiamo ritrovata. Pensate come è stato facile per me, che non avevo fede, smarrire la strada di fronte alla morte di un padre tanto amato.

E così feci.

Smarrii la strada della ragione e cominciai a percorrere la strada della perdizione, perché pensavo che col divertimento avrei dimenticato il dolore e la paura.

L'incendio del Twiga

Camminavamo nel paradiso terrestre, la strada costiera dell'isola di Ustica, delimitata dai muretti a secco, con le pietre sovrapposte l'una sull'altra e gli arbusti forti e vigorosi dei fichi d'india, avviluppati attorno alle rocce biancastre.

Mano nella mano, all'imbrunire di una bellissima giornata di maggio del 2004, io e la mia futura moglie, Gretel Coelho Trespando, guardiamo l'infinita distesa blu davanti a noi.

Il silenzio era rotto solo dagli stridii dei gabbiani in volo, qua e là, e da qualche latrato di cani selvatici.

Eravamo felici, innamorati da un anno e mai, in quel momento, ci poteva passare per la testa che qualcosa o qualcuno avrebbe mai potuto dividerci.

Il telefono riceveva male per mancanza di "campo" e in quella passeggiata lunghissima il suo silenzio era rassicurante e allontanava l'ansia del lavoro e degli stress della vita.

Ancora per poco. Purtroppo.

Stavo cercando di ritrovare la serenità dopo il lutto di mio papà. D'un tratto il cellulare "trova" il campo e squilla.

«Dottor Brosio, dottor Brosio, qui centralino, nucleo operativo Gruppo Carabinieri di Palermo» dice una voce concitata e con marcato accento siciliano «la stanno cercando i colleghi della Compagnia di Viareggio, stazione di Pietrasanta. Ci sono problemi al suo stabilimento balneare. Rimanga in linea, rimanga in linea.»

Inizia in quel momento un calvario che non è ancora finito, neppure al tribunale di Lucca.

Un imprenditore piemontese, che abita a poche centinaia di metri dal locale, prepara un rudimentale lanciafiamme, esce dalla propria villa e, all'imbrunire, dà fuoco al Twiga.

Una densa colonna di fumo nero si sprigiona dalle strutture in legno della discoteca. Due appassionati di jogging transitano proprio lì davanti mentre l'attentatore si sta dileguando. Lo vedono, lo seguono a distanza e avvertono i vigili del fuoco di Viareggio. La Procura dispone la perquisizione della villa della persona sospetta e vengono trovate le tracce e le prove dell'attentato incendiario. La persona viene arrestata e poi rilasciata, credo, per incapacità di intendere e di volere.

Non mi interessa tanto la condanna o la sua colpevolezza e mi giunge voce sia passata a miglior vita. Io l'ho perdonato, prego per lui e chiedo solo giustizia civile nei termini di un equo risarcimento danni.

Pochi giorni prima dell'incendio, infatti, i primi di maggio del 2004, la società che gestisce il Twiga, aveva stipulato 90 contratti per altrettanti dipendenti per tutta la stagione turistica. 90 contratti vogliono dire 90 persone, la maggior parte delle quali con famiglie da mantenere, e che contavano sul quel lavoro stagionale per far quadrare il bilancio quotidiano.

In quei giorni ho capito cosa vuol dire avere amici che ti aiutano. Ho provato una grande sofferenza materiale, derivante dal cospicuo rifinanziamento societario. Il locale doveva andare avanti, i nostri dipendenti continuare a vivere e lavorare, anche se il Twiga aveva i battenti chiusi. I soli danni materiali e lo stop della discoteca e dello stabilimento, all'inizio della stagione estiva, hanno comportato spese e costi per centinaia di migliaia di euro. Senza poter incassare nulla. Un momento davvero critico, superato grazie alla solidarietà fra i soci, in particolare all'amicizia personale che mi ha legato a Flavio Briatore e Marcello Lippi.

Su Flavio vorrei aprire una piccola parentesi. Quando è iniziata la nostra amicizia, tante persone mi ammonirono, chiedendomi se fossi impazzito ad avviare una attività con Briatore perché è considerata una persona abituata a veleggiare nei mari agitati del mondo degli affari e che non guarda in faccia a nessuno. Bene, non è così, cari signori, perché ho avuto mille prove di fedeltà e solidarietà come deve essere nei rapporti veri. Flavio è persona di poche parole e quelle che ha speso con me sono ancora lì a testimoniare la franchezza e la trasparenza della nostra amicizia. Oggi sono felice per questo amico che ha saputo con coraggio e dignità affrontare e vincere il male del secolo. E ancor di più lo sono perché grazie al matrimonio, celebrato in chiesa, con sua moglie Elisabetta Gregoraci, ha trovato la serenità, la semplicità di vita e quella pace che forse gli mancavano.

Marcello e Simonetta Lippi li ritroviamo in un altro capitolo, ma già qui devo dirvi che le nostre frequentazioni vanno ben al di là del semplice fatto di esser soci in un locale come il Twiga.

Infine Daniela Santanchè. Daniela è una donna intelligente, capace, con un carattere al peperoncino ma dai comportamenti franchi e diretti, nel bene e nel male. Purtroppo, senza pensarci, le ho dato un dispiacere. Credo, piuttosto pesante. Daniela, a un certo punto, dovette interrompere bruscamente la relazione con il convivente, l'industriale Canio Mazzaro che, nel frattempo, aveva trovato un'altra compagna. Mi ricordo che poco meno di un mese dopo, invitai Canio, che ho sempre considerato un caro amico, al compleanno della mia mamma al Tennis Italia di Sergio Marrai a Forte dei Marmi. E lui, come è ovvio, arrivò con la sua nuova compagna, Rita Rusic. La Santanchè, dopo circa una settimana, mi chiamò dicendo che da me una cosa del genere non se la sarebbe mai aspettata. Mi resi conto di quanto si possa stare male, in situazioni del genere, solo dopo che mi ritrovai a galleggiare nella disperazione quando Gretel scomparve dalla mia vita.

Chiesi scusa a Daniela, ma soltanto dopo la brutta ferita del mio matrimonio fallito, ho capito veramente quanto si possa far del male anche in modo inconsapevole. Colgo l'occasione per chiedere scusa, sulle pagine di questo libro, non solo a Daniela, ma anche a tutte quelle persone che posso avere offeso con un comportamento sbagliato. Mi vengono in mente altri due episodi che ho inserito in questa lista ideale delle pacificazioni: Nicola Zanone e i proprietari di un noto stabilimento balneare di Forte dei Marmi.

Nicola, ex calciatore di serie A, mi fece perdere le staffe quando, pur essendone a conoscenza, non mi rivelò in anteprima la notizia che fu causa della mia disperazione: mia moglie era incinta di un altro. Lo sapeva da alcuni mesi ma si era ben guardato dal dirmelo. Lo affrontai a muso duro e gli rinfacciai le sue responsabilità: un amico è un amico anche e soprattutto nei momenti difficili. Ricordo la violenza verbale con cui l'apostrofai. Oggi con lui sono in pace. Gli ho chiesto scusa di tutto perché non desidero seminare dispiaceri che si sommano ad altri dispiaceri. La vita deve essere serena. Ci sono già troppe croci da sostenere.

Il secondo episodio riguarda una famiglia di ristoratori e balneari con i quali avevo iniziato l'avventura del Twiga. I rancori legati a quella vicenda mi hanno impedito di incontrarli e chiarire tutto nel segno di una riconciliazione. Sarebbe la cosa più bella per chiudere anche questa ferita.

Voglio vivere in pace con me stesso e con gli altri, perché la vita, quando meno te lo aspetti, ti pone davanti a difficoltà inaspettate che ti possono spezzare gli entusiasmi e la voglia di fare, facendoti piegare le ginocchia per la disperazione. Se non credi e non chiedi aiuto alla protezione celeste non puoi neppure superare queste prove, prove profondamente diverse dal dolore, dalla morte di un padre, ma non per questo meno sconvolgenti.

Quel giorno a Ustica ero disperato. La mia fidanzata mi incoraggiò a non perdermi d'animo. Mi fu vicino e di grande aiuto.

Piangevo e da lontano guardavo il volo radente sul mare di quei gabbiani che ci avevano accompagnato nel paradiso terrestre di Ustica.

Gretel, la più amata

Quando uno dei vicedirettori di Rai Uno, Maria Teresa De Sanctis, e il capostruttura, Luciano Scipioni, mi chiamarono per affidarmi la conduzione di una produzione estiva per una serata moda/mare della Rai, speravo si trattasse di una località che ancora non avevo visitato. Potevo così conoscere un'altra perla del nostro paese.

Detto, fatto.

Il Salento. Santa Maria di Leuca, il faro dei due mari.

Una vera meraviglia incastonata fra la macchia mediterranea, le rocce e il mare blu. Spesso, però, dietro la visione celestiale di un ambiente incontaminato, si cela la realtà con un progetto finale di destino che può sconvolgere la tua vita.

Roba da far tremare le vene e i polsi...

Così, da una meraviglia all'altra, durante le prove del programma conosco la donna che diventerà mia moglie qualche anno dopo.

Siamo nel giugno del 2003 e la visione di una ragazza mora, con i capelli mossi che si rovesciano sulle spalle e sulla schiena, mentre sfila sinuosa sullo sfondo del mare e della cascata artificiale dell'acquedotto pugliese, mi rimane subito impressa nella mente.

Gretel aveva 21 anni: cubana, originaria dell'Avana, sin da piccola aveva fatto l'indossatrice, dopo aver frequentato la Maison della Moda nella capitale dell'isola di Fidel Castro. La sera usciamo e nasce una simpatia immediata, irrefrenabile. Ragazze e modelle bellissime ce ne erano da vendere, ma era proprio destino che la mia strada si incrociasse con la sua.

Pochi mesi dopo Gretel mi viene a trovare in Versilia e, a fine estate 2003, decide che, per ottobre, verrà a vivere da me.

Io sono felice anche se mi pareva un po' prematuro. Ma, come si usa dire, al cuor non si comanda. E di lì a poco inizia una nuova ennesima storia della mia vita. Chi avrebbe potuto immaginare quello che sarebbe successo e soprattutto, come sarebbe successo?

Forse solo mia madre l'ha intuito, visto che nei confronti di Gretel e dei suoi familiari ha sempre reagito con incredibile freddezza e contrarietà. Come una batteria contraerea, la signora Anna ha sempre falcidiato tutte le figure femminili che spuntavano all'orizzonte come se fossero caccia bombardieri da abbattere. Minacciavano di sposare il suo unico figlio.

Peccato tutto questo, perché mia moglie, all'inizio, era veramente compiaciuta di aver come suocera una madre in gamba come la mia. Aveva mostrato amorevolezza, pazienza e tanta voglia di integrarsi in questa famiglia lontana migliaia di chilometri dalla sua.

Eppure sono convinto che in casa Brosio qualcosa di strano sia accaduto. Nessuno mi leva dalla testa che ciascuno di noi sia stato colpito dal Male, nel suo punto debole. Mia moglie, nell'orgoglio tipico della gente di Cuba, un popolo fiero, attaccato alle sue tradizioni e ai suoi familiari, anche se, magari, fra di loro scoppiano violente litigate. Poi, alla fine, scoppia sempre la pace e tutti si trovano più uniti di prima, come nelle telenovelas sudamericane. Mia madre fu colpita nella gelosia degli affetti del suo unico figlio, gelosia accentuata dalla solitudine, dopo la morte di mio padre. In altri termini Anna Brosio non era più serena ed equilibrata nei giudizi come poteva esserlo qualche anno prima, quando c'era mio padre che, come vi ho detto, era il punto di equilibrio della famiglia. La paura di rimanere isolata, la gelosia verso una nuora giovane e bella, le hanno impedito di dare fiducia sin dall'inizio a questa storia d'amore e a questa ragazza che, invece, secondo me, aveva tutte le carte in regola, per essere una grande moglie e una grande donna al mio fianco. E anche una bravissima nuora per mia madre.

Questo, cari lettori, ve lo dico oggi dopo aver sofferto pene d'inferno, quando ho visto mia moglie andarsene improvvisamente dalla mia vita con una persona che frequentava il Twiga e avermi poi abbandonato, dopo esser rimasta incinta di lui.

Capitolo 7
IL BARATRO E IL PICCOLO ANGELO

Un grande sceneggiatore di *noir* potrebbe prendere in considerazione la fine della mia storia d'amore come epilogo ideale di un suo film.

Le macerie dentro il cuore sono le ferite dell'anima. Ecco perché bisognerebbe sempre riflettere bene sulle storie d'amore che a prima vista appaiono travolgenti. Dovremmo chiuderci nel silenzio della preghiera senza farci condizionare solo ed esclusivamente dai sensi. Ma quante volte non è andata così?

La preghiera è come il cibo e l'acqua e ogni religione ha i suoi riti e le sue invocazioni. Questo significa che nel dna dell'uomo c'è bisogno di Dio al quale ci si rivolge in modo semplice e diretto. La mia esperienza mi ha insegnato una cosa fondamentale: con l'esercizio costante della meditazione e della preghiera sono rinato come uomo e in me si sono prodotti mutamenti che hanno sanato le ferite. Mi hanno fortificato, oserei dire migliorato, nella mente e nel discernimento, ben al di sopra delle mie capacità.

La preghiera ora per me non è un atto di debolezza, ma un atto di umiltà verso un qualche cosa che non è più il mio io, ma è Dio.

Ora ho bisogno di bere a questa sorgente per dissetarmi e impedire che la mia anima si inaridisca. A Medjugorje ho trovato la fonte per rinsaldare la mia spiritualità, quella dimensione che avevo sempre trascurato. Il cardinal Tonini, che ho avuto l'onore di conoscere prima della conversione, di questo piccolo paradiso della terra sui monti dell'Erzegovina dice: «Medjugorje è una straordinaria fonte di spiritualità dove Gesù Cristo è al contempo rubinetto e sorgente. I pellegrini vanno a quella fonte e si abbeverano a essa che opera poi una catena impressionante di conversioni».

L'aiuto dello Spirito Santo è come un amico che cammina vicino e non ti lascia mai da solo, però lo devi cercare, invocare e pregare. Così come ogni giorno si devono cercare Gesù e Maria che ti aiutano a superare e a risolvere i problemi, le croci, i dolori e le sofferenze che la vita quotidianamente ci riserva come se fossero sorprese improvvise che ti trovi di fronte sul tuo percorso.

È un lavoro costante di pensiero e meditazione, in ogni azione della tua giornata. Tutto questo semplifica le vicende e rende più sopportabile la fatica e il dolore. Le croci e le sofferenze, le delusioni legate ai matrimoni, le storie difficili che riguardano genitori e figli. E ancora: le malattie fisiche, psichiche e morali, gli incidenti e tutte le tappe più dure della vita sulla terra.

Se non hai nel cuore la parola di Dio sei sconfitto dall'inizio. Non c'è partita. La gara è persa in partenza e oggi capisco chi la stava vincendo. Per anni, non ho mai chiesto, né mai cercato, l'aiuto e la protezione della *Gospa*, come in lingua croata si indica la Madonnina. Non sapevo neppure che la preghiera in sé potesse essere uno strumento così poderoso di protezione delle vicende umane.

Che la Madonna esistesse o meno, era una vicenda che non mi toccava affatto. Avevo profondo rispetto per la religiosità altrui, per il bisogno di credere dei miei familiari o di chiunque altro, ma di Gospe, Madonne, Gesù, preti, suore, vescovi e cardinali… per favore no, grazie.

I totem, gli idoli della mia vita, erano la corsa alla notizia nel giornalismo e la pratica dello sport agonistico, dove volevo vincere a tutti i costi.

Mi interessava primeggiare. E il culto della vittoria, di arrivare primo – nelle donne, nel lavoro e nella vita – era entrato così tanto dentro di me, da non poterne fare a meno, quasi come se fosse un doping della psiche.

Quando parlavo con gli altri non mi rendevo conto che tenevo banco per ore volendo restare al centro e attirare l'attenzione. Ed essere simpatico, sempre e a tutti i costi. E gli altri mi ascoltavano per davvero.

Non lo sapevo ancora e pensavo di essere al centro del mondo grazie ai miei talenti naturali, frutto di quella misteriosa miscela genetica dei genitori che ti donano il meglio di ciascuno di loro. La fantasia, l'intelligenza, l'affabilità e la capacità di raccontare e comunicare con parole semplici, la facilità di scrittura da parte di mia madre. La tenacia, la volontà, la pazienza di aspettare il momento giusto per saltare sul carro che passa una sola volta nella vita, da parte di mio padre.

Oggi so la verità. Ho aspettato 52 anni, ma ho capito che queste idee innate, di platonica memoria, non sono altro che farina del sacco di Dio.

Farina che cade dal cielo e che, solo in apparenza, viene sparsa casualmente, ma che invece è frutto di quel famoso progetto divino, programmato prima ancora che il feto respiri, che il cuore cominci a battere.

Questi talenti, quando vengono accolti come una dote naturale, finiscono per renderti poco umano, ti senti forte solo di te stesso, delle tue prerogative. E quindi pensi di non dover più rendere conto a nessuno di questi carismi.

L'"Io" diventa irrefrenabile. Non accetta nessun tipo di sconfitta e ti trovi sempre con la spada in mano, obbligato a vincere continuamente, contro tutto e tutti. La vita si trasforma in un turbine di attività frenetiche: l'accaparramento dei contratti di lavoro per guadagnare di più, la corsa alla conduzione dei programmi in tv, le apparizioni in video nei contenitori più gettonati, gli appuntamenti mondani che contavano di più, gli inviti nei salotti bene di

Milano e Roma, le pubbliche relazioni e le amicizie importanti. Con questa filosofia, dove l'Io è al centro del mondo, non hai mai il tempo di pensare che, nella vita, arriva il momento in cui transita, puntuale come un treno, il pendolino del dolore. C'è un piccolo particolare, però. Non ha un orario. Mai. Non sai da dove partirà, né quando passerà dalla tua stazione.

Ma stai tranquillo, caro lettore, che arriverà sempre in quel momento della tua esistenza in cui voli più alto, come un palloncino che sfugge dalla mano di un bambino. Allora si manifesterà il Male che al momento giusto, con un semplice spillo e con un gesto tipico dell'intelligenza diabolica, farà scoppiare quel palloncino colorato che volava alto, tanto alto, più alto di quanto meritasse. E quando voli altissimo, la caduta è più rovinosa e io, cari amici, mi sono fatto veramente male. Il demonio aveva aspettato il momento giusto, quello in cui l'uomo, con la sua personalità esasperata dai successi e la sua vanità, aveva raggiunto il culmine.

Per dimenticare il dolore usavo il divertimento, l'unica arma che conoscevo. E il divertimento sfocia spesso nella trasgressione che ti fa scordare la pena per qualche ora. Poi arriva puntuale il rimorso della coscienza, la cui voce ti lacera lo stomaco e la testa. Tutto. Come un urlo angosciato nella notte. E allora tu rimani lì, stritolato fra due fuochi: il dolore e il rimorso.

Il dolore più profondo, fra i tanti episodi della mia vicenda matrimoniale, l'ho provato due volte. La prima partendo dall'aeroporto dell'Avana il 30 dicembre 2007 all'antivigilia del Capodanno. Superato l'imbarco della dogana, c'è un tratto dove, per l'ultima volta, da una passerella sospesa i parenti, gli amici e le persone care che ti hanno accompagnato a quella destinazione ti possono salutare prima di imboccare il *finger* del volo.

Mi volto e guardo lassù Gretel e sua madre Berta che mi salutano con un gesto della mano attraverso il vetro blindato dell'aerostazione. Ho il groppo alla gola e sto per esplodere in un pianto disperato. Nel cuore la certezza che quella sarà l'ultima volta che vedo Gretel come mia moglie. Sento che la perderò per sempre. Stava scritto nel destino della mia vita. Capisco che anche per lei è un momento molto difficile, non si possono dimenticare in pochi secondi tante situazioni vissute insieme.

Cara Gretel, io non so se leggerai mai questo libro, ma se Dio volesse sappi che ti ho amato e voluto bene sopra ogni cosa. Ho dedicato a te ogni pensiero della mia giornata. Ti ho amato e desiderato come donna che mi piaceva da impazzire, ti ho voluto bene con un affetto intenso, come quello che prova un padre verso una figlia. Ho pensato troppo a che cosa era necessario fare per te nella vita professionale perché ritenevo che avessi il talento giusto per arrivare molto in alto. Non ho pensato affatto, viceversa, a realizzare con te quello che doveva e poteva fare un marito con la propria moglie: una famiglia, dei figli, una storia forte, bella, che tu hai finito per cercare altrove e che io ho subito con la morte nel cuore.

Sbarco a Malpensa il giorno di san Silvestro, a poche ore dal Capodanno. Per lavoro e impegni presi ho un tavolo importante al mio locale, il Twiga e devo essere là. Ma quante volte ho pensato che avrei potuto rimanere a Cuba per trascorrere almeno quell'ultimo giorno dell'anno insieme?

Avrebbe cambiato qualcosa? Credo proprio di no. Tu, cara Gretel, avevi già deciso la tua vita in un'altra maniera e io non facevo più parte di questo disegno. La realtà spietata è che sono uscito sconfitto da questa vicenda che ha finito per prendermi il cuore, l'anima e tutto ciò che avevo messo in gioco nella relazione intensa vissuta insieme a te.

Trascorro gennaio e febbraio 2008 come in uno stato di trance, rendendomi conto, poco per volta, che la trappola nella quale ero finito stava scattando minuto dopo minuto. Tu, Gretel, sapevi bene cosa fare mentre ero in preda al caos e, come nella pena dantesca del contrappasso, ero costretto a vivere una nuova esperienza professionale, come conduttore-inviato di un programma di Mediaset, *Stranamore*, che guarda caso si occupa a tempo pieno delle vicende sentimentali più tristi, complicate e talvolta drammatiche, di persone di tutte le età.

Non ho mai lavorato in situazioni così difficili se non in quel giorno terribile, il 25 febbraio 2003, quando è morto mio padre e io ero a Parma a condurre, stavolta per la Rai, un altro programma televisivo.

Ricordo con tristezza in particolare una puntata vissuta nello scenario indimenticabile della città di Siracusa, in Sicilia e nel centro storico dell'isola di Ortigia. È la storia di Cristina e Paolo, due giovani che si sono amati prima che lei lo lasciasse senza appello. Negli occhi di quel Paolo leggevo la disperazione di quell'altro Paolo che in quel momento conduceva il programma. Il paradosso della disperazione: quella riprodotta in televisione e quella dell'inviato che faceva tv ma in quel momento soffriva tanto quanto il protagonista della storia.

Mai programma fu più azzeccato, per mia sfortuna, di quella edizione sciagurata di *Stranamore*. Mentre intervistavo e facevo le domande agli innamorati lasciati, pensavo a me e alla mia storia e mi veniva da piangere nei momenti più impensati.

Ecco perché all'inizio di questo capitolo ho richiamato nell'incipit il paragone con la sceneggiatura di un grande scrittore di racconti dell'orrore. Chi poteva pensare per me una beffa tanto atroce da rivederla passare come davanti a uno specchio tante, troppe volte persino nel lavoro al quale ho dedicato tutta la mia vita? Mi sentivo tradito anche lì, mi sentivo usato dal Male anche in quel lato della mia vita dove avevo dato tantissimo, forse anche troppo. Senza mai pensare che nell'esistenza di un uomo ci sono altri valori più importanti dei totem in cui credevo.

In quel momento non avevo più certezze e ho cominciato più volte a sentire una voce suadente, persuasiva, convincente che continuava a stuzzicarmi finanche a tormentarmi: «Ma se hai ricevuto del male, se stai soffrendo, perché mai devi continuare a tormentarti con i ricordi e cercare una riconciliazione? Sei proprio stupido. Divertiti. Buttati tutto alle spalle, volta pagina e dimentica».

Ma io non cedo e, testardo, torno a Cuba con il mio amico Lido, un collaboratore diventato persona di famiglia. Dieci giorni vissuti assieme ai genitori di Gretel, nella vana speranza di ritrovarla. Rivedere i luoghi a lei cari sperando come in un miraggio che lei tornasse. E invece niente. Nulla. Il vuoto totale. Era negli Stati Uniti per dimenticarmi, dimenticare tutto e ricominciare una nuova vita. Ma io non lo sapevo ancora.

Torno in Italia deluso e inizio a percorrere quella strada che mi porta dritto verso il baratro. Un percorso che si ferma solo "quella notte", a un passo dal burrone. Quella notte, a Torino, in quell'appartamento di lusso. Tra Roma, Milano, Genova e dovunque mi trovassi prevaleva in me quella voce suadente e accattivante che mi convinceva ad agire senza scrupoli e mi invitava a ripagare con la stessa moneta chi mi aveva ferito e umiliato. Vedevo tante Gretel ostili e traditrici in ogni donna che incontravo e il desiderio di vendetta si era impossessato del mio cuore. Volevo umiliare ogni donna che incontravo, pagarla, sfruttarla, approfittare di lei usandola solo come oggetto del desiderio e della trasgressione.

Lì per lì mi sembrava la chiave di lettura migliore che conoscessi per uscire dal tunnel del dolore provocato dalla fuga di mia moglie. In realtà stavo imboccando una strada senza ritorno. Quel tragitto accuratamente preparato da quel signore che, girando con lo spillone, bucò il palloncino che volava alto nel cielo.

Quale trasgressione migliore poteva essere preparata, studiata, voluta e desiderata se non con l'ausilio di super alcolici, canne e anche droga più pesante come la cocaina?

Il mio tallone d'Achille erano le donne. La donna, bella, affascinante e intrigante. Colta, intelligente e sensuale, senza essere volgare, disinibita e senza remore di nessun genere. Questo il genere di donna al cui fascino non riuscivo a resistere.

Innamorarsi? Nessun pericolo. Il dopo Gretel aveva appiattito ogni sentimento, ogni emozione e aveva indurito il mio stato d'animo e reso arido il mio cuore. Ogni cena, ogni festa avevano un unico obiettivo: quello di finire la serata in modo piccante per cercare di dimenticare, attraverso il piacere, la sofferenza di tornare a casa e non trovare più alcuna traccia di lei.

Ricordo ancora i primi mesi che mi avevano legato alla mia Gretel. Lei aveva un sacco di problemi da risolvere per la situazione precedente alla quale era sentimentalmente legata. Aveva rispetto per questa persona e quindi la nostra simpatia, diventata amore, non si era trasformata in passione travolgente.

All'inizio non ero profondamente innamorato di Gretel. È stata una situazione che si è evoluta nel tempo. C'era una grande attrazione, e solo dopo è subentrato il desiderio di amarla profondamente. Credo che per lei sia andata al contrario, anche per le continue dispute familiari che hanno logorato la nostra unione.

Nella primavera del 2008 ancora pensavo a un miracolo, alla possibilità remota di poterla riabbracciare. Ma, mentre pensavo questo, dentro di me esplodeva quella voce suadente che mi spingeva sempre di più a commettere sciocchezze e fatti di tale gravità da compromettere la mia salute. Ho sempre fatto tantissimo sport. Ho sempre bevuto pochissimo alcol e limitato al massimo le sigarette.

Quando ho conosciuto il successo ho cominciato, talvolta, a frequentare compagnie, fra Roma e Milano, che trasgredivano con sesso e droga, ma sempre come eventi sporadici e non ripetuti nel tempo.

A fine maggio del 2008, quando ho saputo che mia moglie aveva una relazione con una persona che ben conoscevo e che frequentava il Twiga, sia la sera, che di giorno sulla spiaggia, ho pensato che l'ultima speranza era bruciata in un falò pieno di angoscia. Ma non era tutto.

Troppo semplice così. C'è anche la beffa: l'incredulità da parte di una persona a cui hai dato tanto e di cui mi fidavo ciecamente.

Tutto questo non è ancora sufficiente per arrivare al dolore supremo, alla sofferenza finale, quella totale che ti rade al suolo senza che tu abbia più la forza di rialzare la testa perché il treno del dolore ti ha tagliato in due.

C'è voluto, per arrivare a tanto, anche questa notizia devastante: Gretel aspettava un figlio da questo uomo.

Ero come morto.

Colpito al cuore, sfregiato nell'anima, senza più forze e col solo desiderio, per la prima volta nella mia vita, di lasciarmi andare completamente fino all'autodistruzione.

Mai avrei detto di poter pensare, per un solo minuto, a una fine come questa.

Ma come? Io, che non mi sono mai arreso, che ho cercato di arrivare sempre primo, mi ritrovo a decidere di diventare l'ultimo degli uomini, devastato dal dolore che non so più affrontare, che non riesco a vincere con le mie armi completamente spuntate.

Che cosa devo fare? Ditemi che cosa devo fare!

Ho trovato nell'alcol, nella droga e nel sesso una risposta terribile.

Avevo poche ore effimere per scordare tutto. Poi, come un boomerang, tutto mi tornava addosso.

Proprio mentre sto scrivendo queste pagine, leggo, sul «Corriere della Sera» di venerdì 24 luglio 2009, un articolo che fa riferimento al rapporto del Centro Studi Previsionale sulle Dipendenze dagli stupefacenti in Lombardia. Il numero dei consumatori continua a crescere e la cocaina si conferma una piaga sociale. Nel 2012 i tossicodipendenti di droghe da discoteca, più che altro ecstasy e cocaina, saranno un milione, pari al 3 per cento degli italiani fra i 15 e i 54 anni.

E la cosa che preoccuperà di più è che fra tre anni, con poco meno di 50 euro, ci si porterà a casa un grammo di cocaina.

Un prezzo alla portata di tutti, anche di chi fa lo studente e che, per divertirsi, deve aspettare la "paghetta" settimanale di papà.

Perché queste strategie di mercato da parte dei trafficanti e degli spacciatori? Sempre da questa indagine emerge che la ragione principale sia quella di abbassare i prezzi per allargare la base dei consumatori e ridurre la soglia dell'età, in modo da creare un esercito di piccoli e giovani disperati che non possano più rinunciare alla loro dose.

Allora, dopo aver toccato il fondo, e aver trovato il miracolo in una preghiera di soli 16 secondi e di esserne uscito fuori dopo un calvario di 11 mesi, posso e devo darmi da fare, pregando Iddio di non ricadere mai più, per gridare, con tutto il fiato che ho in gola, una sola cosa, chiara forte e precisa: cari ragazzi, cari studenti, cari amici con i quali un tempo ho diviso serate pazze, vi prego: ravvedetevi, gettate quella spugna piena di alcol, di fumo, di sesso e di droga perché prima o poi la strada imboccata si rivelerà una trappola mortale.

Pregate, pregate, pregate e invocate la Madonna Delle Grazie, perché «...non si è mai inteso al mondo che qualcuno abbia fatto ricorso a Lei, per implorare il suo aiuto, e sia stato abbandonato».

Sono arrivato a dicembre 2008 in condizioni disperate, con l'animo a pezzi e col desiderio più intimo e segreto che nessuna droga o sballo alcolico potrà mai soddisfare: fare la corte a una ragazza, innamorarmi e darle un bacio semplice, dopo un lungo corteggiamento.

Mi sarebbe bastata una passeggiata, mano nella mano, lungo la spiaggia della mia adorata Versilia, vedere il sole che tramonta d'inverno come una palla rossa infuocata all'orizzonte, fra le montagne del Parco di Montemarcello e l'Isola del Tino e della Palmaria, di fronte a Portovenere.

Sabrina, l'angelo

Un pomeriggio di fine settembre mi ritrovai a pregare nella chiesa parrocchiale di Sant'Ermete. Casualmente, diciamo così, accanto a me una ragazza carina, giovane, che pregava così raccolta che, se il mondo fosse crollato, non se sarebbe nemmeno accorta.

Eravamo in due con la chiesa vuota. Fuori una canicola estiva soffocante, tutti sulla spiaggia a fare il bagno, a tuffarsi per sfuggire alla morsa di quella torrida estate.

Dopo un po' di tempo, mentre sto pregando inginocchiato davanti a padre Pio, perché intercedesse verso la Madonna sulla mia situazione che stava peggiorando giorno dopo giorno, ecco che entra uno di quei sacerdoti che ha contribuito a portarmi sulla strada della salvezza: don Piero Malvaldi, il parroco.

Mi vede, capisce che ci risiamo, dà un'occhiata veloce verso Sabrina e, dopo pochi secondi, ci presenta.

Ecco, nelle parole di Sabrina come viene rievocato questo incontro.

«Più che presentarmelo me lo affidò» racconta Sabrina. «Lui viveva un momento terribile. Dopo quell'incontro passai le mie giornate e le notti a pregare per lui, come presa da un amore incredibile. Lo messaggiavo, digiunavo, rinunciavo a piccole cose come i dolci, la coca cola: ero in uno stato di preghiera totalmente dedicata alla sua salvezza. Sentivo come un desiderio, una sete d'amore che dovevo andare a placare, quasi le stesse parole che Paolo mi avrebbe detto, più tardi, durante il secondo pellegrinaggio a Medjugorje.»

Ma ora fatemi fare un passo indietro per raccontarvi

qualcosa di speciale, a tratti incredibile, che riguarda la vita di questo piccolo angelo custode nato a Salerno.

Un giorno Sabrina, che aveva appena 16 anni e frequentava la scuola cattolica della sua città, accettò l'invito di padre Francesco Parsidomio per andarsi a confessare, durante l'orario scolastico, ma solo per il piacere di saltare un'ora di lezione.

È sempre stata una ragazza religiosa, scriveva lettere a Gesù sin da piccola e andava volentieri in chiesa ma, questa volta, sembrava spinta soltanto dalla voglia di marinare la scuola.

In confessione, però, padre Francesco avverte la forte spiritualità di Sabrina e, le chiede: «Perché ogni tanto non vai a trovare Gesù, in chiesa, da sola?».

Da quel giorno Sabrina ci va tutti giorni, prima venti minuti, poi mezz'ora, un'ora, qualche volta rimanendoci addirittura chiusa dentro.

«Nessuno mi aveva spiegato come pregare, soprattutto in una conversazione stretta e quotidiana come quella che stavo impostando con Gesù, il mio confidente, l'amico. Una relazione quasi di botta e riposta che durava per ore e continuava, quasi in automatico, anche quando uscivo di chiesa, per la strada, tornando a casa.»

«Gli raccontavo la giornata,» continua la ragazza «le cose più piccole e profonde, persino storielle e barzellette. Stavo cambiando. Anche i genitori e gli amici se ne erano accorti, ma mi venne un sano dubbio che dovetti subito affrontare insieme a qualcuno che mi potesse aiutare a capire: stavo parlando davvero con Gesù o solo con me stessa?»

Sabrina andò da padre Vincenzo, un gesuita che le stava molto vicino che le disse: «Se la tua vita sta cambiando e non stai girando intorno a te stessa, allora è proprio Lui che ti parla».

Lei, allora, capì che la sua vita stava cambiando veramente, divenne bravissima a scuola mentre prima non lo era, cominciò un percorso di ritiri spirituali e incontri che non le impedirono di fidanzarsi per ben 11 anni. Da laica e non da religiosa, voleva fare in modo che Gesù fosse il modello quotidiano per la sua vita.

Sabrina ora gira il mondo vivendo le esperienze più incredibili. Ma tutto questo non è nulla rispetto alla storia che stiamo per raccontarvi. Leggete con molta attenzione le prossime righe perché scoprirete un vicenda straordinaria e soprannaturale.

Siamo in Spagna, è il 21 agosto del 2006. Sabrina si trova vicino a Leon dove sorge un santuario dedicato alla Vergine del Cammino, lungo il famoso percorso di Santiago di Compostela.

Lei è sola, in chiesa, e la chiesa è vuota.

Un uomo misterioso, fra i quaranta e i cinquant'anni, le si avvicina mentre sta pregando e le dice, in una lingua che lei non riesce a distinguere, ma della quale capisce il significato: «Guarda questa chiesa: è vuota. Vedi, la nostra vita interiore è proprio come questa chiesa. La nostra luce proviene solo da Dio. Tu non ti preoccupare, la Madonna del Cammino ti proteggerà, a partire da oggi, durante la vita e per sempre».

Sabrina, dopo qualche minuto smette di pregare, si gira, ma non vede più questa persona che è sparita dalla sua vista.

Dopo qualche attimo di stupore la ragazza continua il suo viaggio e, uscendo dal santuario, si dirige verso la stazione ferroviaria di Leon e prende il treno per Burgos, senza immaginare cosa sarebbe accaduto di lì a poco transitando davanti a un piccolo villaggio, Villeda.

Salita sullo scompartimento si addormenta subito dopo ma, a un certo punto, improvvisamente, aprendo gli occhi ha come la sensazione che un pericolo imminente stia per abbattersi sul convoglio. Invoca ad alta voce l'aiuto di Dio e della Madonna e subito dopo il treno deraglia vicino a Villeda, provocando 8 morti e 64 feriti.

«Ho sentito un rumore fragoroso, un frastuono terribile

e poi un odore fortissimo di freni bruciati. Lo schianto, le urla dei passeggeri impauriti, il pianto dei feriti, la gente che fuggiva.»

Mentre due delle carrozze si accartocciano, disintegrate, e in tutto il resto del convoglio tutto cade rovinosamente – valigie, oggetti e persone – il suo scompartimento rimane miracolosamente intatto e nessuno si ferisce.

Tenete ben fermo nella vostra mente questo episodio e ora facciamo un salto nel tempo ad arrivare all'aprile 2008 quando Sabrina, armi e bagagli, parte per l'India, per fare volontariato con le suore di Madre Teresa di Calcutta e una settimana di esercizi spirituali a Bandel, cittadina a un'ora di auto da Calcutta.

A Bandel è stata collocata una statua miracolosa della Madonna.

Qualche giorno dopo Sabrina viene avvertita da una sorella che una delle suore, Madre Lisna, la vuole incontrare perché le deve parlare. Si vedono e cominciano a recitare il rosario e a dire preghiere spontanee.

A un tratto, suor Lisna, le dice: «Ti sto vedendo quando eri piccola, mentre stai facendo un'offerta speciale a Gesù, una promessa per dedicargli la tua vita, per l'amore che hai sempre avuto per Lui».

In quel momento Madre Lisna avverte Sabrina che ora Gesù è vicino a loro e che lo sta vedendo.

«Mi sta parlando» dice la suora «e mi sta avvertendo che non ha mai dimenticato questa offerta e, per questo motivo, ti ama. Lui sa che tu lo ami e perciò ti ha messo dentro una luce speciale e sa che tu hai un desiderio particolare: quello di ricevere un bacio da Gesù.»

Sabrina non sa più cosa fare e, nonostante la fede, comincia a dubitare della veridicità del racconto, sostenendo che lei non ha necessità di segnali, visioni o miracoli per credere in Gesù.

Suor Lisna, però, non si ferma. Con voce calma e sicura insiste e come prova delle sue parole, tira fuori due storie della vita di Sabrina. Storie talmente circostanziate e precise che nessuno, se non lei stessa avrebbe potuto conoscere.

La prima. Gesù ha detto a Sabrina per tramite di Lisna tutto quello che è successo a Villeda in Spagna e Sabrina nella patria di Santa Teresa aveva meditato a lungo su quanto avvenuto nel santuario della Vergine del Cammino con l'incontro col misterioso sconosciuto, le parole che pronunciò, e il conseguente incidente ferroviario dal quale Sabrina uscì illesa.

La seconda riguarda il nomignolo con cui viene chiamato un amico di Salerno: Tony, che le era stato particolarmente vicino prima del lungo viaggio in India. «Come ho sentito il nome Tony, pronunciato da suor Lisna sono sbiancata» dice Sabrina. «Il cuore mi si è come aperto, mi sono commossa e ho cominciato a credere a tutte le parole della suora.»

A quel punto la suora riprende la "cronaca" di quello che sta facendo Gesù nella piccola cappella di Bandel e avverte Sabrina che, proprio in quel momento, Gesù le sta dando un bacio sulla guancia destra, sapendo che per lei, quel bacio, era sempre stato il grande sogno della sua vita.

Dopo il bacio di Gesù, Sabrina rimase come in catalessi, non prima di avere ascoltato l'ultima frase a lei dedicata.

«Per te sarò sempre una fonte inestinguibile.»

Da quel giorno di fine estate, dopo l'incontro con Sabrina nella chiesa di san Ermete, questo piccolo angelo custode non ha più smesso di vigilare su di me, pregando e chiedendo aiuti speciali dal Cielo per me. Mi ha seguito a Medjugorje nel primo e nel secondo viaggio e mi ha dato la sicurezza della protezione che viene da Lassù.

Capitolo 8
I CINQUE SACERDOTI E LA CONFESSIONE

Quando sei a terra e ti senti a pezzi per la condotta dissennata della tua vita e per il dolore che ha provocato questa reazione distruttiva, devi aggrapparti alla fede e chiedere aiuto col cuore aperto dalla commozione e dal rimorso.

Non è facile arrivare alla fede quando hai condotto un'esistenza caratterizzata dai valori materiali che erano i tuoi soli punti di riferimento. Però il dolore non va visto come una iattura che ti fa stare male e che ti provoca solo profonde lacerazioni. Queste ferite sovente producono in ciascuno di noi effetti devastanti nel comportamento di tutti i giorni.

Spesso mi sorprendevo, di fronte a eventi negativi che mi colpivano nella quotidianità, a distinguere sempre fra buona e cattiva sorte, fra situazioni fortunate e sfortunate. Tra sfiga e botta di culo, come si usa dire volgarmente nel linguaggio comune. Oggi capisco che tutto questo non ha più senso. Quante volte mi sono trovato a tornare indietro o ad aspettare che passasse un'altra macchina, perché un povero gatto nero mi ha attraversato la strada? E quante volte con la mano destra, e talvolta con la sinistra per rafforzare il gesto, mi toccavo per esorcizzare un racconto, una tragedia o una profezia pessimista? E quando cadeva il sale a tavola? Tre giri intorno alla sedie e lancio dietro la schiena.

Ora basta con questa inutile superstizione che può trasformarsi in qualcosa di peggio! Dietro gli atteggiamenti che possono diventare maniacali c'è sempre l'ombra dell'esoterismo. E dietro l'esoterismo c'è lui, il nemico che veste i panni di Lucifero.

Al contrario, ora sono convinto che il dolore e la sofferenza, la Croce nella Fede siano il simbolo della rinascita.

Cerco di spiegare meglio quello che ho capito attraverso il mio travaglio e il mio degrado morale.

Il dolore e la pena provocano una mutazione nell'atteggiamento umano. Quando tocchi il fondo ti senti solo e spesso nessuno ti aiuta. È quello il momento in cui è sufficiente invocare un sostegno per trovarlo vicino a te, anzi dentro di te. Perché quando l'uomo soffre è nudo, è solo, è vittima sacrificale. E lì troverai sempre la Madonnina che ti protegge. Devi soltanto invocarla. Devi soltanto credere con sincerità che ti possa aiutare.

L'uomo, e io ero il primo fra questi, è vanitoso. L'uomo è superbo e non si abbassa a chiedere un aiuto a chi non vede con gli occhi, a chi non tocca con la mano. Quando sei attraversato dal pendolino del dolore, quel treno terribile che ti taglia in due, che ti attraversa senza pietà, ritrovi la tua vera dimensione: quella della fragilità e dell'umiltà. Sei come un libro bianco sul quale si può tornare a scrivere la parola rinascita.

È con questo approccio alla fede, nato dalla disperazione di non sapere più a che santo votarsi, che ho scoperto il valore della parrocchia, della Chiesa, del santuario e della devozione alla Vergine che "quella notte" mi aveva gettato addosso il suo manto protettivo.

E così, senza un'idea precisa iniziale ma in base alle necessità della mia situazione personale, ogni volta che cadevo nel baratro della ricerca ossessiva del sesso, dell'alcol e della droga, tentavo disperatamente di aggrapparmi a un'immagine sacra, a una chiesa, a un sacerdote, a un libro di preghiere che mi desse la forza di chiedere a Dio un sostegno per smettere e finalmente chiudere questo capitolo dell'orrore.

Il percorso

Fate caso a questa mappa della salvezza, un percorso ideale fatto di cinque tappe.

Le cinque tappe dei cinque sacerdoti che mi hanno, alla lettera, tratto in salvo.

Don Ferruccio

Torino, santuario della Consolata, nel centro storico. Piazzetta della Consolata dove sorge anche il celebre Bicerin, locale amato da Camillo Benso conte di Cavour e dalla nobiltà sabauda e dove ancora oggi si gusta il bicchierino con il caffè e il cioccolato caldo.

Il sacerdote del santuario della Consolata è don Ferruccio, instancabile padre confessore che dedica più di dieci ore al giorno ad ascoltare e assolvere i peccatori nel nome di Dio.

Don Walter

Segrate, parrocchia di Milano 2. Il sacerdote è don Walter Magni, parroco dei residenti del quartiere di Milano 2, ma è anche considerato il prete del mondo dello spettacolo e dell'informazione di Mediaset e Sky, proprio perché gli studi più celebri della tv privata sono a pochi metri da lui.

Nato a Olgiate Calco, in provincia di Como, ha preso i voti nel 1981 e per sedici anni ha insegnato filosofia nel seminario della Diocesi di Milano a Venegono Inferiore. Per dieci anni è stato assistente spirituale dell'Università Bocconi di Milano.

Ha lavorato a lungo nella pastorale universitaria scrivendo vari testi.

Don Filiberto

Sarzana, due passi da Massa Carrara, ma in provincia di La Spezia, in località Marinella. Il sacerdote è don Filiberto Zanagnolo, nato 62 anni fa a Lumezzane, in provincia di Brescia. È esorcista con grande esperienza e con il carisma della preghiera di liberazione delle anime e del riposo spirituale. Nel 1969 entra nella Congregazione dei padri canossiani. Successivamente viene inviato a Pellestrina, vicino a Venezia, poi in Sicilia, a Trento e a Verona. La gente fa la fila da lui, tutti i lunedì, per garantirsi la preghiera e la benedizione con l'olio santo contro i malefici. Molti cadono per terra come sassi, colti da un rilassamento spirituale. Tante volte io e Bocelli siamo andati da don Filiberto.

Don Piero

Forte dei Marmi, Lucca, la chiesa di Sant'Ermete il cui parroco è don Piero Malvaldi. È nato a Pisa e qui ha studiato nel seminario di Santa Caterina. Dal novembre 1996 è arrivato nella nota località balneare dove esercita il ministero da ormai 13 anni.

Lui sì che ha sopportato la croce delle mie sofferenze: sa tutto di Gretel, del baratro e di ogni cosa della mia vita. A lui, come a Joy – di cui vi dirò tra poco – voglio un bene infinito. A volte li abbraccio, li stringo per sentire forte il profumo della loro bontà. Una nota a margine sulla vita di don Piero. Per tanti anni questo amabile sacerdote ha onorato il padre ospitandolo nella sua canonica. Come la mia mamma, dal carattere forte e autoritario, anche don Piero ha dovuto fare i conti quotidiani con l'età avanzata di un genitore anziano.

La sua famiglia è davvero speciale: è la famiglia rappresentata da un intero paese di migliaia di persone. Don

Piero non si risparmia mai per nessuno ma, come tutti, anche lui ha il suo tallone d'Achille: mister Buby. Chi è? È un nervosissimo, piccolo, viziatissimo ma davvero simpatico cagnolino di razza Jack Russell. È lui che scandisce i ritmi della vita della parrocchia. Di sicuro, con Buby in casa, i ladri staranno sempre alla larga.

Vi racconto l'ultima. Domenica 16 agosto 2009, ventesima domenica del tempo ordinario, don Piero, vestito con i paramenti di colore verde, subito dopo la celebrazione della messa all'aperto nel cortile delle scuole delle suore canossiane, ha raccontato un movimentato episodio: il giorno prima, a ferragosto, forse per il troppo caldo, Buby ha azzannato una signora che stava entrando nella canonica e subito dopo, non pago, ha morsicato anche il padre confessore che aiuta don Piero nell'attività della parrocchia.

Padre Joy

Pietrasanta, Lucca, la chiesa dei Frati di San Francesco. Il parroco è padre Joy, frate carmelitano calzato, originario dello stato del Kerala, nell'India del Sud. È nato 45 anni fa a Chertellay, in India. Prende i voti poco più che ventenne nel 1985. Arriva la prima volta in Italia nel 1989 e inizia una lunga spola tra il nostro paese e l'India. Laureato in filosofia a Roma, nel 1993 viene ordinato sacerdote e rientra definitivamente in Italia nel 2005. Lavora prima nella diocesi di Teramo, a una quota che poco si addice a un frate nato nel Sud dell'India.

Arriva poi in Versilia, a Pietrasanta, dove dirige la parrocchia di San Francesco, conosciuta come la parrocchia dei Frati.

Padre Joy, come don Piero, è testimone della mia vita e dei miei dolori. Questi due religiosi hanno preso a cuore la mia storia e soprattutto mi hanno seguito nei momenti più critici. Padre Joy mi ha preso per mano dappertutto, portando la fede e il rosario anche in situazioni difficili dove la sua presenza poteva sembrare una parodia del film *Angeli e demoni*.

Un contrasto tra divertimento e trasgressione, preghiera e raccoglimento: era il periodo fra marzo e dicembre 2008, quando mi dibattevo fra le confessioni e le ricadute, ma già aspiravo a uscirne, aggrappandomi con tutte le mie forze a una fede che, all'ultimo momento mi risgusciava via fra le mani proprio mentre l'avevo quasi agguantata.

Ricordo una notte in una villa, quando al termine di un party degenerato improvvisamente in un festino a base di alcol, marijuana e fumo Marocco molto forte, con bellissime donne molto disinibite, ebbi la stessa sensazione provata a Torino all'antivigilia di Natale. La voglia di mollare tutto, di chiudere con quelle serate che mi procuravano il godimento di una notte ma che non mi avrebbero mai più restituito quello che la vita mi avevano tolto: la mia Gretel.

In più c'era la disperazione di litigare continuamente in casa con mia madre, l'unico genitore che mi è rimasto, perché nei suoi confronti covavo continuamente il rancore e l'astio per i continui dissapori con la famiglia di mia moglie.

Ma non avevo capito come funzionano le cose.

Mamma Anna mi adora, come tutte le madri fanno con i loro figli, ma il rapporto con lei è di contrasto continuo anche sulle piccole cose di tutti i giorni. Figuriamoci sulle scelte fondamentali della vita! Allora io mi incaponivo e cercavo con la forza della ragione di trovare una soluzione, dando ordini a destra e a sinistra, urlando a squarciagola e litigando. Continuamente. Ma non poteva funzionare così.

Compresi che la mitezza e la bontà non sono per caso un dono di Dio, ma un esempio da seguire nella tua vita anche se non vuoi, dovevo onorare la madre, come dicono i comandamenti, anche se questa, per me, è una Croce da portare.

Quella notte sentii il bisogno di chiamare padre Joy perché stavo male e volevo smettere, stare in sua compagnia. Joy, durante il viaggio di ritorno, dopo quella terribile notte, mi fece comprendere, con la serenità della sua parola e del suo vivere semplice, che una condotta lasciva e riprovevole non era altro che una condanna per la mia salute e la mia anima. E che l'uso indiscriminato di alcol, droga e sesso mi avrebbe tolto la gioia di vivere e la pazienza di far fronte agli imprevisti della vita, che sono continui, come il supplizio della goccia cinese di mia mamma.

Guarire con la mitezza e la pazienza il rapporto con mia madre.

Un regalo a Gesù, un fioretto mica da ridere, al di là di come fosse finita la storia con Gretel. Male, malissimo.

Il riscatto

Niente rancore. Niente odio. Niente vendetta. Solo perdono e amore per tutti. E allora – eravamo nel novembre 2008 – ho cominciato un processo di revisione tra cadute morali e risalite spirituali, una battaglia tra il male, rappresentato dai miei eccessi, e il bene, nel tentativo di cercare continuamente la Madonna attraverso le parrocchie e i sacerdoti, il primo avamposto di Cristo sulla terra. Quel viaggio in macchina è stampato in modo indelebile dentro il mio cuore: grazie padre Joy, grazie don Piero! Grazie per avermi dato nuovamente la forza di girare pagina, di rinascere e risorgere con la fede e la preghiera nel cuore. Voi non mi avete mai abbandonato.

Adesso sì che vi posso spiegare le ragioni di questa mappa spirituale.

Torino, don Ferruccio. Qui per due anni ho seguito le dirette della Juventus per il campionato e la Champions

League. Ho tanti amici e conosco tante belle ragazze. Sono caduto nella trappola della trasgressione molte volte nel capoluogo piemontese e avevo la necessità di trovare una boa spirituale perché, dopo aver nuotato nell'oceano del Male, avevo la necessità di aggrapparmi a qualcuno che mi purificasse con quella sorgente di vita che è la spiritualità.

Un giorno, nell'hotel dove alloggiavo, decisi di affidarmi alla volontà di Dio attraverso la persona di turno alla reception. E colui al quale mi ero rivolto per conoscere quale fosse nel centro il santuario o la chiesa più forte e amata dai torinesi per pregare, non ebbe esitazioni e mi rispose senza dubbi: il santuario della Consolata.

Balzai a bordo di un taxi che trovai dinanzi all'Hotel Golden Palace in via dell'Arcivescovado e arrivai trafelato alla Consolata.

Fu l'inizio.

Andavo lì prima o dopo la partita della mia Juve per pregare la Vergine Santa. Questa basilica è la chiesa che, nel corso dei secoli, i torinesi e i devoti hanno dedicato alla patrona della città. La devozione risale al V secolo dopo Cristo ma ricevette un impulso straordinario nel 1104 quando, il 20 giugno, il cieco Jean Ravais proveniente da Oltralpe, precisamente da Briançon, in seguito a una visione ritrovò l'effigie della Consolata che era andata smarrita perché nascosta nel doppio fondo di una parete. Quando spuntò fuori il dipinto, Jean Ravais, in quel preciso momento, riacquistò la vista.

Oggi il quadro della Consolata è al centro della devozione mariana ed è esposto in mezzo a un gloria di angeli sopra l'altare maggiore.

Questo santuario è potentissimo, dal punto di vista spirituale, anche perché qui sono conservate le reliquie di san Giuseppe Cafasso morto nel 1860. Cafasso fu maestro del clero torinese: meglio noto come il "prete della forca" per il suo instancabile apostolato presso i condannati a morte e gli ergastolani, è ricordato per essere stato il riferimento spirituale per un altro grande santo, Giovanni Bosco, il quale ricevette da san Cafasso l'impulso nella sua opera per evangelizzare i giovani di strada poveri e abbandonati.

Immaginatevi un po' quali e quante grazie piovono sul capo dei pellegrini e delle persone in cerca di pace e di aiuto che si rivolgono a questa basilica. È un luogo sacro e speciale che ha avuto anche il privilegio di essere onorato dalla visita di papa Giovanni Paolo II il 13 aprile 1980.

Verso il confessionale

Proprio in questo santuario, per me specialissimo, il 3 gennaio 2009 è maturata in me la convinzione di fare una confessione totale e retroattiva fino all'età della ragione.

Quel giorno, come sempre, ho cercato subito il confessionale dove solitamente don Ferruccio ascolta, assolve e benedice. Sono entrato da lui e come sempre mi ha dato un fogliettino dattiloscritto con la parola di Gesù per quel giorno. Sono lezioni da imparare a memoria.

Gli ho detto quale fosse la mia intenzione, lui ne era felice. Ha aperto la tendina, si è fatto riconoscere e per la prima volta l'ho visto in viso. È un uomo dal volto sereno, affabile, mite, che trabocca bontà e pazienza. Ma anche fermezza nel giudizio e tanta misericordia nel dispensare il perdono, tanto da non lasciarti mai deluso dalle sue parole che sono, anzi, fonte di speranza e di serenità.

Grazie, grazie davvero don Ferruccio.

Quel giorno è stato per me una seconda data di nascita, pari all'evento del 27 settembre 1956.

Ora passiamo a don Walter.

Da Torino alla periferia di Milano, un'ora di auto. A Milano 2 ci si arriva attraverso la tangenziale est, uscita Lambrate. Questa strada l'ho percorsa tutti i giorni per sette anni dal 1991 al 1997 quando ero inviato speciale dei telegiornali di Mediaset. Cronaca nera e giudiziaria. Un lavoro difficile, pieno di stress e con tanti trabocchetti da evitare come se fossi impegnato in uno slalom di Coppa del mondo di sci.

Qui, fra le case linde e pulite come in Svizzera, fra le piste ciclabili e i giardinetti ordinati con i fiori sempre sbocciati in tutte le stagioni, fra guardie giurate e guardie del corpo, sorgono i palazzi della tv nata sotto il simbolo del Biscione. Ci sono ormai tante famiglie arrivate da ogni parte, ci sono gli studi dei programmi e quelli dei Tg. C'è la redazione di *Striscia la notizia* dove ci sono gli amici con i quali per anni ho giocato a calcio.

Accanto c'è la chiesa di don Walter Magni. Che storia difficile quella della sua parrocchia! Per anni ha tentato insieme ai suoi predecessori di trasformare quel centro religioso in una parrocchia solo cattolica invece, a causa della sua origine istituzionale, quella chiesa era nata come centro interconfessionale per musulmani, cattolici ed ebrei. Figuratevi un po' se poteva funzionare così! Infatti, a poche centinaia di metri da Milano 2, appena arrivati dal raccordo autostradale, c'è una moschea per i fedeli di Allah. Solo quest'anno, da pochi mesi, dopo vari tentativi don Walter è riuscito a mettere una croce di fronte alla chiesa.

È inconcepibile, paradossale! Un parroco che lotta per essere autorizzato a mettere il simbolo di Gesù e della sofferenza davanti alla casa di Dio. Ma don Walter non è uomo che si perde d'animo. Alla fine ce l'ha fatta e io sono stato tanto contento di avergli dato una mano per promuovere questo giorno tanto emozionante. Sotto questa croce si radunano già tanti ragazzi e genitori, anche soltanto per darsi un appuntamento.

Don Walter l'ho conosciuto quando, tra una confessione e l'altra, ricadevo pesantemente nel peccato. Un peccato che a Milano è diventata quasi la normalità della vita al di fuori del lavoro. Ci sono tante famiglie perbene e tanta gente onesta che vive timorata di Dio o che, senza averlo nel cuore, riesce a condurre giornate di duro lavoro e di correttezza morale. Ma molti si lasciano scivolare sul terreno della perdizione a ogni costo. Certo, non mi riferisco solo a Milano 2, ma in generale a un certo stile di vita che fa parte, come dicono gli anglosassoni, della *upper class*. Oggi il problema della droga, del bere smodato, della vendita del proprio corpo non è soltanto più appannaggio di una classe sociale matura e ricca. Si è esteso a tutti e in particolare, purtroppo, ai giovanissimi.

La sera, nelle mie intenzioni, prima di addormentarmi, prego per tutte quelle persone che sono lontane da Dio e la cui condotta è molto simile a quella che mi apparteneva in quell'anno orribile.

Prego per tutti i miei amici, lontani da Dio, e chiedo al Signore la forza di trascinarli sul mio nuovo percorso. E prego la Madonna affinché mi dia la forza e la protezione per non cadere più nella stessa rete dove mi ero infilato.

Nonostante tutto resto fragile e continuamente tentato anche più di prima, ma almeno oggi ho nel cuore la consapevolezza di stare attaccato alla fede. Se cado o dovessi ricadere so a chi aggrapparmi, a chi chiedere perdono. Non voglio più fare proclami di fedeltà a lungo termine. Vivo giorno per giorno con Dio nel cuore e voglio arrivare al tramonto e, quando scende la notte, fare il bilancio con serenità della giornata che ho trascorso.

Tappa finale

Ultima stazione di questo ideale viaggio verso la salvezza, la chiesa di un piccolo paese, al confine tra la Liguria e la Toscana, bagnato dal mare e dallo scorrere lento e talvolta impetuoso del fiume Magra: Marinella di Sarzana.

Qui, curiosamente proprio accanto a un circolo Arci, sorge una chiesa semplice ma potente spiritualmente, con un sacerdote caparbio, testardo, forte e dotato di carismi non comuni. È don Filiberto, da tutti chiamato semplicemente "don". I miei genitori lo hanno sempre frequentato e io, talvolta con la bicicletta da corsa, lo andavo a trovare da solo, rientrando da quel giro unico, irripetibile, meraviglioso che mi godevo, partendo da Forte dei Marmi per arrivare a Bocca di Magra e da qui a Montemarcello oppure passando da Ameglia. Quante volte rimanevo a bocca aperta insieme a Gretel percorrendo quella via, fermandoci per vedere il panorama inimitabile che si gode da lassù: in un colpo solo il Golfo dei poeti, Portovenere, il Tino, la Palmaria verso Ponente; a sinistra, verso Levante, più di cinquanta chilometri di costa, la Versilia. A est le Alpi Apuane e ai nostri piedi, sotto la strada che porta a Montemarcello, a strapiombo, c'è la foce del fiume Magra.

Oggi vedo in questa cornice maestosa che racchiude in un fazzoletto tanta bellezza naturale, il soffio di Dio quando ha creato il mondo.

Don Filiberto mi vuole bene e tante volte mi guarda come per scrutare il mio animo. Si preoccupa, si informa, mi benedice, come fa lui, con l'olio santo.

Ogni lunedì vado da lui a messa alle 21,30 e assisto alla sua potente preghiera di liberazione. Uno dopo l'altro i fedeli che arrivano da tutta Italia cadono per terra, a un suo cenno, in nome di Dio. Ma non c'è da allarmarsi, da impaurirsi. È una sorta di riposo spirituale che ti libera dai malefici, dai sortilegi, dalle fatture e dalle cattiverie umane. Don Filiberto tiene stretti al cuore i suoi fedeli e i tanti pellegrini che ricorrono alle sue cure spirituali.

Primo banco di prova

Dopo il 3 gennaio 2009 sono consapevole delle difficoltà che devo affrontare, ma so che ho il cuore aperto alla forza della fede.

Dopo quella confessione ho affrontato più serenamente l'impatto frenetico con la vita stressante del mio lavoro.

Pochi giorno dopo, a metà gennaio, il primo banco di prova di una nuova vita incalza. È l'inizio del secondo contratto di lavoro con la trasmissione *Stranamore*. Il produttore è una mia carissima amica, Fatma Ruffini, che mi convoca per una riunione di redazione con autori, produttori e regista a Cologno Monzese. «Caro Paolo» mi dice «il 2 febbraio inizierai le registrazioni esterne come inviato speciale del programma, in Sicilia e in Campania. Preparati e organizza con la produzione il piano logistico di spostamenti per aerei, autisti, alberghi e le varie destinazioni da raggiungere a seconda delle interviste.»

La mia risposta è molto serena ma determinata: «Cari amici, sapete che non mi sono mai tirato indietro ma stavolta devo dire di no. Sono disposto anche a rinunciare al contratto ma ho già prenotato da tempo un volo irrinunciabile con la Croatia Airlines per andare a ringraziare la Madonna di Medjugorje».

Per un attimo, silenzio.

Dopo qualche perplessità, probabilmente sulla veridicità di ciò che stavo dicendo, ricordo che nessuno – dico nessuno – ha posto problemi sul mio rifiuto. Quel giorno, e con quella decisione, di fronte a un'azienda come Mediaset che mi dava lavoro, immagine e fiducia, mi sono assunto una responsabilità enorme per un cammino di vita che stavo imboccando, una strada completamente diversa.

Il 18 gennaio 2009, allo Stadio Olimpico di Roma vado a fare la diretta, per Mediaset Premium, di Juventus-Lazio. Nell'intervallo, Bruno Volpe, un giornalista di Roma che lavora per il sito www.pontifex.roma.it, mi chiede un'intervista sul mio rapporto con la fede. Non aveva ancora finito la domanda che già lo avevo sommerso di risposte a tutto campo.

Era ancora fresco il ricordo di quella preghiera a Torino e della confessione con don Ferruccio. Avevo un'energia incontenibile. Lo informo della mia decisione di andare a Medjugorje a ringraziare la Madonna per quello che aveva fatto per me. L'intervista finirà sul «Corriere della Sera» e su molti altri giornali italiani.

Antonio Socci mi chiama e dedica alla mia storia una pagina sul quotidiano «Libero». Piero Chiambretti, mentre si trova a Londra legge la notizia sul «Corsera»: *Brosio si converte e va a Medjugorje.* Pochi giorni dopo mi chiama chiedendomi di partecipare al programma *Chiambretti Night*, in onda su Italia 1. Per tutta la durata dell'intervista, come suo solito, cerca di mettere a nudo, con qualche piccola provocazione, la veridicità della mia svolta. Alla fine non riesce a essere il Chiambretti più pungente. Anzi, si commuove anche lui, dopo le mie lacrime, quando gli regalo un'immagine benedetta della Madonnina da consegnare a Felìcita, la sua mamma. E sarà proprio Felìcita che accetterà con entusiasmo l'invito per il viaggio del 1 maggio a Medjugorje.

Preoccupato, Chiambretti, in onda esclamerà: «Se mia madre si metterà a pregare insieme alla tua, sulla collina, andrà a finire che mi farò frate».

Da lì in poi si scatena un grande interesse mediatico verso le mie vicissitudini. Molti amici sono increduli. Ma la storia vera è quella che state leggendo su queste pagine.

Capitolo 9

DESTINAZIONE MEDJUGORJE: SUOR KORNELYA E LA PROMESSA A GESÙ RISORTO

L'aereo per i Balcani, destinazione Spalato, è prenotato per il 2 febbraio 2009 nel tardo pomeriggio dall'aeroporto di Fiumicino. La compagnia è la Croatia Airlines.

Avevo una prelazione a partire dal 4 gennaio, giorno successivo alla confessione retroattiva con don Ferruccio nella basilica della Consolata.

Incontro i dirigenti di Rete 4 e la redazione di *Stranamore*, che mi consentono di onorare il contratto, spostando il calendario degli impegni col programma. Una circostanza, questa, davvero inusuale in tv.

La cosa più difficile è stata organizzare il tour per un paese di cui sapevo poco o nulla e la cui lingua, il croato, è incomprensibile per gli italiani mentre, per esempio, per i tedeschi è già più accessibile.

Questi gli aiuti concreti che mi hanno permesso di arrivare in Erzegovina e cercare di capirne i significati profondi: Milenko Vasilj (in italiano Michele), sua cugina Silvana Vasilj e Mirela Sego Tortoricci, tre delle guide laiche spirituali segnalate dai frati della parrocchia di San Giacomo.

Cari lettori, ricorrete sempre a persone come queste, che sono autorizzate dai religiosi, i quali sono i veri custodi del tesoro mariano di Medjugorje.

Questi contatti vi risolveranno tutti i problemi pratici prima ancora di partire.

Ma, al di là di tutto, per l'approccio diretto a Dio, come dice suor Kornelya, la madre superiora della Congregazione delle Sorelle della Famiglia Ferita, c'è una sola strada, fatta di poche cose, ma molto precise: «Cuore aperto, consuma rosario, piega ginocchia, fax sempre aperto con Dio, tesoruccio mio».

Il primo aiuto – Michele e Silvana Vasilj – viene dalle conoscenze di mamma Brosio, molto legata a padre Jozo, il parroco più famoso del mondo, che ha vissuto in prima persona il fenomeno mariano dal 24 giugno 1981. A quel tempo padre Jozo – cioè padre Giuseppe – era il frate di un'umile e sconosciuta chiesa sperduta sui monti sassosi e impervi dei Balcani.

Il sacerdote si è messo in contatto con Matteo Rossi, uno dei suoi collaboratori, e grazie a lui ho conosciuto Mariangela, di Monza, una delle segretarie del frate nel monastero di Siroki Brijeg, situato a venti chilometri a ovest di Mostar. Mariangela, a sua volta, mi ha fatto arrivare a Milenko.

Padre Jozo ha accettato, oggi, dai suoi superiori francescani un ritiro spirituale di un anno in un isolotto, poco più che uno scoglio di fronte all'isola di Badja, nell'arcipelago vicino alle coste di Spalato. Qui sorge un monastero che era stato requisito dai militari di Tito e che da pochi anni è rientrato nella disponibilità dei frati di Bosnia e padre Jozo ne sta curando la ristrutturazione per farne un centro spirituale per i giovani di tutta Europa.

Comunque sia, nel mio cuore, c'è il desiderio di riabbracciare presto un grandissimo frate che, per non rinnegare la fede in Cristo e la veridicità delle apparizioni mariane, ha dovuto sopportare due anni di carcere duro e di torture atroci, sotto il regime della ex Jugoslavia.

Altri, per non incappare nelle sentenze dei tribunali della dittatura comunista di Tito, hanno, nel giro di poche ore, cambiato opinione, rinnegato fede e apparizioni, davanti alla poco invitante prospettiva di andare in galera.

Quando padre Jozo veniva a trovare i miei genitori in Versilia, uno dei suoi desideri più grandi era quello di andare a pregare per ore nel monastero di clausura di Lucca dove sono custodite le spoglie di Santa Gemma Galgani. Conservo oggi, con grande gioia, una bella foto che ritrae mio padre Domenico e mia madre Anna insieme al frate bosniaco, sul lungomare di Forte dei Marmi, davanti alle cabine color celeste pastello di un noto stabilimento balneare.

Ma torniamo ai miei amici di Medjugorje, che non sono delle semplici guide, ma veri e propri maestri di questa nuova vita e persone di grande umanità.

Da padre Jozo alla sua segretaria Mariangela, il passo è breve per giungere a Michele Vasilj, che ha cinque figli e una bella moglie.

Dopo alcune disavventure legate alla crisi economica negli anni difficili del post comunismo, oggi, grazie alla Chiesa, ai frati e alle apparizioni mariane, Michele è uno dei più autorevoli accompagnatori dei gruppi italiani. Un lavoro questo che gli ha consentito di risollevare le sorti della sua famiglia dopo la caduta di Tito. Parla perfettamente italiano ed è profondo conoscitore della storia e dei luoghi sacri di Medjugorje.

Michele ha dovuto, con grande difficoltà, ripianare i debiti della ditta di famiglia che era fallita nel periodo in cui la moglie aveva partorito il quarto e il quinto figlio.

«Caro Paolo» mi disse la guida dopo che avevamo stretto amicizia «ti dico la verità. Per mesi ho taciuto i problemi finanziari a mia moglie e ai miei figli. Dovevo restituire i soldi alle banche e non ne avevo la possibilità. Non vivevo più. La notte avevo gli incubi. Mi tormentavo continuamente e fumavo dalla mattina alla sera, non riuscivo più a smettere, finché, con l'angoscia nel cuore, mi sono affidato alla Madonna: pregando e salendo il Monte della Croce, lasciai un pacchetto di sigarette fra le rocce alla sommità del Krizevac. Smisi di fumare. Pregai tantissimo chiedendo alla Vergine Santa di aiutare la mia famiglia ad avere un futuro sereno.»

Da quel momento, pian piano, Michele sistemò il passato e, con grande dignità, trovò il lavoro di guida per i gruppi di pellegrini italiani, grazie alla facilità con la quale parla la nostra lingua. Oggi è felice e la famiglia è unita nella preghiera del rosario.

Michele è molto legato all'associazione onlus Fratello Sole che ha sede a Cimitile, in provincia di Napoli. Il presidente è Renato Nuzzolo, medico e manager sanitario, di 56 anni. Per Michele rappresenta una figura familiare, indispensabile, che l'ha aiutato nei momenti critici. «Mi è stato vicino» dice «e mi ha sostenuto come se fosse un padre.»

La fede che Renato oggi può vantare è frutto di una vicenda incredibile. Nasce in una famiglia di cultura cattolica. Addirittura per lui si preconizzava un futuro da sacerdote. Poi, gli studi liceali, con la scoperta di Marx, Bakunin e la negazione dell'esistenza di Dio in omaggio alla ragione. Tanto impegno nella solidarietà e nella vita politica e sociale, schierato decisamente a sinistra, con una militanza che non lascia spazio alla fede. Poi, un incontro imprevisto a Medjugorje con padre Jozo, con suor Kornelya e con Vicka. Un incontro del tutto casuale poiché Renato avrebbe dovuto proseguire con un convoglio umanitario verso un'altra zona della Bosnia. Una frana sull'unica strada per Sarajevo impedisce al suo gruppo di partire e li trattiene a Medjugorje, controvoglia e per diversi giorni.

Da quel momento inizia per lui un lento e inesorabile avvicinamento alla parola di Dio e infine la sua strada si incrocia con la mia.

Il 2 febbraio 2009 anche lui arriva in Erzegovina e, dopo quarant'anni, si confessa. La sera ci troviamo a cena insieme con Michele e lui, sconvolto, rosso in viso, ma felice come un bambino, mi racconta questa storia incredibile di una conversione davvero inaspettata, considerando la totale e cieca fiducia nella ragione e nel materialismo.

Per compiere un percorso di fede e conoscenza, a Medjugorje le guide sono fondamentali. Chi chiama Michele, Silvana o Mirela, si ricordi sempre che questo è un lavoro e che quindi ognuno di loro deve percepire una retribuzione equa, prevista dai frati, fonte di sostentamento per le loro famiglie.

L'altro riferimento prende il nome di Mirela Sego Tortoricci.

È un sentiero, quello che mi porta a Mirela, tracciato dal più grande cantante del mondo: Bocelli. Infatti, il primo significativo aiuto arriva proprio dal mio caro amico Andrea e dalla sua dolce e bella compagna Veronica.

Nell'estate 2008, Andrea Bocelli va per un solo giorno a Medjugorje e si esibisce gratuitamente per un concerto a favore dei frati francescani della parrocchia di San Giacomo e delle opere di carità che essi sostengono.

Andrea abita a Forte dei Marmi, a poco meno di duecento metri da casa mia. È un uomo dal cuore grande e ha un senso profondo di spiritualità. Lo conosco da più di 15 anni, sin da quando era sposato in prime nozze con Enrica, da cui ha avuto due figli: Matteo e Amos. Un matrimonio consacrato in chiesa ma che, dopo un periodo in cui le cose non andavano più bene come prima, finì con la separazione e poi col divorzio.

Veronica, la sua attuale compagna, era molto amica di Gretel e, dopo la difficile situazione che si era creata nella mia famiglia, è rimasta molto vicina ai miei problemi.

Anche Andrea ha voluto parlarmi più volte per suggerimenti e consigli di vita vissuta. Bocelli, infatti, ha passato un vero e proprio calvario durante la separazione e, come tutti, ha dovuto poi sistemare definitivamente il divorzio passando attraverso momenti molto critici. Insomma, ne sapeva più di me e da buon amico mi stava vicino.

Con Andrea abbiamo iniziato – insieme a Marcello Lippi, Panariello, Carlo Conti, Columbro, Panatta, Bertolucci, Bedy Moratti e tanti altri personaggi dello sport e dello spettacolo – l'avventura della mia fondazione Black Spruts, poi diventata Olimpiadi del cuore.

Tutti hanno dato una mano concreta per riuscire a raccogliere tantissimi fondi in meno di sette anni di attività. Una grande soddisfazione per un'opera dedicata ai bambini più bisognosi provenienti dal Maghreb e dai Paesi del Terzo Mondo, i quali necessitano di cure negli ospedali pediatrici della Toscana come il Mayer e come l'OPA, Ospedale Pediatrico Apuano del CNR. Quest'ultimo è specializzato nella cura delle cardiopatie e degli interventi di cardiochirurgia infantile.

Quando arriva la notte decisiva di Torino e la confessione al santuario della Consolata, corro da Andrea per annunciargli la grande notizia: il mio avvicinamento alla fede. È una confessione accorata, entusiasta di questo cammino che ho intrapreso e del quale voglio renderlo partecipe perché so quanto sia importante nel suo cuore il riferimento a Dio.

Andrea mi dice sempre: «Ai miei figli Amos e Matteo voglio sempre ricordare quanto sia importante ringraziare Iddio ogni giorno attraverso la preghiera per il solo fatto di esistere. Perché ci possiamo svegliare sani e vivere una vita serena e felice».

Parliamo tantissimo e a ruota libera della vita della Chiesa, dei problemi di noi separati, problemi che, mai come in questo momento, coinvolgono una massa infinita e crescente di persone che hanno l'esistenza spezzata dal conflitto fra coniugi.

Io e Andrea ci interroghiamo a lungo, ci confrontiamo e, con una grande amarezza, spesso ci sentiamo come emarginati dalla Chiesa per avere violato un vincolo indissolubile. In realtà la Chiesa non ha molto spazio per potersi muovere, poiché il matrimonio è uno dei sacramenti stabiliti così da Cristo. Dunque, la religione «non può essere uno spezzatino che si cucina in tutte le salse», come mi sono sentito dire giustamente da alcuni preti. I quali, devo tuttavia riconoscere, dopo una bella lavata di testa non si sono poi rifiutati di confessarmi.

Il problema in effetti è per chi convive con una relazione stabile dopo che si è separato con un matrimonio celebrato in chiesa. Per il momento questo caso non mi riguarda, perché sono single. Un domani le cose si potrebbero complicare se mi fidanzassi, non avendo ancora ottenuto l'annullamento dalla Sacra Rota.

Ma l'amore per la Madonna, che mi aveva salvato, ha finito per contagiare anche Andrea, nonostante la sua fede avesse radici ben più profonde della mia. E così, tra una serata e l'altra, tra un suo concerto all'estero e un mio programma televisivo, ci siamo confrontati, incontrati e Dio è diventato un argomento centrale delle nostre conversazioni. Mai successo prima, in quindici anni di amicizia.

La storia di Mirela

Quando finalmente gli ho comunicato la mia intenzione di partire per Medjugorje il 2 febbraio, Andrea mi ha suggerito di chiamare la guida laica che gli era stata affidata dal Vicario provinciale dei frati francescani di Medjugorje: Mirela, appunto. E qui devo aprire una parentesi per raccontarvi la storia di questa donna che è un altro capitolo avvincente. Mirela è una donna carina, dolce e una madre affettuosa.

Nel 1989 decide di lasciare Medjugorje, alla vigilia della guerra dei Balcani che per 5 anni scuote la pace e insanguina la ex Jugoslavia in un conflitto che vedrà alla fine un bilancio terrificante: centinaia di migliaia fra morti, feriti e mutilati. Le etnie si combattono con odio e vendette trasversali. Ad aggravare il bilancio, le diverse confessioni religiose che si contrappongono nel territorio di uno stesso Stato, come per la Bosnia, fra musulmani e ortodossi e, nella vicina Erzegovina, con la forte etnia croata. I serbi attaccano i croati e poi si lanciano contro i musulmani. Tutti contro tutti.

Una terra senza pace che, per più di 600 anni, ha visto prevalere la feroce dominazione dei turchi, poi, dalla fine del secondo conflitto mondiale, la dittatura comunista di Tito, e infine le guerre etnico-religiose risolte solo con l'intervento armato della NATO che ha, tuttavia, provocato altre migliaia di vittime innocenti.

In questo scenario Mirela leva le tende appena in tempo per approdare in Italia – allora vista come un miraggio – per imparare le lingue, studiare, acquisire esperienza e costruirsi un futuro per poi ritornare in Erzegovina.

Si trasferisce in Veneto e in provincia di Verona dove, alla fine del 1990, conosce Michele Tortoricci, un ragazzo «dal cuore grande, educato e molto sensibile, che all'inizio non mi piacque subito ma che in seguito mi conquistò».

Dopo venti giorni Michele chiese a Mirela di sposarlo. Lei gli rispose se fosse pazzo e così, il 29 dicembre 1993, due anni e mezzo più tardi, si sposarono con una grande festa sulle rive del Garda, a Peschiera.

Nel 1997, mentre in patria si attenuavano le conseguenze del conflitto, pur continuando le faide private fra famiglie di diverse etnie, arriva il primo dolore di questa nuova famiglia. Dopo la nascita di Marco, il primo figlio, arriva una bimba che si chiama Nicol. La gioia per la nascita è subito strozzata dal dolore per un evento drammatico. All'età di cinque mesi la bimba viene colpita da una cardiopatia multipla rarissima che si chiama Tetralogia di Fallot, una gravissima malattia del cuore che ne contiene addirittura altre quattro dentro di sé.

In questo caso la piccola Nicol ne aveva ben cinque, tanto che i medici del reparto di patologia neonatale dell'ospedale veronese di Borgo Trento, dissero alla mamma: «Questo è un caso di assoluta rarità e l'intervento si profila molto complesso e pericoloso. Per l'Italia è la prima volta». Un mese dopo, alla fine di otto ore di sala operatoria, e 21 giorni di ospedale, per gli specialisti veronesi la vita della piccola Nicol è appesa a un sottile filo di speranza.

I genitori decidono, a rischio e pericolo della incolumità della bimba, di trasportarla a Medjugorje e affidarla alla Madonna per intercessione della veggente Vicka. «La bambina» si erano raccomandati i medici «non deve allontanarsi più di un chilometro da un centro ospedaliero pediatrico attrezzato per le cardiopatie.» Ma la scienza non può non fare i conti con la fede.

Con la fede di una croata fervente cattolica – nata nella capitale mariana del mondo, Medjugorje, all'epoca niente di più che un piccolo e povero villaggio di mille abitanti martoriato dalle privazioni di una guerra feroce – Mirela, in pieno accordo col marito, affronta i rischi di un viaggio lunghissimo.

Il tragitto aveva un unico scopo: affidare Nicol alle cure protettive della Vergine Santa. Un'implorazione disperata di una giovane madre col cuore spezzato dal dolore, nel vedere quella piccina martoriata dagli interventi chirurgici per strapparla alla morte che pareva avesse segnato indelebilmente il suo destino.

Marito e moglie incontrano Vicka e con la preghiera la implorano di intercedere per la Madonna Santa di Medjugorje. La veggente prega intensamente per la bambina, chiedendo alla Gospa di proteggere Nicol con il suo manto benedetto. Dopo una lunga preghiera, con la imposizione delle sue mani, Vicka dice ai due giovani sposi: «Di che vi preoccupate? Avete affidato questa piccola vita innocente alla Madonna. Abbiate fede. Lei vi aiuterà».

Pochi mesi dopo la bimba migliora. Oggi è una bella ragazza. Sana. Forte e dolce come la Madonna che l'ha guarita e che ha ispirato e guidato le mani di quei chirurghi per muovere il bisturi nel suo cuoricino. Un intervento al limite dell'impossibile per i sanitari dell'ospedale di cardiochirurgia infantile di Borgo Trento.

Un miracolo? Una guarigione straordinaria? Siamo sempre in bilico fra scienza e fede. Ma chi ha nel cuore la seconda sa che la verità sta sempre dalla parte di Dio. È Lui che decide, che sa e vede il progetto per ciascuno di noi. Sta a noi non impedirlo, non mettere ostacoli sulla sua strada, che è anche la nostra.

Nel 1998 tutta la famiglia Tortoricci si trasferisce definitivamente a Medjugorje per avere l'appoggio della famiglia di Mirela e in particolare della mamma Ljubica che all'epoca aveva 55 anni. Decidono tutti insieme di aprire un import export di frutta e verdura. Le cose vanno subito bene ma la malasorte è in agguato.

Pochi anni dopo la madre si ammala di un tumore inguaribile. Cinque anni di sofferenze e nel 2003 muore. Un anno prima si era ammalato anche suo marito Michele, di un linfoma dovuto probabilmente «al suo servizio militare in Libano negli anni '80». Come sostiene, oggi, Mirela, ancora profondamente ferita da quel ricordo doloroso.

Michele muore il 3 giugno del 2004. Ma il calvario non è ancora finito, perché Miro, suo fratello, nel 2005, viene coinvolto in un gravissimo incidente stradale, che gli procura ferite e lesioni permanenti da renderlo totalmente invalido.

Mirela si fa in quattro per mandare avanti la ditta ma, dopo aver subito un furto nella sua abitazione di Bosnia a causa del quale spariscono la macchina e tutti i soldi e i gioielli di famiglia, sembra arrendersi anche perché alla fine la ditta fallisce.

Troppe tragedie. Troppe avversità. Anche per una croata, credente la cui madre si sottoponeva a digiuni e rinunce per pregare la Madonna con lunghi rosari.

Il 3 giugno del 2004, durante il funerale del marito, quando tutte le persone di Medjugorje si stringevano attorno a questa famiglia bersagliata dal male, Mirela, dentro il suo cuore, esplodeva, chiedendo a Dio, disperata: «Ma fra un anno, chi si ricorderà più di me e dei miei figli?».

Esattamente un anno dopo, il 3 giugno del 2005, Mirela stava salendo lungo i sentieri del monte Krizevac, per seguire la via crucis. Al rientro trova otto chiamate perse sul cellulare. Richiama. Risponde la voce sconosciuta di una signora italiana: «Mirela, la stiamo aspettando. Dobbiamo ripartire, faccia in fretta. Siamo al bar vicino alla chiesa. Abbiamo una cosa per lei».

Una corsa in auto, chiedendosi chi fossero quelle persone e che cosa volessero. Poi l'incontro, lo stupore. A Mirela viene consegnata una busta sigillata con dentro 20.000 euro in contanti. Avete capito bene, 20.000 euro, uno sull'altro. Con poco più della metà sarebbe riuscita a finire i lavori della casa, dove vivevano tutti, che era rimasta ferma a metà senza riscaldamento, luce e gas. Il resto le avrebbe permesso di far vivere lei e i suoi figli in attesa di tempi migliori. Quella stessa famiglia che l'aiutò, proveniente dal Nord Italia e che era venuta a conoscenza della drammatica situazione della famiglia Tortoricci e per questo si era commossa, le ha ricomprato anche la macchina nuova, una BMW berlina, con la quale oggi Mirela, accompagna i pellegrini a visitare i luoghi santi.

La giovane madre rimase sconcertata da questo gesto di grande e inaspettata generosità ma, ancor di più, rimase stupefatta della frase che quella signora le disse quando aprì la busta col denaro: «Signora, si ricordi che lei non resterà mai da sola».

Ora, cari amici, vi spiego perché mi sono attardato così tanto a raccontare la storia di queste due persone.

Mi hanno fatto capire, con le loro difficili se non terribili vicende umane, che l'amore di Dio è infinito. Che la Divina Provvidenza sta sopra la nostra testa pronta a ricadere su di noi quando, angosciati dalla contrarietà della vita terrena, invochiamo la Gospa, per ottenere il suo aiuto.

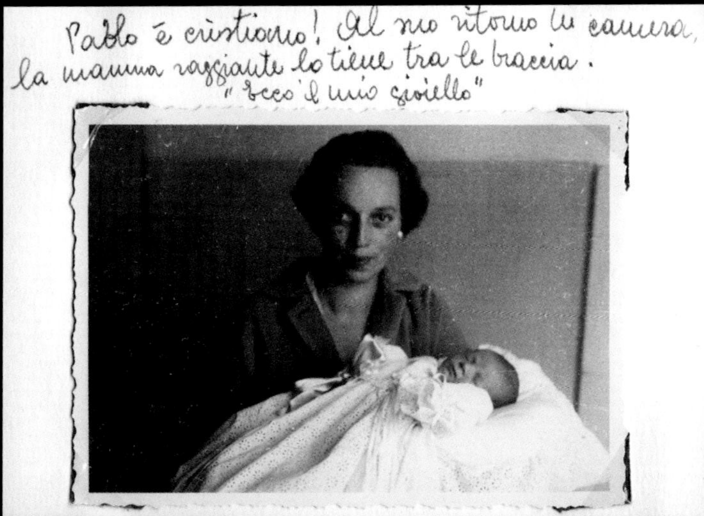

Fig.1 - Paolo Brosio pochi giorni dopo la nascita. La bella dedica di mamma Anna per il piccolo che ha portato tanta serenità in famiglia.

Fig. 2 - Paolo bambino, vivacissimo e pieno di vita. Si vede subito che è determinato e quando vuol cogliere un obiettivo lo raggiunge.

Fig. 3 - Paolo con il papà allo zoo. Sullo sfondo una giraffa, un animale che è nel destino di Brosio. Molti anni dopo in Versilia sarà capace di ideare con Flavio Briatore il Twiga, parola che in lingua zwaili significa giraffa. Locale che ha come simbolo questo animale.

Fig. 4 - Il piccolo Paolo è un appassionato di sport fin da bambino. Qui lo vediamo con un compagno e con i cerchi olimpici per una premiazione.

Fig. 5 - Tra le passioni dell'adolescenza di Paolo nelle campagne astigiane anche quella della caccia, molto popolare in tutto il Piemonte. La vicenda dell'uccisione crudele di un piccolo leprotto turba profondamente Paolo che getta via il fucile e non lo imbraccerà mai più. Vedere morire quell'animale in modo così crudele fu per lui scioccante.

Fig. 6 - *Domenico Ettore Brosio con Anna Marcacci: i genitori di Paolo. Una coppia molto unita e affiatata che ha vissuto un'intensa vita insieme.*

Fig. 7 - *Per papà Domenico Brosio, per tutti affettuosamente Nick, qualcuno ipotizzò anche un futuro cinematografico. Le qualità non gli mancavano: come vediamo ha un volto da grande star.*

Fig. 8 - Da bimbo precoce Paolo riesce a conquistare premi e riconoscimenti a livello sportivo ai campionati provinciali e regionali dei Giochi della gioventù.

Fig. 9 - La fanciullezza a Cinaglio. Nel borgo della provincia astigiana Paolo cresce con sani principi e vive una vita serena, fatta di riti e piccole gioie paesane. Lo vediamo con un amico di scuola, gioioso, durante un matrimonio.

Fig. 10 - Il bambino si sta facendo uomo. La vacanza più spensierata della gioventù è quella dopo l'esame della maturità, superato a pieni voti. Un Paolo in versione fusto da spiaggia si gode il sole e il mare della Corsica. Siamo in una gita in barca con i compagni del liceo scientifico di Pisa.

Fig. 11 - Lunghi e faticosi studi universitari nell'ateneo pisano per arrivare al momento più atteso: la tesi di laurea in Giurisprudenza con il massimo dei voti. Ecco il momento in cui il neo dottor Brosio riceve i complimenti dopo il raggiungimento del grande traguardo.

Fig. 12 - Paolo con la prima moglie, la spezzina Serena Corigliano. In mezzo a loro mamma Anna in versione crocerossina.

Fig. 13 - Domenico e Anna Brosio insieme a padre Jozo una figura di religioso molto importante e stimato dalla famiglia.

Figg. 14-15-16 - La svolta professionale nella vita di Brosio: il caso Mani pu lite. In alto la foto di gruppo dei giornalisti impegnati a raccontare un'inchie sta milanese che ha cambiato le sorti dell'Italia. Sotto due immagini di Paolo che l'hanno reso celebre come inviato delle reti televisive Mediaset: davant al palazzo di Giustizia e con sullo sfondo il tram che passava sempre durante collegamenti per il Tg4.

Fig. 17 - La prima vita di Paolo: belle donne, mare e drink. Qui lo vediamo davanti a una delle sue idee realizzate: il chiringuito sulla spiaggia di Forte dei Marmi.

Fig. 18 - Un'altra avventura di Brosio sportivo, la partecipazione alla Milano marathon caratterizzata da un successo.

Fig. 19 - La solidarietà è stata una costante, al pari dello sport, della vita di Paolo. Eccolo con la maglia della squadra ciclistica delle Black Spruts. La prima onlus riuscì subito a realizzare progetti importanti coniugando la passione agonistica alla voglia di fare qualcosa di concreto per gli altri.

Fig. 20 - Quella del ciclismo è sempre stata una grande passione di Paolino che durante uno storico collegamento con Quelli che il calcio *ce la fece a battere il record dell'ora al Vigorelli. Una fatica tremenda per un risultato eccezionale.*

Fig. 21 - Un altro momento importante: l'inaugurazione del Twiga sulla spiaggia di Marina di Pietrasanta. Brosio è con Flavio Briatore (uno dei suoi soci), Rosaria Panatta e il sindaco di Pietrasanta Massimo Mallegni.

Fig. 22 - C'è una persona che ha avuto un ruolo importante, forse fondamentale nella vita di Paolo. È Emilio Fede che appena può torna in Versilia per trovare il suo giornalista al Twiga.

Fig. 23 - La seconda e più importante onlus realizzata da Brosio è quella delle Olimpiadi del cuore. Qui vediamo Paolo raggiante mentre consegna al professor Donato del CNR *di Pisa un assegno simbolico con le offerte raccolte. A sinistra il presidente della Regione Toscana Claudio Martini.*

Fig. 24 - Un'altra trasmissione è rimasta nel cuore di Paolo dopo averla condotta per parecchi anni: Linea Verde, *lo storico rotocalco domenicale di Rai 1. Qui lo vediamo durante un collegamento in Lunigiana in cui illustra la bontà dei prodotti locali.*

Fig. 25 - Eccolo con "SuperSimo" Simona Ventura poco prima della partenza per la co-conduzione dell'Isola dei famosi. Un'indimenticabile avventura in Honduras.

Fig. 26 - Oltre che la tv Paolo Brosio ha nel cuore la Juventus. Per due stagioni ha commentato le gare dei bianconeri sul canale Mediaset Premium, digitale terrestre. Lo vediamo sul terreno dello stadio Olimpico di Torino col presidente bianconero Giovanni Cobolli Gigli e il team manager Gianluca Pessotto.

Fig. 27 - Paolo con Gretel Coelho. Qui il giornalista televisivo è con la moglie durante una telecronaca di Fiorentina-Juventus allo stadio Franchi.

Fig. 28 - Un momento felice del matrimonio tra Paolo e Gretel: poi la crisi e la separazione.

Fig. 29 - Si parte per Medjugorje: il volo Pisa-Spalato è già pronto. L'avventura verso la Bosnia-Erzegovina inizia.

Fig. 30 - Si sale sull'aereo carichi di speranze per un viaggio che non sarà solo spirituale ma servirà per aiutare materialmente tanti bambini che soffrono.

Fig. 31 - Da Spalato verso Medjugorje il viaggio in pullman è lungo ma c'è la felicità di vedere coronato un sogno atteso per mesi.

Fig. 32 - Appena arrivati c'è subito spazio per la vicinanza a Gesù. Anna Brosio prega.

Fig. 33 - La salita sul monte Krizevac è molto ripida ma tutti riescono ad arrivare alla vetta.

Fig. 34 - Un altro posto venerato a Medjugorje. La croce del monte Krizevac che si raggiunge al termine di una lunga scalata.

Fig. 35 - Paolo Brosio illustra le caratteristiche del progetto della Casa accoglienza per bambini e anziani che è al centro della raccolta di fondi. Sorgerà alle porte di Medjugorje.

Fig. 36 - Paolo con Maurizio Ughi della Snai e il campione di calcio Siniša Mihajlovic. Quella che alzano è la copia dell'assegno da oltre 29.000 euro lasciato come provento del pellegrinaggio e destinato a suor Kornelya.

Fig. 37 - Sinisa Mihajlovic insieme alla veggente Mirjana dopo la testimonianza della donna di fronte alla delegazione arrivata in Bosnia-Erzegovina dalla Toscana.

Fig. 38 - I bambini ospitati dall'orfanotrofio di suor Kornelya a Citluk.

ig. 39 - Mamma Brosio ha voluto effettuare la salita del Podbrdo anche ir condizioni difficili. È stata fatta accomodare su una lettiga.

ig. 40 - Dopo tanto faticare ecco un momento di riposo e di meditazion ulla vetta del monte dell'Apparizione dove c'è la statua della Madonna

Fig. 41 - Un suggestivo momento di raccoglimento di Brosio nella quiete dei luoghi delle apparizioni mariane.

Fig. 42 - Paolo con padre Milenko.

Fig. 43 - Chiara Amirante della comunità Nuovi Orizzonti insieme alla veggente Mirjana.

Fig. 44 - Un'immagine simbolo della svolta di Brosio verso la Fede: eccolo nell'orfanotrofio di Citluk con in braccio la piccola Iva, figlia della guerra e strappata a un atroce destino. La bambina è molto legata a Paolo.

Fig. 45 - Un'altra bella foto dei bambini che sono aiutati anche dai progetti voluti da Paolo Brosio.

Fig. 46 - Si prega davanti alla basilica di San Giacomo in un'atmosfera resa ancora più suggestiva dalle fiammelle dei lumini.

Fig. 47 - Molta gente vuole vedere la statua del Gesù Risorto vicino alla basilica di San Giacomo che lacrima da una fessura all'altezza del ginocchio destro. È un fenomeno che si registra dal 25 giugno 2000, anniversario delle apparizioni. Alla veggente Vicka che chiedeva lumi alla Madonna, la Vergine Santa rispondeva: «Si tratta di un dono di Dio per l'umanità».

Fig. 48 - La felicità di Paolo dopo aver appreso che è arrivata una eredità dalla signora Rosa, una donna che abitava nella Valdera in provincia di Pisa, e che non conosceva. Altri soldi preziosi da destinare al progetto per gli orfani e gli anziani di Citluk.

Fig. 49 - Il momento dell'apertura del testamento nello studio del notaio Brugnoli di Cascina, in provincia di Pisa.

Fig. 50 - La croce che si disegna sulla cartina geografica unendo i punti delle varie zone della Val di Fiemme e del Primiero dove sono avvenuti episodi tragici oppure legati a eventi religiosi importanti.

Fig. 51 - La bellezza di uno scorcio dolomitico e un momento di spiritualità: Paolo prega davanti alla Croce e al Cristo pensante. Siamo sul monte Castellazzo, sullo sfondo il lago di Paneveggio.

Fig. 52 - La straordinaria somiglianza del volto del Cristo pensante con la sagoma disegnata in una parte delle rocce del massiccio delle Pale di San Martino.

Fig. 53 - Foto di gruppo per Marco Jagher e la sua famiglia all'ingresso di Malga Valazza. Siamo in Trentino, sulla strada che porta al passo Valles.

Fig. 54 - Un altro bello scorcio del monte Castellazzo con il Cristo pensante.

Fig. 55 - La commozione e l'intensa partecipazione di Paolo alla testimonianza di Fede a Milano al Palasharp, davanti a migliaia di persone. Sullo sfondo l'immagine della Madonna di Medjugorje.

Fig. 56 - Paolo insieme a Marco Palmisano, direttore dei rapporti istituzionali di Publitalia. Il sodalizio tra i due è stato determinante per l'organizzazione del pellegrinaggio a Medjugorje.

Figg. 57-58 - Tante rose nella vita di Paolo. In alto sua nonna Rosa. In basso la rosa mistica fiorita nel giardino dello chef del suo locale Massimo Bresciani in Versilia in occasione del secondo pellegrinaggio a Medjugorje nel maggio 2009.

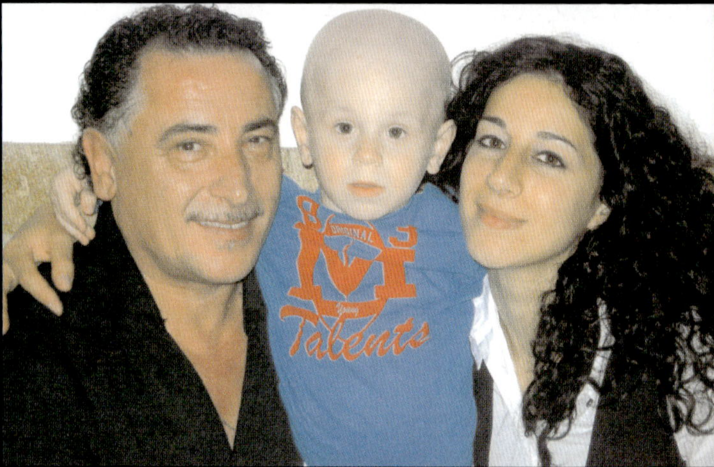

Fig. 59 - Il piccolo Jeshua insieme ai genitori. Il bimbo pugliese è protagonista di una straordinaria guarigione, certificata dai medici, dopo i viaggi a Medjugorje e le cure a San Giovanni Rotondo.

Fig. 60 - Il potente guaritore brasiliano Ironì Spuldaro insieme alla moglie. Ironì guarisce con la preghiera in nome di Dio e di Gesù Cristo. A lui si devono rivelazioni clamorose sulla vita di Paolo Brosio. Per questo Paolo si è sottoposto ad accertamenti medici.

Fig. 61 - Il giovane atleta della Madonnina di Lourdes.

Fig. 62 - Paolo Brosio con mamma Anna nel corso della Colletta alimentare. Un altro gesto di solidarietà a favore di chi è più sfortunato che lo vede sempre protagonista.

Fig. 63 - Paolo con tanti amici importanti: da sinistra l'ex direttore generale della Rai Flavio Cattaneo, Flavio Briatore, Marcello Lippi e il caporedattore di Rai Sport Maurizio Losa. La foto risale alla prima edizione delle Olimpiadi del cuore.

Le vicende di questi due ragazzi mi hanno fatto capire, senza leggere tanti libri di storia, la fierezza, la semplicità e la forza di questo popolo martoriato dalle avversità e dalle difficoltà della vita. Statene pure certi, un croato della Erzegovina non vi chiederà mai nulla. Sono abituati a sopportare fatica e dolore. Rinunce e privazioni. Guerre, dominazioni straniere e feroci rappresaglie di altri popoli che hanno combattuto con la forza della disperazione.

Non è un caso, credo, che qui, fra i rovi e le rocce, dove l'economia agricola era ridotta al minimo del sostentamento del gruppo familiare, sia apparsa la Madonna, a un popolo che della sua invocazione aveva fatto una ragione di vita.

Come mi ha fatto bene andare a Medjugorje!

Quante cose ho capito in questa terra, rossa come quei campi da tennis su cui ho corso su e giù per tutta la mia gioventù. Più di quelle ore trascorse sui banchi dell'Università a studiare la teoria del diritto. Più di quanto ho appreso in tanti anni di professione perché oggi ho lo sguardo, l'udito e i sensi aperti al dolore degli altri.

Non mi limito a raccontarlo, mi sforzo di viverlo.

Come sono felice di averli conosciuti e quanto sono orgoglioso di essermi conquistato la loro amicizia.

Ho imparato tanto dalla dignità e dalla semplicità di quella gente forte dinanzi alle sciagure, paziente davanti alle continue avversità. Mai un lamento. Mai una richiesta. Solo lo sguardo chiaro e trasparente di chi non si arrende e che nulla ha da nascondere, perché la fede li sostiene e non li tradisce mai.

Le compagne di viaggio

Quando sono partito per Medjugorje, mai e poi mai avrei pensato di tornare in Italia con tante emozioni nel cuore per le vicende umane di quel paese piccolo, sconosciuto, povero e isolato fra i monti.

Eppure così è stato. Come dicevo all'inizio di questo capitolo, il lunedì 2 febbraio parte da Roma alle 17.40 il volo per Spalato della Croatia Airlines con atterraggio annunciato per le 18.45. Rientro previsto per giovedì 5 alle 15.45.

Fremevo dal desiderio di partire. Mi sentivo "la chiamata" nel cuore.

Sono sensazioni difficili da comunicare anche per chi è abituato a farlo da una vita. Ma è quasi impossibile spiegare cosa succede nei sentimenti di una persona quando incontri quel desiderio fortissimo di andare a trovare la Madonna, là dove appare tutti i giorni, ormai da 28 anni.

Sarà un caso, ma quel giorno – verificatelo pure – il volo subì un ritardo di più di due ore, e io chiamai più volte Mirela e Michele per avvertirli dell'inconveniente. Ma quando vai a Medjugorje per cambiare vita è normale che accadano strani impedimenti, anche piccoli, come un ritardo aereo.

I miei compagni di viaggio erano tre donne.

Bianca Marcocci, moglie di un illustre medico luminare degli studi sulla tiroide dell'Università di Pisa, il professor Claudio Marcocci. Poi Licia Molinari, sorella di Anna, la stilista che ha creato un marchio famoso nel mondo, con Blumarine e Blugirl. E infine c'era Sabrina Ferri, l'angelo custode che ha pregato per me nella mia difficilissima risalita dagli abissi della trasgressione, dell'alcol e della droga.

I Marcocci e i Molinari sono amici della mia famiglia da anni. Bianca Marcocci ha due figli, Giuseppe e Pippi, ai quali sono molto affezionato perché sono cresciuti con me quando abitavo a Pisa e frequentavo l'Università. Il primo è ricercatore universitario nel campo della teologia e della storia delle religioni. Il secondo è musicista e ha studiato alla Harvard University, nel campus di Cambridge a Boston.

Giuseppe qualche anno fa viene colpito da una malattia che minaccia la funzionalità dei reni. Una malattia piuttosto rara che costringe i genitori a prendere una decisione drastica: Giuseppe, per proseguire una vita normale, deve sottoporsi a un trapianto e la mamma, con un grande atto d'amore, gli dona un rene.

Vorrei solo spendere due parole su questo ragazzo che ha diviso con me tante ore spensierate nel giardino delle nostre abitazioni che erano confinanti, sul viale delle Cascine a Pisa. Sin dal liceo classico è sempre stato un alunno modello per l'intelligenza superiore alla media e l'abilità nelle traduzioni dal latino e dal greco. Ha ottenuto premi a livello nazionale e internazionale e ha così potuto accedere ai corsi di studio del collegio sant'Anna, uno dei più esclusivi istituti superiori d'Europa. Si è laureato a pieni voti in Storia Moderna all'Università di Pisa con "lode e dignità di stampa" e oggi è docente della Scuola Normale Superiore. Ma ciò che più mi preme ricordare è il suo carattere mite, generoso e di grande bontà che ne faceva un bambino adorabile e adorato da tutti.

Quando Beppe fu colpito da questa malattia, ne rimasi profondamente addolorato, ma ero sicuro che in cielo sarebbe stato protetto da un grande santo che ha a cuore l'umanità di questo ragazzo d'oro. E infatti, questo viaggio, mi ha fatto scoprire una storia meravigliosa.

Me la racconta Bianca, la sua mamma, e oggi, cari lettori, ve la posso rivelare.

Dopo il trapianto, i valori delle analisi mediche di Beppe erano al di fuori della norma e la preoccupazione spinse i genitori a chiedere una grazia a Giovanni Paolo II in occasione del pellegrinaggio per la venerazione della sua salma esposta in San Pietro.

Era il 3 aprile del 2005 e il giorno successivo a quella preghiera di intercessione arrivò subito il primo segno, per chi crede, inequivocabile.

I valori delle analisi di Beppe fecero registrare un sorprendente miglioramento, tanto da rientrare nei parametri normali. Ma non è tutto.

I genitori, nel settembre di due anni fa, parteciparono a

un bellissimo pellegrinaggio organizzato dal Rinnovamento nello Spirito Santo in Palestina. Conobbero un padre passionista, Antonio Annecchino, che suggerì loro, per consolidare la grazia richiesta, di far celebrare una messa per i nonni al Santo Sepolcro. Bianca, appena sbarcata, seguì il consiglio di padre Antonio. Due giorni dopo arriva una telefonata dall'Italia ai coniugi Marcocci.

Al telefono la voce concitata di nonna Dina, la mamma di Bianca, che, emozionatissima, racconta in modo appassionato un sogno denso di significati che l'ha accompagnata per tutta la notte: «Ho visto nonno Domenico che passeggiava in un giardino pieno di fiori meravigliosi e profumati, diretto verso una persona vestita tutta di bianco che lo aspettava seduto su una poltrona. Quell'uomo, dal volto sereno e rassicurante, era papa Wojtyla. Il nonno gli si avvicina, si inginocchia e sussurra al pontefice alcune parole indecifrabili, ma dal tono e dall'atteggiamento si poteva capire che mio marito stava segnalando al papa una vicenda che gli stava molto a cuore. E la risposta di Wojtyla fu quella di un padre rassicurante che si accolla volentieri la richiesta di un figlio preoccupato».

Bianca non ha dubbi. Quel giardino è il Paradiso e il nonno, dopo la messa di Gerusalemme, aveva raccolto l'appello accorato di una mamma disperata.

Tutto questo ha un senso se si considera che Bianca è legata, da anni, a doppio filo con il Rinnovamento dello Spirito Santo guidato da Salvatore Martinez, con il quale avrò un incontro indimenticabile a Rimini, a fine aprile 2009, durante il periodo della trentaduesima Convocazione Nazionale di questo movimento, davanti a più di 30.000 persone.

Una cosa incredibile per me che mi sto affacciando come un bambino alla finestra per vedere un mondo nuovo, mai visto prima, del quale mi sto innamorando come un pazzo.

Ogni giorno sento che mi sto legando a questo universo in maniera viscerale, perché grazie alla preghiera, alla forza spirituale della preghiera ho avuto l'energia sufficiente per attenuare i miei dolori e il rimorso della mia caduta morale. Ed è questa la ragione per cui oggi nutro un sentimento profondo di gratitudine nei confronti di chi mi ha tirato fuori dai guai. E quella giornata a Rimini rimarrà indimenticabile. Come posso scordare quella mia richiesta improvvisa durante il saluto, a quel popolo di persone perbene e timorate di Dio, di pregare tutti insieme un'*Ave Maria* per ringraziare la Madonna di Medjugorje?

Avevo i brividi. Gli stessi brividi che avevo già provato al Palasharp di Milano in un identico momento spirituale, di fronte a un oceano di persone alle quali avevo raccontato fra le lacrime le mie sofferenze più intime e personali. Quelle cose che si fa bene attenzione a non raccontare mai nemmeno a sé stessi e che si tengono ben chiuse dentro il cuore.

Grazie a Dio e a tutte le invocazioni dello Spirito Santo, avevo trovato la forza immensa di testimoniare le debolezze della mia vita.

Tutto questo e altro ancora ve lo racconterò nei prossimi capitoli dove scoprirete tante altre cose.

Ma torniamo alle tre donne che mi hanno accompagnato a Medjugorje. Di Bianca abbiamo già parlato. Di Sabrina, il mio angelo custode, sapete già quasi tutto, ma una piccola parentesi la devo aprire per la Licia Molinari.

Licia è una signora dolcissima che dimostra molti meno anni della sua vera età. Ha sempre una parola buona per tutti e cerca di venire incontro alle necessità degli amici e dei familiari con una grande disponibilità personale. Nella sua vita ha affrontato tanti dispiaceri con la serenità di chi ha Dio nel cuore e grazie alla forza della sua preghiera continua, incessante e convinta.

Nel momento in cui scrivo, nell'agosto del 2009, sta combattendo una battaglia terribile, aggravata dalla sofferenza di vedere la persona che ama lottare contro lo stesso, durissimo, nemico.

Ma la forza della sua anima è infinita, alimentata da una fede incrollabile.

Ha due figli, Cristian che è avvocato a Carpi, e Desi, che vive insieme a lei a Forte dei Marmi e si prende cura dei suoi figlioli e delle pene della sua famiglia.

A questo punto, in compagnia delle mie tre donne, è arrivato il momento di riprendere il nostro viaggio da Fiumicino verso Spalato, con il volo in grave ritardo a causa di un forte vento gelato che spira da nord verso sud.

Primo giorno: lunedì, 2 febbraio 2009

Appena atterrato, all'uscita passeggeri, trovo la guida, Michele Vasilj, che ci attende con il pulmino dell'associazione onlus Il Sole, un ente benefico con sede a Salerno che raccoglie fondi da destinare agli orfani dei Balcani. Alla guida del mezzo, Ivan, cugino di Michele, fratello dell'altra guida Silvana.

Da Spalato a Medjugorje con il pullman ci vogliono un paio d'ore abbondanti di viaggio. Gran parte del tragitto si percorre lungo un'autostrada nuovissima fino ad arrivare a pochi chilometri dal confine fra Croazia e Bosnia-Erzegovina.

In località Vrgorac (si legge: Vergoraz) c'è l'international border che ricorda un poco i vecchi confini dei film in bianco e nero sui paesi dell'Est Europa prima della caduta del muro di Berlino. Da qui inizia un percorso montuoso con curve a gomito a strapiombo nella vallata, in una zona che è anche parco nazionale. E si cominciano a intravedere e assaporare quelle immagini sbiadite della vecchia Medjugorje quando ancora c'era Tito al potere che teneva in pugno i Balcani. Rocce, terra rossa, arbusti spinosi, macchia mediterranea bassa e intricata, cespugli sempreverdi così fitti da rendere impenetrabili persino i sentieri percorsi dalle capre.

L'idea che mi sono fatto, in questo primo viaggio, corrispondeva esattamente alla descrizione che si faceva del territorio in quei libri ingialliti dal tempo che avevano comprato i miei genitori quando erano arrivati fin laggiù a metà degli anni '80.

Quando il piccolo bus è arrivato a Medjugorje era molto tardi e tutti e quattro disperavamo di poter gustare un piatto caldo. Al primo impatto, anche se si vedeva poco per il buio, abbiamo subito notato il contrasto stridente fra la zona selvaggia e povera appena attraversata e una piccola area periferica commerciale con capannoni, aziende, negozi e supermercati.

Ma anche questo è un segno prodigioso della Gospa, perché qui, dopo decenni di miseria, fame e disoccupazione giovanile, da pochi anni si respira un'aria diversa. I pellegrinaggi hanno infatti portato in 28 anni su questi monti sperduti più di 35 milioni di fedeli. Dunque, a mio modestissimo parere, non bisogna fare demagogia, raccontando che coloro i quali arrivano in Erzegovina non trovano più la Medjugorje "di una volta", perché il turismo religioso «ha trasformato il centro in un supermercato del sacro». Eh no, cari amici, non ci sto! Prima di tutto perché, se andate lì, vedrete che sono solo quattro bancarelle e non più di venti negozi, a fronte di milioni di pellegrini.

E poi, sapete come vivevano i croati di Bosnia prima che apparisse la Madonna? Di sola economia agricola di sostentamento. Cosa vuol dire? Coltivare qualche filare d'uva per fare un vino che una volta non conosceva nessuno e un po' di verdura per sfamare la famiglia con una zuppa che faceva da primo e da secondo. Una delle poche risorse è stato il tabacco fino a quando il mercato tirava, ma non erano certo i poveri contadini dell'Erzegovina ad arricchirsi, dato che eravamo ai tempi della Jugoslavia comunista, un periodo in cui l'economia di mercato era monopolio di stato e quindi l'iniziativa privata era inesistente.

Ecco perché, dalla metà degli anni '60 in poi, gli uomini hanno spesso abbandonato le famiglie per andare in Germania a lavorare in miniera e per mantenere moglie e prole che rimanevano a casa.

Insomma, credo che la genuinità del fenomeno Medjugorje non possa essere messa in discussione da quattro chiacchiere avvelenate di chi vuol gettare fango su un popolo e su un luogo mistico che fa dell'Erzegovina l'anticamera del cielo e la porta dalla quale si accede per avere una chiave di lettura del cristianesimo moderno.

Se Roma e San Pietro sono il centro della Chiesa antica e contemporanea, Medjugorje, proiettata nel futuro, è la strada che bisogna percorrere per abbracciare la fede di Cristo in questo nuovo secolo.

Non credo che esista posto al mondo dove ci siano frutti di conversione così evidenti e numerosi. Laggiù ti senti come attraversato da una corrente di energia sicuramente spirituale che commuove, fa piangere, ti fa sentire umile e buono, in maniera così intensa da rinnovarti completamente nella psiche, nell'anima e nel cuore che è il centro dei sentimenti umani.

Questo il primo approccio che ho avuto con Medjugorje.

Quando ho spalancato la porta di quel pulmino, nella frazione di Bjakovici, davanti alla Pansion Lidia, una pensione tipo albergo a tre stelle, semplice e pulita, accogliente e con una speciale gestione familiare guidata dalla mitica Lidia Vasilj, ho avvertito proprio queste sensazioni. Era buio, era notte fonda.

Quel 2 febbraio del 2009 mi ha cambiato la vita.

La proprietaria ci è venuta incontro con i figli e il marito per aiutarci a trasportare i bagagli e, quando siamo scesi alla reception adiacente alla sala da pranzo per dare i documenti, abbiamo visto la tavola apparecchiata e siamo rimasti a bocca aperta.

La sala era illuminata come fosse ora di cena, un tavolata imbandita di ogni ben di Dio. Lidia si è infilata in cucina e ci ha preparato tutto lì per lì: spaghetti all'italiana con ragù squisito da fare invidia a uno chef, cotolette di maiale con verdure bollite, cavolo, patate, carote e zucchine.

Per finire, una bella tazza di caffè bollente accompagnata da un dolce fatto in casa molto simile all'impasto della torta margherita, farcito a strati con crema pasticcera e cioccolata al latte e sopra una bella spolverata di zucchero a velo.

Alzo lo sguardo, vedo le mie compagne di viaggio, e con un'occhiata complice, ancorché stanco dal lungo percorso esclamo: «Siamo in un altro mondo! È quasi l'una di notte, ci hanno preparato una cena calda e ci hanno aspettato e accolto come se fossimo i parenti o gli amici più amati».

Bianca, Licia e Sabrina annuiscono, stremate, ormai sazie e, senza aggiungere una sola parola, dopo aver ringraziato di cuore Lidia e la sua famiglia, si rintanano in camera. Desiderano affrontare serenamente una felice notte. Ma siamo tutti ansiosi di entrare per la prima volta nella chiesa parrocchiale di San Giacomo.

Non vi dico la mia prima notte! Ero talmente agitato per l'entusiasmo e il desiderio di esser giunto sin là, che il mio cuore sembrava mi volesse parlare: «Alzati, esci sul terrazzo. Vai! Guarda la collina. Assapora la gioia e la felicità di poter ammirare, nel silenzio della notte, alla luce delle stelle, al chiarore d'argento della luna, quella statua illuminata sulla cima del Podbrdo dove, da 28 anni, Dio ha premiato questa terra sofferente, consentendo alla Madonna di apparire, per aiutare l'umanità a trovare Gesù».

E allora, secondo voi, che cosa ho fatto? Sono rimasto a dormire? Ho guardato dal vetro della finestra e poi mi sono ricacciato nel letto? Oppure, con una felpa gettata sulle spalle, un plaid stretto attorno alla vita, sono uscito nel gelo del 2 febbraio? Se avete scelto quest'ultima soluzione, cari lettori, avete colto nel segno.

Il problema era questo. Ero talmente agitato e felice di

essere laggiù, che quando sono uscito sul terrazzo di Pansion Lidia e ho ammirato la statua e il sentiero scavato fra le rocce, entrambi illuminati, fra la terra rossastra e i cespugli spinosi, non ho potuto fare a meno di ringraziare a voce alta la Gospa di avermi portato sin qui e di coinvolgere in questo mio entusiasmo quelle povere tre donne che stavano già ronfando nel letto da almeno un'oretta.

Esco dalla camera, busso alla porta di Sabrina, alla porta di Bianca e, urlando di gioia, a quella di Licia: «Svegliatevi, svegliatevi, fuori c'è un'atmosfera incredibile. Per favore uscite 5 minuti, solo 5 minuti». Bianca e Licia mugugnano qualcosa ma capisco che subito dopo si sono accasciate di nuovo nel letto. Credo che mia abbiano mandato a quel paese con tono garbato, ma sempre quel paese era. L'unica che si è svegliata di soprassalto è stato il mio piccolo angelo custode: Sabrina. Ha avuto la pazienza di stare con me sul terrazzo, semisepolta da giacconi e cappotti, mentre le parlavo a raffica con incredibile lucidità e una voglia di comunicare che non era comprensibile nella mia vita fino ad allora.

La mattina, alle sette e mezza, mentre gli altri erano già tutti pronti, lavati e stirati per fare colazione e mi stavano aspettando con impazienza, giacevo stremato nel letto. Avevo trascorso una notte insonne, sul terrazzo, per l'emozione di essere qui: testimone Sabrina, già piena di fede da anni, mezza morta di freddo e che non aveva certo bisogno di apparizioni o di segni soprannaturali per convincersi dell'esistenza di Dio.

Secondo giorno: la statua del Cristo risorto

Fra uno starnuto e l'altro e con la gola arrossata, scendo anch'io a fare colazione. Licia e Bianca mi sfottono e si prendono la rivincita dopo che ho fatto passare loro una notte, a dir poco, agitata.

Un caffè, un po' di latte, il miele di Medjugorje e, dopo

qualche minuto, arriva a prenderci la nostra guida Mirela che, nel frattempo, si era accordata con Michele per portarci a visitare i luoghi benedetti: «Buon giorno, benvenuti nella terra della Gospa. Per prima cosa dobbiamo andare in chiesa, confessarci e fare la comunione. Se facciamo in tempo, visitiamo il Gesù risorto e il cimitero dove c'è la tomba di padre Slavko».

I tempi sono serrati anche perché a Medjugorje si ha spesso la sensazione di trovarsi di colpo in una grande metropoli.

Mi spiego meglio.

Qui, oggi, ci sono poco più di 4.000 abitanti però le storie inspiegabili, che possono essere razionalizzate solo attraverso un percorso di fede, sono infinite. Tu cammini, incontri persone che non hai mai visto né conosciuto che ti vengono incontro e ti parlano della loro vita. Finisci così per scoprire che la fede o la Parola di Dio danno una risposta o un significato preciso alle domande che ti poni.

Oppure visiti un centro di accoglienza per orfani, per tossicodipendenti, per anziani o, più semplicemente, per persone sole e abbandonate, e lì trovi qualcosa di importante che cambia il tuo atteggiamento nei confronti della vita e del prossimo.

E allora anche un paesone come Medjugorje può diventare un percorso infinito, e davvero 4 giorni da soli non bastano per conoscere quel mondo nuovo che ti si apre al cuore e ti fa sentire, vedere, toccare cose e persone in un modo che tu non hai mai provato prima.

Mirela e Michele tutto questo lo sanno. E sanno anche, come dicono i frati, che quando la Madonna ti chiama e tu vieni qui, questa è solo la prima tappa di un lungo cammino che ormai hai intrapreso per arrivare al cuore di Gesù.

Ecco perché quella mattina eravamo incalzati dalla nostra guida e la mia stanchezza di una nottata in bianco mal si conciliava con quella fretta dettata dall'esperienza di anni passati in quella terra benedetta.

Saliamo a bordo della BMW berlina di Mirela, quella stessa macchina che la Divina Provvidenza le ha fatto avere in un momento critico della vita della sua famiglia, e partiamo alla volta della chiesa di San Giacomo.

Quanta emozione e quanta felicità ho provato in quel breve tragitto dalla frazione di Bjakovici al centro di Medjugorje. Ho sognato per tanti mesi – quando leggevo il libro celeste del 2007 delle edizioni Shalom *I messaggi della Regina della Pace* – quelle due torri campanarie che si stagliano nel cielo della Erzegovina. Quante volte ho sfogliato quel libro per leggere i messaggi della Regina e, ogni qualvolta lo stringevo fra le mie mani e cominciavo a ripetere le parole di Maria, sentivo un'energia che mi dava la forza di combattere la disperazione di non avere più mio padre, mia moglie e di respingere quel dolore fortissimo. Il dolore di sapere che Gretel aveva avuto un figlio da un altro e non sarebbe mai più ritornata.

Mi riferisco in particolare a questi messaggi che ho letto e riletto e che mi hanno dato il desiderio e la determinazione di venire a Medjugorje.

Il primo che mi colpì profondamente è quello di giovedì 25 gennaio 1996. Credo si tratti di un messaggio per il mondo, ricevuto dalla Gospa per intercessione della veggente Marija che ho avuto la gioia di conoscere insieme al marito Paolo, ingegnere di Monza: «Cari figli, vivete la pace nei vostri cuori e capirete che la pace è un dono di Dio. Frutto della pace è l'amore e frutto dell'amore è il perdono. Io sono con voi e vi invito tutti, figlioli, perché, per prima cosa perdoniate in famiglia. E allora sarete capaci di perdonare gli altri».

Questo messaggio mi fece pensare in continuazione e, in quei momenti di dolore, dove mi lasciavo andare per dimenticare, mi risuonava continuamente nella testa e sopratutto nel cuore e nella coscienza, con una voce forte e chiara che richiamava la mia attenzione ogni momento.

Come posso spiegarvelo? È come una voce che torna

continuamente dentro di te, insistentemente e amorevolmente, come un'eco che ti viene a cercare senza che la chiami o che la cerchi. Come una cosa estranea ma positiva, che diventa parte di te. Si rinnova continuamente e ripete le stesse parole senza mollare mai perché vuol esser ben sicura che suo figlio non sbagli strada.

Il problema principale è che non riuscivo a capire, rispetto al messaggio del 25 gennaio 1996, come arrivare al primo gradino, quello decisivo, il gradino della pace. Come si fa ad arrivare alla pace se sei nel casino più nero, nel caos della sofferenza?

Non avevo fatto bene attenzione alla prima riga di questo messaggio: «Cari figli vi invito a decidervi per la pace. PREGATE Dio di darvi la vera pace».

La DECIMA PAROLA era quella fondamentale: PREGATE.

Non avevo inteso, ma la caccia alla pace era ormai aperta.

Ho trovato la chiave di lettura per arrivare al mio obiettivo nel messaggio di domenica 25 giugno 1997, il sedicesimo anniversario delle apparizioni: «Cari figli, oggi sono con voi un modo speciale e vi porto la mia benedizione materna della pace. Io prego per voi e intercedo per voi presso Dio, perché capiate che ognuno di voi è portatore di pace. Non potete avere la pace se il vostro cuore non è in pace con Dio. Per questo, figlioli, pregate, pregate, pregate perché LA PREGHIERA È IL FONDAMENTO DELLA VOSTRA PACE. Aprite il vostro cuore e date del tempo al Signore: che Lui sia il vostro amico. Quando si crea una vera amicizia con Dio, nessuna tempesta può distruggerla».

Vorrei dirvi, con la massima onestà intellettuale, che personalmente ho trovato le risposte che cercavo nel combinato disposto di questi due messaggi. Nel primo ho fatto fatica a trovare la parola chiave: ce l'avevo già all'inizio, ma non ho saputo trovarla. Nel secondo invece l'ho trovata subito: la preghiera. Con la preghiera trovi la pace del cuore. Immediatamente si attenua il dolore. Tuttavia è solo con l'esercizio costante della preghiera che la sofferenza tende a scomparire.

Con essa mi sono sentito come se avessi una corazza addosso e, pian piano, mi sono rinnovato. Attraverso le parole della Madonnina mi sono avvicinato al Signore fino ad arrivare a stringere un'amicizia con Dio. Ci parlavo anche spontaneamente, con la preghiera che mi usciva dal cuore sofferente.

E quando il cuore soffre si emoziona, diventa più sensibile e, in quel momento, credo, si realizza quello che chiede la Gospa: «Aprite il vostro cuore, pregate col cuore aperto, donate il vostro dolore a Gesù». Fino a quel momento non avevo capito proprio nulla di cosa volesse dire "pregare col cuore aperto".

Ci sono mille messaggi della Madonna in questi anni, tutti fondamentali.

Li ho letti tutti. Ma quei due li ho scolpiti nella mente.

Finalmente ho capito, ma c'è voluta una bella bastonata per avvicinarmi alla fede.

Certo non pensate di arrivare a perdonare chi vi ha fatto del male, dopo la lettura di un messaggio. Ci vuole un percorso spirituale, un bravo sacerdote, umano, semplice, chiaro, sensibile e chi vi prenda per mano, con amorevolezza.

Pensate, dunque, che emozione per me arrivare di fronte a quella chiesa, che per la prima volta avevo visto su quel libro celeste dei messaggi della Regina della Pace, letto e riletto mille volte, forse di più.

Per prima cosa abbiamo visitato la parrocchia. Ho potuto osservare come pregano i croati e quale sia il loro approccio quando entrano nella casa del Signore. Mai visto nulla di simile. Dobbiamo imparare da loro: sono ossequiosi, umili, concentrati e soprattutto, educati al rispetto della sacralità del luogo. Non si lamentano mai se fa caldo, freddo o se la chiesa è sovraffollata e mancano posti a sedere. E sono guai per quei turisti che tirano fuori il cellulare che trilla.

Non vola una mosca. Stanno serenamente inginocchiati sulle panche e quando, il più delle volte, la chiesa è stracolma, non esitano a piegare le gambe in qualunque posto riescano a trovare spazio.

Una curiosità. Quando arriva il momento dell'eucaristia non si forma un'unica fila davanti all'altare ma i sacerdoti, vista la grande affluenza, dispensano l'ostia sacra passando fra le panche e i fedeli che attendono il loro turno lungo i corridoi vicino alla loro panchina. Durante le ricorrenze più importanti, il momento della comunione diventa un fenomeno impressionante perché ci sono migliaia di persone e l'ostia viene offerta da decine di sacerdoti sul sagrato, che diventa un'immensa chiesa a cielo aperto.

Dopo la visita alla parrocchia, Mirela ci porta nella zona dove sorge la statua del Cristo Risorto. Un'area adiacente al grande parcheggio per auto e bus dei pellegrini che si trova sul retro della chiesa di San Giacomo a meno di trecento metri di distanza.

Quando ho visto quel Gesù mi sono sentito come bloccato e non sono più riuscito ad avanzare nemmeno di un metro. La statua è alta come un palazzo di due piani ed è stata realizzata in bronzo con Gesù nell'atto di salire al cielo. Le braccia e le gambe – come tutto il corpo – appaiono smunte, magre, allungate e risucchiate verso l'alto.

Mi ha fatto un'impressione fortissima e non mi sentivo a posto con la coscienza per incontrarlo. In quel momento, avevo una grande devozione per Sua Madre, la mia salvatrice, ma Lui lo vedevo come un giudice. Questo non ha senso, perché con la confessione si annullano i peccati, e io, prima di arrivare a Medjugorje, avevo avuto la cura di confessarmi più volte per presentarmi pulito davanti a Gesù, ma in quel momento purtroppo mi sentivo impresentabile.

Sabrina, Bianca e Licia erano già abbracciate alle sue gambe e pregavano con tanta fede. Io, in disparte, cominciai a singhiozzare con un pianto irrefrenabile.

A quel punto Bianca, comprendendo il mio stato d'animo, chiese a Mirela di andare a visitare la tomba di padre Slavko che si trova nel cimiterino di Medjugorje poco lontano. Le tombe sono disposte l'una vicino all'altra, senza protezioni e senza recinzione, in un prato verdissimo, all'inglese, con tanti fiori. Ho avuto una sensazione di pace davanti alla tomba di questo grande frate, amico di padre Jozo. Mi sono ripreso, calmato e ho avuto il desiderio di andare a messa.

Alle 11.30, c'era quella in italiano nel caseggiato adiacente alla parrocchia.

Siamo entrati.

Ho ricominciato a piangere da vergognarmi perché tutti vedevano e sentivano la mia commozione, che appariva decisamente sopra le righe, ma non potevo farci nulla, credetemi. Era così.

Poi è venuta la comunione. È stato come gettare una secchiata d'acqua bella fresca sopra un ferro da stiro bollente. A quel punto ho sentito nel cuore il desiderio di tornare da Gesù Risorto per abbracciarlo e, diciamo così, nella mia mente confusa dai traumi dell'ultimo anno, per fare pace con Lui.

Appena giunto nella piazzetta, corro verso la statua e qui capisco perché le mie compagne di viaggio si erano attardate a pregare abbracciate alle gambe di Gesù. La gamba destra, inspiegabilmente, dal 25 giugno 2000, rilascia, in un paio di punti ben precisi, delle gocce che fuoriescono in continuazione e rappresentano un fenomeno incomprensibile dal punto di vista scientifico.

I pellegrini accorrono attorno a questo Cristo con i fazzolettini stretti nelle mani per tamponarne la fuoriuscita, raccogliendo le gocce che vengono considerate come reliquie sante.

I veggenti, durante le apparizioni, hanno chiesto alla Madonna quale fosse il significato di questo evento soprannaturale. La Vergine ha risposto in modo molto sintetico, sibillino, direi, dicendo che si tratta di un dono di Dio per l'umanità.

Secondo alcune fonti non istituzionali sarebbero state fatte delle analisi su queste gocce equiparandole alle lacrime umane. Stessa salinità, stessa composizione chimica, stesse caratteristiche. Ovviamente, trattandosi di Medjugorje, dove tutto è ancora *sub iudice* da parte della Chiesa, non è possibile trovare conferme ufficiali e tuttavia il mistero resta grande.

Mi rendo conto di trovarmi di fronte a una situazione che ha dell'incredibile.

Mi rendo conto che non ho più paura di Gesù. Sono in pace con me stesso e ho il desiderio forte di abbracciarlo con la coscienza finalmente serena che non urla più per la pena del rimorso. Sono tanto felice. Mi commuovo, ma stavolta sono lacrime di felicità. È un abbandono totale fra me e Lui, ma non devo mai dimenticare che se sono qui, lo devo solo e soltanto a Lei.

Terzo giorno: suor Kornelya e la preghiera di Vicka

Il terzo giorno è il giorno dell'incontro con la veggente Vicka Ivankovic, alla quale la Madonna ha affidato, in particolare, l'intercessione per la cura delle malattie fisiche, psichiche e morali.

Ogni veggente ha, infatti, un compito specifico che ha ricevuto direttamente dalla Gospa. Oltre a Vicka, ho avuto la possibilità di conoscere personalmente e molto bene cinque di loro: Jakov Colo, Mirjana Dragicevic, Marija Pavlovic, Ivan Dragicevic.

L'ultima veggente, che non ho mai conosciuto, è Ivanka Ivankovic, che so essere molto schiva e riservata e quindi più difficile da incontrare.

Cominciamo da Jakov che è il più giovane. Ha 38 anni, è sposato e ha tre figli. È il più scanzonato e burlone di tutti ma, quando parla della Vergine, si fa serio e non scherza più. Ha perso la mamma e il papà quando era ragazzo. È cresciuto con gli zii fino a 18 anni e Vicka gli ha fatto da vice-mamma. Ho avuto la fortuna di parlare con Jakov un paio di volte e mi è rimasta impressa una frase che gli diceva sempre sua madre, che per lui è maestra di vita e lo sarà anche per me: «Non ti devi mai vergognare di pregare ad alta voce davanti agli altri e di chiedere un pezzo di pane se hai fame». A lui, come a Vicka, è affidato il compito di intercedere per i malati.

Mirjana è una donna bella, una mamma che appare perfetta, con due bellissime figlie e un marito, Marko, con il quale ho legato molto e, come accade con Mario, il marito di Vicka, quando ci vediamo parliamo subito di calcio perché tutti e due sono molto appassionati. Mario è stato un buon calciatore semiprofessionista.

Mirjana, che oggi ha 44 anni, ha un carisma particolare. Quando parla, attorno a lei cade un silenzio assoluto: la gente rimane affascinata dalla sua affabulazione tagliente, diretta, che colpisce il cuore di chi ascolta. Cattura l'attenzione senza tanti fronzoli. Si dichiara spesso sorpresa dall'atteggiamento dei pellegrini italiani quando, spiegando i comportamenti che si debbono tenere secondo i messaggi mariani, parla dei sacrifici, delle rinunce e soprattutto del digiuno. A questo proposito, ogni volta che dice ai nostri connazionali «mercoledì e venerdì digiuno pane e acqua», si solleva sempre un mormorio di protesta che non accenna a diminuire e che spaventa molto di più della rivelazione del decimo segreto di Medjugorje, che si preannuncerebbe come uno dei più terribili.

Così come gli americani si preoccupano sempre di sapere se la Madonna li considera un popolo speciale, come espressione della nazione più potente del mondo. Ognuno ha le sue fissazioni, i suoi miti come se la Madonna dovesse mandare i propri messaggi all'umanità, attraverso i veggenti, modificandoli ad hoc per ogni nazione. Figuratevi un po'!

La sua intenzione di preghiera, affidatale dalla Gospa, è per i non credenti, gli atei.

Marija ha 44 anni, è nata il primo di aprile, ha quattro figli, è una entusiasta della vita e della sua missione a favore della Madonna. Durante le sue testimonianze straripa come un fiume in piena e nel suo sguardo si legge la gioia del comunicare ciò che la Madonna le dice tutti i giorni. È sposata con Paolo Lunetti, un ingegnere di Monza con il quale sono in buoni rapporti di amicizia, e spero tanto che mi vengano a trovare a Forte dei Marmi come hanno promesso. Perché? Per due motivi. Il primo di carattere umano, Marija e Paolo sono persone molto semplici e affettuose e la loro presenza mi dà molta serenità. La seconda ragione è un sogno che cullo da tempo. Poterli invitare per una testimonianza in Versilia, terra assai difficile per le conversioni di cuore, nel corso della quale all'ora fatidica, verso le 18,45, appaia la Madonna anche nei luoghi che mi hanno adottato. Come sarei felice per i due parroci che mi hanno aiutato tanto a risalire nella nuova vita, don Piero Malvaldi e padre Joy!

L'intenzione di preghiera di Marija è per le anime del purgatorio, affinché possano aspirare al Paradiso.

Ivan, anche lui nato nel 1965, ha da poco compiuto 44 anni, ha 3 bambini e vive con la famiglia negli Stati Uniti. La sua intenzione di preghiera è per i giovani e per i sacerdoti.

I veggenti hanno una serie di apparizioni e sono custodi dei dieci segreti della Madonna di Medjugorje. Eccoli, in sintesi.

Marija: apparizioni quotidiane alle 18,45. Il 25 di ogni mese riceve il messaggio per il mondo e per la Chiesa e custodisce i primi 9 segreti.

Mirjana: custodisce tutti i dieci segreti, compreso quello che farebbe tremare il mondo. Ammonisce sempre che, col digiuno, la preghiera e la rinuncia, si possano mitigare anche le catastrofi più immani. Il secondo giorno di ogni mese vede e sente la Madonna per il messaggio destinato a diventare pubblico. Ha pure un'apparizione il 18 marzo di ogni anno.

Ivan: apparizioni quotidiane, custodisce 9 segreti.

Ivanka: dieci segreti, una sola apparizione all'anno in occasione dell'anniversario del 25 giugno.

Jakov: dieci segreti, una sola apparizione all'anno il 25 dicembre, giorno di Natale.

Torniamo a Vicka, che ha apparizioni quotidiane, come Marija e Ivan, e custodisce anche lei nove segreti. Nel salottino del centro di suor Kornelya, Vicka ci spiega quel giorno incredibile quando la Madonna si manifestò nella casa della famiglia Colo. In quell'occasione lei e Jakov hanno avuto la grazia di ascendere, mano nella mano con la Madonna, "a bordo" di una nuvola fino al portone per entrare in Paradiso. Questo racconto è stato raccolto il terzo giorno del nostro viaggio nella sede della Comunità delle Sorelle Missionarie della Famiglia Ferita, intitolato a papa Giovanni Paolo II, come si dice in croato Centar pape Ivana Pavla II a Citluk, il comune di Medjugorje.

Si tratta di un centro di accoglienza nato per l'emergenza della guerra dei Balcani quando, da tutte le nazioni della ex Jugoslavia e talvolta anche dagli stati dell'Est europeo, arrivavano orfani, figli di donne violentate e torturate, oltre agli anziani abbandonati di tutte le etnie e senza distinzioni di appartenenze religiose. Oggi, qui, sono accolti 115 orfani e 30 anziani ma la lista d'attesa è lunghissima. Siamo arrivati sin qui da Pansion Lidia accompagnati da Mirela e anche da Michele Vasilj che ci ha raggiunto, portando Vicka e suo marito Mario.

Vicka continua così il racconto della visita all'Aldilà: «Dal Paradiso siamo arrivati in Purgatorio dove non si vedeva nulla perché era pieno di nebbia e le anime vagavano senza meta perché non sono in grado di trovare la strada del Paradiso. L'unica maniera per farli uscire di lì è pregare per loro».

Quando ho chiesto a Vicka di raccontarmi dell'Inferno mi ha risposto in modo lapidario: «Meglio che non ti riveli tutto ciò che ho visto perché è terrificante. Qui i dannati soffrono per l'eternità, tormentati dai demoni che sono orripilanti, metà uomini e metà bestie…».

Subito dopo Vicka mi ha raccontato anche un episodio curioso. Quando la Madonna apparve a lei e a Jakov, la signora Colo era uscita in giardino a stendere i panni. La Madonna apparve in cucina ai due ragazzi dicendo loro di tenersi pronti perché aveva deciso di portarli a conoscere l'Aldilà. Jakov scoppiò a piangere pensando di dover morire proprio in quel momento e il ragazzo pregò la Madonna di non farlo partire, perché era figlio unico e non voleva lasciare sua mamma da sola. Ma la Madonna lo tranquillizzò dicendo che lo avrebbe portato da vivo, col suo corpo e non dopo la morte. Così partirono per questo "giro" che vi abbiamo appena raccontato. Un piccolo dettaglio. Quando la Madonna li fece accomodare sulla nuvoletta, il tetto della casa si aprì – io direi, come una rampa lanciamissili – e alla velocità del fulmine, bucando le nuvole in cielo, guardando la Terra piccola come un semino, arrivarono alla porta del Paradiso dove san Pietro li aspettava.

Nel tragitto Vicka e Jakov tenevano la Madonna per mano e coi piedi battevano la nuvola per paura di cadere nel vuoto ma, invece di affondare, trovarono un solido punto di appoggio, ovviamente con grande stupore.

Finito di ascoltare il racconto insieme alle mie tre compagne di viaggio, Vicka si alzò dicendo che si sarebbe appartata con ciascuno di noi nella cameretta di suor Kornelya, madre superiora del Centro di accoglienza di Citluk, per pregare intensamente, raccomandandoci alla Madonna per tutte le nostre intenzioni.

Mentre sto per alzarmi, perché Vicka mi fa segno di seguirla, in quel momento entra suor Kornelya e, per la prima volta, vedo quella donna che sarà uno dei punti di riferimento della mia nuova vita. Volto pulito, trasparente, sguardo luminoso, persona diretta che parla col cuore. Non molto alta, Kornelya ha un sorriso che trasmette tanta serenità.

Poco per volta, credo che mi abbia valutato, soppesato, considerato per quello che valgo nel bene e nel male, nelle aspirazioni di un'esistenza rinnovata.

Per lei e per quei bambini soli sto dedicando gran parte dei miei pensieri e delle energie. Le stringo la mano, lei mi abbraccia, ma io sono in catalessi perché so che fra poco sarò sottoposto alle cure di Vicka con i suoi occhi scuri, pungenti e lo sguardo magnetico che ti trafigge come un raggio laser.

Il tempo di congedarmi da suor Kornelya e di guardare le mie compagne come per avere da loro l'ultima approvazione per tutto ciò che andavamo a fare e mi ritrovo faccia a faccia con Vicka.

Vuole avere conferma dei miei problemi così come glieli aveva anticipati Michele Vasilj. Le parlo di tutto, a cuore aperto, senza nascondere alcunché. Comincio a commuovermi perché queste ferite sono ancora troppo fresche e non vorrei piangere, ma ancora oggi, a distanza di tempo, quando penso alle situazioni che ho dovuto fronteggiare e al modo con cui le ho combattute, sento forte il desiderio di lasciarmi andare, testimoniare la verità, perché solo così il mio sentimento rimane puro, senza inganni e senza false ipocrisie.

A un tratto Vicka chiede che mi inginocchi. Ricordo di averlo fatto su di una gamba sola, di essermi appoggiato in terra col ginocchio sinistro e poi di aver posato il piede destro sul pavimento e il gomito destro sulla coscia a mo' di sostegno, tenendo la testa appoggiata sul palmo della mano.

Credevo, facendo così, di restare in quella posizione per qualche minuto, il tempo che lei meditasse una forte preghiera su di me. Sbagliai la scelta perché mi tenne così per più di venti minuti, pregando in croato. Mi impose le mani – lunghe, forti e nervose – stringendomi la testa con forza crescente fino quasi a farmi male. Pensai che se avessi continuato a rovinarmi la vita anche dopo quella strizzata di cervello, allora avrei veramente «mandato tutto all'ammasso», come si dice in Toscana.

Chiaramente, in quella posizione, dopo un po' mi sentii indolenzire braccia e ginocchia e – avendo qualche problemuccio all'anca e alle cartilagini del ginocchio, residui di calcio, corsa e tennis – senza farmene accorgere da Vicka, con fare molto fantozziano, ho cercato di assumere una posizione più comoda, spostando anche il ginocchio destro in terra per avere due punti di appoggio anziché uno, per far riposare quella povera gamba sinistra ormai allo stremo. Quando Vicka finì di pregare uscì dalla cameretta dell'orfanotrofio e mi sentii nella stessa situazione di un mucchio di panni che esce fuori dalla centrifuga di una lavatrice.

Abbraccio le mie compagne di viaggio, bacio Kornelya e tutte le suorine del Centar pape Ivana Pavla II che, nel frattempo, si erano assiepate nel salottino che ci ospitava. Sono sei angeli più suor Kornelya, una più dolce e soave dell'altra: Paolina, alla quale sono legato da un profondo affetto e amicizia, Veronica, Teresa, Vera, Mattea e Maddalena. Le suore seguono con grande rispetto e fede le disposizioni della madre superiora che ha principi saldi, scolpiti nella roccia di Dio.

La vita dell'orfanotrofio è scandita da orari inflessibili, ma sempre con la gioia nel cuore per l'amore di Cristo. La cura degli anziani e dei bambini non lascia spazio a molte fantasie ma in quel luogo si trova sempre tempo per una cosa fondamentale: la preghiera. I bimbi, anche quelli più piccoli, conoscono a memoria il rosario, le preghiere del mattino e della sera e il ringraziamento quotidiano a Gesù e a Maria per il cibo del pranzo e della cena.

Rimane memorabile la frase di suor Kornelya: «Tesoruccio mio, piega le ginocchia e sgrana il rosario e soprattutto consumalo. Il rosario non è un bracciale da esibire, ma va sgranato pregando *Ave e Pater*».

Quando esco dal centro rientro in albergo da solo e faccio un incontro che mi sorprende e che mi riporta di nuovo a suor Kornelya. Alla Pansion Lidia trovo due ragazzi calabresi, due ospiti nuovi, appena arrivati.

In quel periodo, a febbraio, a Medjugorje ci sono pochi pellegrini. Fa freddo e umido ma c'è grande serenità unita a una pace che difficilmente si può trovare in altri periodi dell'anno. Bene, quell'incontro mi ha regalato una foto che ha il crisma del soprannaturale, due storie difficili risolte dalla Gospa e un'emozione speciale che devo raccontarvi subito.

Il progetto di suor Kornelya e il segno della Croce nel cielo

In quella Pansion Lidia c'era il tempo di parlare e soprattutto per me, cosa della quale sono assolutamente incapace, di ascoltare. Vi pare poco saper ascoltare con attenzione chi parla? Bene, a Medjugorje ho imparato anche questo: frenare la lingua e ascoltare, riflettere e prima di dare una risposta meditare, pregare e chiedere discernimento allo Spirito Santo. Tutto il contrario rispetto alle esigenze tipiche della mia professione, dove ogni cosa si brucia in tre secondi. Ma così facendo ti rovini la vita. La prima persona del dopo-Medjugorje che mi ha fatto ragionare sulla necessità di ascoltare è stato il mio padre spirituale, don Giovanni D'Ercole. Grazie, don Giovanni.

Comincio a sentire il racconto che mi fanno questi due ragazzi. Luca Simerano, 37 anni, di Cosenza e Raffaele Canonaco, detto Lello, 38 anni, di Vadue di Carolei, sempre nel cosentino. Loro sono ormai habitué della chiesa di San Giacomo a Medjugorje, ma in realtà vengono da un'esperienza di vita davvero difficile. Luca è forse quello che ha vissuto la situazione più critica. Il desiderio di fare una bella vita, la poca voglia di lavorare e il desiderio di avere donne e divertimento sfrenato, lo hanno portato sulla strada della perdizione. Si è ritrovato nei guai, guai davvero grossi, nel momento in cui ha imboccato la strada della droga, tra cocaina ed eroina. Per mantenere quel tenore di vita fuori da ogni regola, ha cominciato a rubare e rapinare e questa escalation gli ha aperto le porte del carcere. Dal 1990 al 1993, pur continuando a stare chiuso in cella, non ha dato segni di pentimento per quello che aveva fatto anche se, come lui stesso ha ammesso, è stato un periodo molto drammatico.

La svolta molti anni più tardi, nel 2006. Tra alti e bassi della vita, tutto cambia quando insieme a Lello raggiungono i luoghi santi dell'Erzegovina. Fu proprio Lello a convincerlo, dopo che quest'ultimo aveva scoperto i misteri delle apparizioni mariane.

Tutto nacque per caso quando nel 2005 Raffaele perde improvvisamente il padre per un'emorragia cerebrale. Il dolore infinito che aveva colpito la famiglia Canonico fa da collante dopo i guai che avevano attanagliato Lello. Anche lui aveva scelto la dolce vita sopra le righe, fra donne e droga. Fu uno spinello preparato e consegnato a un ragazzino a incastrarlo e a spalancargli le porte della prigione. Ma le porte della vita si sono riaperte per entrambi grazie alla Gospa. Dio gli ha poi regalato, per ben due volte, un segno tangibile e meraviglioso.

Ora vi spiego in sintesi le due situazioni. Prima di tutto, in queste due vicende c'era con loro suor Kornelya, quella fantastica suora che ha proseguito il progetto del Centro avviato, durante la guerra, da sua sorella suor Josipa Kordic, morta il 10 aprile 2003. Sarà un caso? Io credo nel cuore che si tratti non di una coincidenza ma che la madre superiora abbia agito da potente intercessore fra quei ragazzi, diventati uomini timorati nella Fede e Dio lassù nel cielo.

Il primo segno si verifica il 2 febbraio 2009, proprio il giorno in cui arrivo in Erzegovina a notte fonda. Poco dopo le 17, mentre parlano con suor Kornelya accanto alla chiesetta, assistono a un fenomeno incredibile che si manifesta di colpo nel cielo. Il sole si spegne nel tramonto con un rosso fuoco all'orizzonte dal quale sorge con gli stessi colori – e si staglia alta tra le nuvole – una croce infuocata. Facile a dirsi. Ma le prove? Ci sono, grazie a Dio, ci sono. Per testimoniare la potenza del Signore sono state scattate due sole foto, una con la mano tremante e l'altra con la mano ferma e decisa di Luca che ha immortalato questo evento soprannaturale.

L'altro episodio si è verificato in un pellegrinaggio a Medjugorje nel luglio 2009, esattamente il giorno 2. Questa giornata, come è noto, ruota tutta intorno all'apparizione mariana che Mirjana ha verso le nove del mattino e che di solito avviene nelle vicinanze della Croce blu sotto la collina del Podbrdo, a Bjakovici. Si tratta di un'immagine scattata questa volta da Lello, sempre di fronte all'orfanotrofio di Kornelya, che immortalava in cielo una figura di colomba con le ali spiegate che, nella simbologia cattolica, è la rappresentazione dello Spirito Santo.

Entrambe le immagini mi sono state inviate dai due testimoni calabresi e sono visibili nell'inserto fotografico a colori di questo libro.

Al di là dei segni soprannaturali, dei miracoli, delle guarigioni sorprendenti, del fenomeno del sole che ruota – che vi descriverò più avanti avendolo visto personalmente insieme a centinaia di altri testimoni – devo comunque sottolineare che la cosa più fenomenale rimane la conversione di questi due amici calabresi che sono usciti dalle gravi difficoltà della vita.

Mi assicuro con gli amici cosentini di ricevere per email le foto con i loro numeri di telefono per registrare la loro testimonianza e sento la necessità di ritornare dinanzi al Gesù risorto. Rimango da solo con Lui e mi sento, come se venisse dal cuore in maniera del tutto spontanea, di offrire al Signore un impegno per dedicare tutte le mie forze per concorrere alla costruzione del nuovo progetto della Casa per orfani e anziani che ha in cantiere suor Kornelya. Si tratta di una costruzione con spazi comuni dove, nelle ore diurne, i piccoli e i più vecchi si fanno compagnia con giochi, proiezioni di film e quelle piccole cose semplici che rendono più felice la vita di tutti. Un'opera il cui costo si aggira intorno a 500.000 euro ma che comprende anche la finitura della palazzina adiacente per l'ospitalità di altri bimbi. In tutto una decina di camerette. Oltre ai servizi saranno organizzati nuovi alloggi singoli per anziani, cucine, refettorio e sala per ospitare i pellegrini durante le testimonianze. Che gioia poter contribuire a questa iniziativa!

Un progetto simile, con le Olimpiadi del cuore, l'abbiamo già ultimato nello Sri Lanka per accogliere le famiglie e i loro bimbi vittime della tragedia dello tsunami. E a questo proposito vorrei aprire una piccola parentesi parlando di una persona e di una famiglia davvero speciali e che mi sono molto cari: Marcello Lippi, sua moglie Simonetta e i figli Davide e Stefania. Li conosco da molti anni, ci frequentiamo spesso e parliamo di tutto, non solo di calcio. Delle difficoltà che ho avuto e della vita loro che ha fatto registrare anche una tappa terribile che mi ha sconvolto.

Ero molto affezionato a Dinella, la cara e amabile moglie di Mario, il fratello di Marcello. Con loro, insieme alla mia ex moglie Gretel, abbiamo passato una bellissima vacanza sulla barca di Marcello, fra Capri e l'isola d'Elba con una puntata a Ponza e Palmarola.

Pochi mesi dopo Dinella si ammala di un male incurabile, un tormento per tutti, per me e Gretel una pena speciale. A lei e a suo marito Mario siamo sempre stati tanto affezionati. Quel dolore mi ha legato ancora di più alla famiglia Lippi. Pareva incredibile perderla in così poco tempo. Ma purtroppo è successo. Con Marcello e Simonetta ho sempre avuto un'intesa speciale, loro sapevano dei miei guai e hanno cercato di starmi vicino con il tormento di chi sa e non può impedire ciò che stavo facendo. Marcello è la persona che ha avuto l'idea di farmi investire i soldi raccolti con le Olimpiadi del cuore in un paese tanto lontano come lo Sri Lanka, dando fiducia a un suo ex compagno di scuola, Stefano Benedetti. Oggi siamo felici per quello che stiamo facendo. E, sempre con le Olimpiadi della solidarietà, insieme alla nazionale italiana cantanti, stiamo realizzando in Abruzzo una costruzione per anziani e giovani, per ricostruire un minimo di vita sociale in uno dei piccoli paesi della provincia dell'Aquila, Poggio Picense, devastati dal terremoto dell'aprile 2009.

Il piano per l'Erzegovina è stato ribattezzato "Nonni e nipoti" perché né gli anziani, né gli orfani hanno più nessuno nella vita a cui rivolgersi per una qualunque forma di aiuto. Le disgrazie e le atrocità della guerra degli anni '90, le difficoltà economiche della Bosnia hanno messo in ginocchio questa povera gente che, se non avesse trovato sulla propria strada la Congregazione delle Sorelle della Famiglia Ferita, non avrebbe potuto risollevarsi e continuare a sperare. Sotto la Croce di Gesù ho iniziato un colloquio come se il figlio di Dio fosse davanti a me e mi parlasse.

La promessa a Cristo

«Signore mio» ho detto rivolgendomi a Lui «per ringraziare tua Madre che mi ha strappato dalla disperazione e dal dolore vorrei sdebitarmi, aiutando quelle sante suorine di Citluk, gli orfani e gli anziani. Ti prometto che per il prossimo mese mariano (maggio 2009) tornerò qui e porterò a quei piccoli 70.000 euro.»

Subito dopo mi sono reso conto che la cifra forse era troppo alta. Allora, preso dall'angoscia, ho continuato dicendo che avrei fatto di tutto per arrivare a una somma consistente di almeno 40.000 euro, con l'obiettivo di proseguire la raccolta sino a 70.000. Poco per volta. Cena dopo cena, incontro dopo incontro. Chiedendo aiuto a tutti gli amici che conosco. Ormai avevo preso l'impegno davanti alla Croce e non mi potevo più tirare indietro.

Capitolo 10
IL PODBRDO, IL BARATTOLO E LE FOTO CON I LAMPI

Chiara Amirante, don Giovanni e il rosario nero del papa

Pioveva, faceva freddo e spirava un vento che tagliava il viso. Mi rammenterò sempre la prima salita sulla collina delle apparizioni, il Podbrdo. Eravamo uno a fianco dell'altro e salivamo pregando il rosario: io, Bianca, Licia, e Sabrina. Non vedevo l'ora di arrivare sulla cima della collina dove sorge la statua della Regina della Pace.

Avevo fatto di tutto per arrivare sin qui e ora mi trovavo a poche centinaia di metri da quel posto famoso in tutto il mondo per le apparizioni mariane. Ricordo bene che Licia Molinari temeva di non farcela ad arrivare fino lassù in alto. «Problemi di cuore... affanno... fumo tanto... credo che farò fatica» diceva continuamente mentre saliva con un'agilità e una costanza di ritmo da lasciare stupefatti. «Chissà se riuscirò a starvi dietro... a seguirvi su questo sentiero tanto ripido... con tutti questi sassi e questi di rovi.»

In realtà non c'erano solo tante pietre sporgenti e cespugli spinosi ma, sotto la pioggia battente, si aggiungeva anche un'altra difficoltà: la terra rossa bagnata era diventata fango scivoloso che finiva per appiccicarsi sotto le scarpe. Questo rendeva ancora più arduo camminare con regolarità anche perché i sassi aguzzi erano molto viscidi e pericolosi quando ci si passava sopra con gli scarponi con il carrarmato. Eppure Licia continuava imperterrita, nonostante fosse la più anziana, a salire con passo svelto e regolare. A mano a mano che si percorreva quel sentiero impervio ci sentivamo tutti più sereni e felici di arrivare sulla cima della collina. La pioggia non ci dava tregua e tutti e quattro indossavamo gli impermeabili colorati che si possono trovare, per pochi spiccioli, nelle bancarelle. Cappuccio tirato su, maniche arrotolate, scarpe infangate e soprattutto tanta voglia di raggiungere la vetta.

Rammento perfettamente il momento in cui abbiamo scollinato riuscendo a vedere in lontananza la statua della Gospa – dono dei pellegrini della Corea del Sud per le Grazie ricevute in Erzegovina – che è stata scolpita nel marmo bianco statuario di Carrara da Dino Felice, artista toscano di Avenza, ai piedi delle Apuane. Lo stesso artista che nel 1987 aveva lavorato un altro blocco di marmo per raffigurare la Madonna che è stata posata nel piazzale davanti alla chiesa parrocchiale di San Giacomo.

La statua del Podbrdo è alta circa un metro e sessanta e, tutto intorno, ci sono centinaia di rocce e sassi sotto i quali sono stati infilati migliaia di bigliettini in tutte le lingue del mondo con richieste di guarigione, racconti di situazioni drammatiche, testimonianze di persone che lottano fra la vita e la morte e tante altre storie difficili. I pellegrini hanno portato fino lassù le loro vicissitudini con la speranza nel cuore, alimentata da una fede incrollabile, che la Vergine Santa li possa accogliere sotto il suo manto protettivo. Pian piano e, sempre continuando a pregare con la sguardo rivolto verso il cielo e la Madonnina di marmo come riferimento, siamo giunti al suo cospetto.

Quanto ho aspettato questo momento, quante volte ho sognato questa statua che osservavo nelle foto dei libri che leggevo in casa quando mi dibattevo nelle difficoltà senza avere la capacità di uscirne fuori! Ora, insieme alle mie compagne di viaggio, guardavamo quel paesaggio dall'alto: in lontananza, la chiesa e poi tutto il paese di Medjugorje di fronte al quale, dal versante opposto dove ci trovavamo noi sul Podbrdo, si poteva ammirare, maestosa, la cima del monte della Croce, il Krizevac. Quella grande croce bianca che protegge questo luogo sacro, che neppure durante la terribile guerra degli anni '90 fra serbi, croati e musulmani bosniaci, fu minimamente scalfita dalle bombe e dagli attacchi dei nemici.

Un caso? Una mera coincidenza? Chi ha fede sa che non fu così, tanto che persino padre Jozo, rimase stupefatto dal racconto di un pilota dell'aviazione serba che comandava una squadriglia di caccia bombardieri con l'ordine di radere al suolo Medjugorje. Qualche anno più tardi il comandante dei jet militari, fuggito dal carcere serbo, raccontò al frate, mentre si trovava in Australia, una vicenda incredibile: la missione fallì perché improvvisamente quel piccolo paese di poche centinaia di abitanti, con la chiesa più famosa del mondo, rimase avvolto nella nebbia mentre le previsioni davano sole splendente. Ma non è tutto. I comandi elettronici dei caccia andarono in tilt impedendo agli aviatori di portare a compimento l'operazione voluta dagli alti comandi di Belgrado. E Medjugorje fu salva. O meglio salvata dalla volontà di Dio contro il male che voleva procurarle l'uomo.

Torniamo ora a quei momenti di grande intimità e riflessione passati a pregare sulla collina tutti insieme. Eravamo soli, quando ci ha raggiunto Mirela, la nostra guida. E qui è successo qualche cosa che ci ha lasciato senza parole. Quando siamo tornati in Italia e abbiamo sviluppato le foto scattate quel giorno, mi sono reso conto che in quel cielo nero, scuro, a causa delle nubi cariche di pioggia, erano rimasti impressi dei lampi bianchi, un bagliore mai visto su uno sfondo plumbeo come quello. Tutto intorno un colore turchese e poi celeste chiaro che mi ha ricordato la visione dall'aereo degli atolli caraibici di Cajo Cocinos, dove c'è una delle barriere coralline più lunghe e importanti del mondo. Là avevo lavorato tre mesi durante le riprese dell'*Isola dei famosi*, il programma survival della Rai. La cosa impressionante fu scoprire che in una di queste foto ero raffigurato io da solo di fronte alla statua della Madonna e in questo lampo bianco si può scorgere chiaramente una figura che potrebbe essere riconducibile a quella di un angelo custode nell'atto di pregare, sopra la mia testa.

In un'altra dove siamo fotografati io, Bianca Marcocci, Licia Molinari e Sabrina Ferri si vede un altro grande lampo bianco, senza forma apparente, contornato da questo turchese meraviglioso. E anche qui, nella realtà, il cielo era nero perché cosparso di nubi scure e minacciose di pioggia. La stessa foto, in una frazione di secondo successiva o immediatamente antecedente, invece, rappresenterebbe, sempre sotto la forma di questo lampo straordinariamente bianco, una figura femminile di donna di una certa età, con capelli radi, pettinati all'insù, fronte alta, occhi piccoli e incavati e un naso affilato non molto grande.

In un'altra foto, che ritrae me e Sabrina insieme, si vede un bagliore bianco senza particolari forme che avanza verso di noi. Altro scatto, nuova immagine sorprendente: io e Mirela, la guida laica, siamo abbracciati proprio sotto la statua, e verso di noi, sopra la Madonna scolpita nel marmo di Carrara, si protende un lampo bianco. Se voi punteggiate con una matita i contorni dell'alone bianco, sarete stupiti nell'accorgervi di essere diventati disegnatori provetti, poiché prende forma il viso di una bellissima signora, con un velo sopra la testa.

Chi è? Chi potrebbe essere secondo voi? È chiaro che le interpretazioni possono essere molteplici e aperte a tutte le soluzioni. Discussioni ce ne sono mille anche quando risulta palese che il volto sia riconducibile a quello della Madonna. Ma chi crede non ha bisogno di prove schiaccianti. I segni non sono destinati comunque ad aprire da soli il cuore di una persona o a convertirla. Ci si può giungere in altri modi. Io, per esempio, ci sono arrivato attraverso il dolore che non avevo mai provato prima nella vita.

La fede, quando arriva, fa la differenza. Certo, sarebbe

molto meglio avere la forza di cercarla anche quando non siamo oppressi dalle difficoltà. Come mai cerchiamo sempre santi e madonne solo quando ne abbiamo bisogno? Ora, ma solo ora, a cinquant'anni suonati, ho capito che Gesù va cercato tutti i giorni. Quando ci riesci sei sereno, quando trascuri questo compito comincia l'affanno.

Il barattolo della collina

Quando siamo tornati alla Pansion Lidia ho sentito improvvisamente il desiderio di realizzare qualche cosa che rimanesse per sempre nella mia vita di tutti i giorni. Qual che cosa di tangibile che ricordasse con marchio indelebile le emozioni della prima volta in Erzegovina.

Ho chiesto a Lidia di darmi un barattolo di vetro come quello che usano le nonne per conservare la pomarola o le marmellate. Ho tolto dalla gomma delle scarpe tutta la terra rossa che idealmente rappresenta la collina della salita che inizia da Bjakovici e termina facendo un giro a semicerchio, qualche centinaio di metri più avanti, all'altezza della Croce Blu. Ho raccolto sulla collina cinque sassi con ancora le tracce di quella terra benedetta. Ho preso uno dei fazzolettini che mi erano serviti per tamponare le gocce che scendevano dal ginocchio della gamba destra del Gesù risorto e ho scritto di getto, senza pensarci su, questa lettera che oggi cari amici vi voglio far conoscere.

Lettera aperta alla Gospa

«Cara Gospa, tu sai! Per me una vita lontana da te e Gesù. Nel dispiacere e nel dolore di mio padre e mia moglie ho avuto questo avvicinamento a Voi Sacra Famiglia. Ho molto peccato ma ora non voglio più cadere. Devo sistemare la mia vita qui sulla terra. Per i miei peccati ho buttato via la mia salute e risorse economiche. Ora basta. Basta. Basta. Voglio camminare con te e tuo figlio. Ti prego di farmi sapere del mio papà Domenico Ettore Nick, angelo custode potente del cielo. Prega e proteggi le anime dei miei nonni Rosa, Augusta, Manlio e Giacomo. Aiuta e prega per Sabrina di Salerno, il mio angelo custode sulla terra. Aiutali tutti e due, aiuta e prega per padre Joy di Pietrasanta e don Piero Malvaldi di Forte dei Marmi e tutti gli altri sacerdoti e suore che mi hanno aiutato tanto. Io so che tu sai ciò che devo sistemare per salvare me stesso sulla vita della terra e per garantire sicurezza e serenità a ciò che rimane della mia famiglia dopo la triste separazione con mia moglie Gretel. La mia mamma ti raccomando, la mia mamma. Ti affido anche le richieste materiali che tu conosci. Aiutami a fare del Twiga un locale che sia un simbolo per i giovani anche nella moralità dei comportamenti. Benedicilo e con esso proteggi tutti coloro che ci lavorano e così le loro famiglie e i loro cari. Benedici me, perdona i miei peccati, utilizzami per fare del bene. Fa' di me un umile strumento di Dio sulla terra.»

Sul retro di questa lettera ho aggiunto un elenco di persone malate bisognose della protezione celeste. Ho chiesto anche la grazia per la salute dei miei collaboratori, per la mia attività e per i loro familiari. Le famiglie Lippi, Baldi, Polacci e Morena Biagi. Che Dio li benedica per quello che hanno fatto per me e per la mia famiglia.

Dunque, appena terminato di scrivere, ho preso la terra, i cinque sassi, i rametti spinosi e sempre verdi, il fazzolettino con le lacrime e la lettera e li ho chiusi dentro quel barattolo che ho consegnato a suor Kornelya affinché lo portasse a Vicka per affidarlo alla benedizione della Madonna durante una delle apparizioni di quei giorni.

Chiara Amirante e Nuovi Orizzonti

Una delle ultime case di ospitalità per tossicodipendenti ed etilisti che ho visitato a Medjugorje prima della partenza è stato il centro di Nuovi Orizzonti. A fare gli onori di casa Alex e Nicola, i due coordinatori. Mi hanno riempito di libri scritti dalla loro fondatrice, Chiara Amirante. La storia di Chiara l'avevo letta sui giornali qualche anno fa, e ne rimasi colpito già a quel tempo. È la storia di quella ragazza che alla fine degli anni '80, impugnando il rosario e il Vangelo, scendeva nei bassifondi della stazione ferroviaria Termini di Roma e salvava anime perse nel tunnel della droga, dell'eroina, del crack. Cocainomani e gente distrutta dall'alcol, divorata dal male, prostitute, travestiti, barboni, disperati. Persino uomini o donne soggiogati dalle sette sataniche.

Per non parlare dei malavitosi o addirittura di personaggi che per pochi soldi erano disposti ad accoppare qualcuno per conto della delinquenza organizzata: la manovalanza killer a buon mercato. Chiara si tuffa negli abissi del male e ogni volta che risale in superficie riesce ad afferrare un'anima persa e salvarle la vita.

Rimango affascinato da questa persona pur non conoscendola. Chiedo ad Alex di mettermi in contatto con Chiara perché vorrei incontrarla la prima volta che raggiungo Roma per lavoro. L'occasione capiterà presto e, insieme a Chiara, un mito vivente che ha dedicato la sua vita a Gesù e agli ultimi della società, conoscerò, nello stesso giorno, don Giovanni D'Ercole, uno stretto collaboratore del Santo Padre, Benedetto XVI.

Don Giovanni svolge la sua attività nel cuore nevralgico del Vaticano: la Segreteria di Stato presso la Santa Sede. È stato un sacerdote a me caro, che avevo conosciuto qualche anno fa, don Mario Pieracci, a presentarmi don Giovanni. Facevo fatica a ritrovare don Mario perché avevo smarrito i suoi recapiti, ma il destino ha voluto che lo incontrassi dopo la mia conversione. Una gioia infinita!

Quando faccio ritorno a casa da questo primo viaggio in Bosnia-Erzegovina, il mio pensiero va a Chiara e ai suoi centri di accoglienza che ormai sono più di cento fra Italia, Balcani e Brasile. Un'altra cosa, che mi era stata riferita da Nicola e Alex, mi rimbalza continuamente nella testa: «Paolo, tu devi conoscere Chiara e i suoi giovani sacerdoti, Davide, Tonino e Giulio. Loro fanno di tutto per stare in mezzo ai giovani e capirne i problemi. Sono particolarmente adatti a parlare con il linguaggio dei ragazzi. Fanno delle missioni estive in Romagna, vicino alle discoteche più famose, per aiutare i giovani a divertirsi in maniera regolare. Li aiutano a stare lontani dagli stupefacenti, dall'alcol e dalle tentazioni pericolose».

Vado a Roma a metà marzo del 2009 per registrare alcune puntate di *Stranamore* ambientate fra Napoli e la capitale. Prenoto un residence in centro, a due passi dalla Fontana di Trevi, nella centralissima via Poli.

La sera esco dall'albergo e mi ritrovo a sbattere il naso in una chiesa completamente illuminata, con le porte spalancate. È piena di gente dimessa, barboni, disperati, che trovavano rifugio sugli scalini, nell'androne e pure sulle panche vicino al sagrato. Mi incuriosisce e, avvicinandomi, l'occhio mi cade sulla scritta all'ingresso «Chiesa dell'Angelo custode». Di colpo realizzo: «Ma questa è la piazza dove vive don Mario». Senza volerlo, cercando di raggiungere Chiara Amirante trovandomi a Roma per la tv, ero andato a finire proprio davanti alla chiesa di don Mario! Detto e fatto: suono il campanello, lui mi apre il pesante portone antico e lo abbraccio, forte di una nuova fede che avevo raggiunto.

La mattina dopo parto per Piglio, provincia di Frosinone, dove c'è la sede generale di Nuovi Orizzonti. Mi faccio accompagnare da due amici. Un tragitto di circa cinquanta minuti in auto. Imposto sul satellitare l'indirizzo dove c'è la casa madre: comune di Piglio, via Prenestina, 95. Partiamo da Roma e la nostra vettura, trascinata dal navigatore satellitare, arriva a Fiuggi e ci segnala che siamo arrivati. Ma ci rendiamo conto che da Fiuggi a Piglio ci sono ancora circa tredici chilometri.

Come è possibile? Riproviamo a reimpostare il navigatore, dal punto in cui ci troviamo, nel centro di Fiuggi. Percorriamo un girotondo e ritorniamo esattamente nello stesso punto di partenza. Ripetiamo la stessa operazione due volte e il risultato non cambia. A questo punto scendo dalla macchina e voglio vedere cosa c'è, lì intorno.

Apro lo sportello e mi ritrovo di fronte a una serie di alberghi e pensioni, ma fra due palazzine vedo una chiesetta intitolata alla Madonna *Regina Pacis*, con una statuetta che pare che ci guardi, esattamente come quelle che si vendono nelle bancarelle di Medjugorje. Una statuetta che ha la mano sinistra protesa in avanti e la destra raccolta verso il petto.

Facciamo a meno del satellitare e ripartiamo, chiedendo la strada più breve per Piglio e scopriamo che, per arrivarci, dobbiamo percorrere più di tredici chilometri. Trascorro una giornata intera con Chiara Amirante e i suoi sacerdoti: don Davide, che ha 28 anni e, a vederlo, appare un tipo sportivo e molto atletico, e don Tonino, anche lui un bel giovane che ha fatto per tanti anni l'attore in giro per l'Italia. Si fanno voler bene da tutti e sopratutto dai ragazzi.

Pregheranno per me, cantando canzoni in una lingua strana che non avevo mai sentito e poi Chiara mi dedicherà una cosa davvero particolare, ma di questo ho promesso di non rivelare mai nulla.

So solo che dal Cielo sono piovute per me "ventotto righe" per un messaggio speciale che mai perderò di vista. Che sempre leggerò e porterò nel mio cuore e che sempre custodirò in quel barattolo che mi diede Lidia.

C'è una cosa che Chiara considera fondamentale, dopo diciannove anni di vita della sua comunità nata nel 1990. Lei mi ha sempre detto: «Si vive una vita sola, e bisogna spenderla per qualcosa che ne valga la pena. Ho sempre cercato pace, libertà e gioia di vivere e, un giorno, dopo aver letto il Vangelo centinaia di volte, ho trovato una frase di Gesù che mi ha folgorato».

Dal Vangelo di Giovanni 15, 9-12

Rimanete nel mio amore. Se osserverete i miei comandamenti rimarrete nel mio amore. Questo vi ho detto perché la mia gioia sia in voi e la vostra gioia sia piena. Questo è il mio comandamento: che vi amiate gli uni gli altri come io vi ho amato; nessuno ha un amore più grande di questo: dare la vita per i propri amici.

Voglio lasciare questa frase-chiave, per interpretare il pensiero della fondatrice di Nuovi Orizzonti, alla libera meditazione di chiunque leggerà questo libro. Io so soltanto che il desiderio di Chiara di vivere secondo quello che ha detto Cristo è talmente contagioso da portare serenità in chiunque ha la fortuna di conoscerla e di poterle parlare. Chiara è stata più di quindici giorni in Versilia insieme a me e ai suoi sacerdoti.

Ho avuto la gioia, stavolta, di tenerla tutta per me. Ma non sempre è possibile, perché sono continuamente in giro per lavoro, e lei è sommersa di problemi da risolvere e appuntamenti da rispettare. Dico solo a tutte le persone che mi scrivono, e che hanno problemi gravi da risolvere, che i centri di accoglienza di Nuovi Orizzonti sono attrezzati per dare delle risposte precise alla sofferenza della gente. Chiara Amirante è coinvolgente, ha uno sguardo che ti fissa con l'intelligenza viva che traspare dagli occhi scuri. Quando ti parla sai già che i suoi ragionamenti sono speciali, perché il suo cuore è pieno della potenza di Dio. Vive per fare del bene e fa di tutto per trasmetterti la sua gioia, per insegnarti la parola di Cristo.

«Dio ci ha scelti per essere santi e immacolati,» dice Chiara «ci ha scelti prima della creazione del mondo per essere santi. Bisogna lasciarci raggiungere dal suo grande amore. Santa Teresa d'Avila diceva di non temere nulla quando cerchi Dio.»

E poi ricordo bene che mi ha insegnato un trucchetto per capire come si deve fare a scegliere fra le tante cose, quelle che fanno piacere a Dio. Se non hai il privilegio di poterci parlare direttamente: «Devi sempre fare ciò che per te è più difficile da realizzare perché, magari, lo fai controvoglia, anche nelle cose più banali».

Una delle grandi realizzazioni di Chiara Amirante nel mondo sono i centri denominati Cittadella Cielo che sono 4 nel mondo: due in Brasile, uno in Italia e uno in Bosnia. Quello della Erzegovina si chiama Orizzonti di Pace ed è stato inaugurato il 27 giugno 2009 a Zvirovici di Capljina, pochi chilometri da Medjugorje. Sorge su una vasta area di sette ettari di terreno e ha una capienza di oltre trecento persone. Comprende un albergo, due palazzine che ospitano sessanta ospiti, un edificio per uffici e alloggi per collaboratori, un altro per una scuola di cucina.

C'è anche un imponente palazzetto che può ospitare più di 1500 persone sedute, per seminari, gruppi di studio, incontri e dibattiti, ma anche manifestazioni di basket, pallavolo, calcetto. C'è poi una grande area per le attrezzature sportive. Oggi tutto questo viene gestito da Chiara, ma è stato donato da una fra le più importanti famiglie italiane nel campo degli adesivi per l'edilizia: la famiglia Sghedoni di Sassuolo, in provincia di Modena.

Gli Sghedoni sono i proprietari di un colosso del made in Italy che si chiama Kerakoll e che ha sedi e filiali nel mondo. Otto anni fa Fabio, uno dei tre figli del patron Romano Sghedoni, mentre si trova in villeggiatura in Alto Adige a Selva di Val Gardena, con la moglie Carla e i figli, trova in un mercatino dei libri usati una vecchia pubblicazione che parlava del fenomeno di Medjugorje. Da quel momento, visto che la sua vita era assolutamente normale, con una fede tiepida e distante dalla parola di Dio, il suo comportamento comincia a far registrare un'impennata straordinaria, un avvicinamento improvviso alla fede, quella vera, che ti cambia la vita.

Fabio decide di andare a Medjugorje, per vedere con i suoi occhi quello che succede in quel posto straordinario. La moglie Carla si accorge immediatamente che suo marito è cambiato. Lei è molto più credente e osservante, ma quell'improvviso mutamento di marcia di Fabio la lascia perplessa. Il rapporto di coppia comincia a modificare le abitudini, e lei fatica a capire: «Di colpo» dice «ho visto un uomo diverso. Io ho sempre vissuto la religione come una missione, a esempio dare da mangiare a chi non ce l'ha, occuparsi di una persona anziana, fare la carità. Mio marito ha subito intrapreso una deriva spirituale, e mi voleva far capire che si può aiutare gli altri pregando con grande intensità e concentrazione».

Il primo viaggio di Fabio Sghedoni per Medjugorje è pieno di difficoltà. Padre Marjan, un suo amico sacerdote, che doveva accompagnarlo, viene bloccato alla frontiera bosniaca per un problema burocratico legato al visto e, addirittura, arrestato in Germania da dove viene rimpatriato in Polonia!

In quel primo viaggio Fabio conosce la veggente Vicka, che lo fissa intensamente e lui non dimenticherà mai il suo sguardo penetrante. Da quel giorno la dedizione per la Madonna e lo sguardo di Vicka rimarranno impressi nel suo cuore. Dopo tanti altri viaggi Fabio matura il progetto di un grande centro di accoglienza per giovani in difficoltà. Convince i familiari, soprattutto il papà Romano e la sorella Emilia, della bontà del suo progetto. «Dopo qualche anno di ragionamenti e discussioni» spiega Fabio «si schiera apertamente con noi anche mio fratello Gianluca. È stata una vera gioia.»

L'idea di Fabio riguarda un progetto di solidarietà per la creazione di una struttura dove si possa vivere il Vangelo seguendo il motto benedettino "Ora et Labora". Si tratta di dare un guida e formare con il lavoro giovani disagiati per garantirgli un futuro. Una speranza di vita che passi anche attraverso l'apprendimento di un mestiere serio e onesto, sullo sfondo della riflessione, della preghiera e della meditazione della parola di Dio.

Un investimento, quello della famiglia Sghedoni, di diversi milioni di euro spesi a fin di bene. Carla, la moglie di Fabio, all'inizio è molto preoccupata: «Avremmo potuto finanziare l'intero progetto senza impegnarci in Bosnia in prima persona» spiega. «Sarebbe stato molto più semplice per noi e per me che ho dovuto rinunciare tante volte alla presenza di mio marito in famiglia.» Ma Fabio insiste e spiega alla moglie: «Chiara Amirante e i suoi sacerdoti sanno come curare l'anima e il cuore delle persone disperate, ma non sono in grado di costruire un centro, dirigere un cantiere e coordinare un appalto per un'area di sette ettari. Non basta dare i soldi: bisogna metterci la nostra disponibilità personale, la professionalità e soprattutto il cuore per aiutare gli altri come faremmo per noi stessi».

Oggi la moglie, fiera di suo marito, come tutti gli Sghedoni, dice: «Fabio mi ha fatto crescere come donna, come moglie. Tutto questo mi è costato, ma devo riconoscere che ha fatto una cosa meravigliosa. Siamo tutti fieri di lui». Così come oggi sono orgogliosi e felici del progetto, il fratello Luca e la sorella più piccola Emilia.

Grande amico di Fabio è il cantante Filippo Neviani, in arte Nek, che ha contribuito, con gli incassi dei suoi concerti, a finanziare la costruzione del progetto Cittadella Cielo. Nell'estate del 2004 Nek conosce Fabio Sghedoni e l'anno dopo, in inverno, Chiara Amirante. Filippo comincia a sostenere in modo concreto l'attività di solidarietà di Nuovi Orizzonti.

Due sono le cose che hanno impressionato il cantante, idolo dei giovani ma soprattutto delle ragazze, guardando questa giovane donna dai capelli scuri: «Mi sono rivisto in Chiara nel concetto di dedizione e di passione» dice Nek. «Lei per Dio, io per la musica e le parole. Chiara parla di Cristo e della sua vita nel Vangelo, di quello che la potenza del Cielo e la Divina Provvidenza le hanno consentito di fare. Io amo scrivere canzoni e musica e cantare per regalare le mie emozioni agli altri. Un altro punto che mi ha convinto è questo: quando lei dice che Gesù ama in modo speciale ognuno di noi e così non può amare nessun altro allo stesso modo.»

Anche Filippo, dunque, entra a far parte della schiera delle persone che non abbandoneranno mai più Nuovi Orizzonti.

Don Giovanni e il rosario nero del papa

Ma torniamo a don Mario Pieracci e alla chiesa dell'Angelo custode. Don Mario, dopo il caloroso saluto, mi racconta della sua amicizia fraterna con don D'Ercole e mi dice: «Caro Paolo, tu devi conoscerlo. È una persona straordinaria e sicuramente avrà piacere di parlare con te. Durante una cena gli avevo accennato che avevo assistito alle Olimpiadi del cuore quando mi avevi invitato alle gare sportive estive per beneficenza in Versilia». Racconto a don Mario di essere stato da Chiara Amirante, a Piglio, e tutte le incredibili disavventure.

Qualche giorno dopo, mentre rientro da Pompei, per una puntata di *Stranamore*, don Mario mi chiama dicendo che avrei potuto incontrare don Giovanni D'Ercole in Vaticano. Vado insieme a un amico e, per la prima volta, posso ammirare, con il naso all'insù e la bocca spalancata, quelle stanze famose che hanno ospitato i pontefici più importanti della storia della Chiesa. Per la verità don Giovanni mi aspettava il giorno precedente e quindi mi ha subito avvertito che stava organizzando incontri molto importanti per la Segreteria di stato. Mi poteva, quindi, dedicare poco tempo. Ma io ero già felice di poter camminare in quei corridoi che sono stati percorsi da Giovanni Paolo II e oggi da Benedetto XVI.

Si respirava un'aria carica di energia.

Mi ricordo che le guardie svizzere, la vigilanza, i commessi, mi salutavano con affetto e simpatia e anche durante il breve tragitto in ascensore mi chiedevano incuriositi del mio avvicinamento alla fede e del viaggio in Erzegovina. Ma la Madonna quel giorno mi diede un altro segno della sua potenza, come ricordò lo stesso don Giovanni.

Inspiegabilmente per più di quaranta minuti il portatile interno e il cellulare non hanno mai squillato e lo stesso don Giovanni mi disse: «Questo è davvero strano. Di solito gli apparecchi squillano in continuazione. Si vede che oggi avrei dovuto dedicarti tempo e preghiera».

Eravamo in una saletta riservata, a pochi passi dall'appartamento papale. Pregammo per cinque intensi minuti. Al termine don D'Ercole tirò fuori da una tasca una custodia di colore rosso che aveva impresso l'inconfondibile sigillo del Vaticano. «Questo» disse «è un regalo del Santo Padre per te.» Lo aprì e mi mostrò un bellissimo rosario con i grani neri, la Croce e l'immagine della Madonna in argento. Ero talmente emozionato che lo abbracciai con tutte le mie forze, spezzando ogni protocollo e qualunque formalità. Mi commossi tanto e gli chiesi con un filo di voce se io, che ero stato grande peccatore per tanti anni della mia vita, ero degno di meritare una simile attenzione. Gli chiesi di diventare il mio padre spirituale insieme ai sacerdoti della Versilia che mi seguono tutti i giorni. Mi sorrise dicendo: «Preghiamoci su per due settimane e la risposta ci verrà dal cuore».

Capitolo 11

IL SECONDO VIAGGIO A MEDJUGORJE

Dal momento stesso in cui ho toccato il suolo italiano di ritorno dal primo, straordinario viaggio nella terra santa di Erzegovina, c'è stato in me il desiderio di rinnovare quelle emozioni e quindi di ripartire presto per Medjugorje.

La riprova c'è stata dopo l'atterraggio a Fiumicino. Imboccata l'autostrada per Civitavecchia, tutti e quattro abbiamo avvertito l'irrefrenabile desiderio di fermarci vicino a quella città per rivedere l'immagine santa della statuetta della Regina della Pace, che aveva lacrimato sangue il 2 febbraio 1995 nel giardino della famiglia Gregori e che ora è custodita in un piccolo santuario costruito in località Pantano.

Mentre entriamo nella chiesetta penso fortemente a ciò che mi sento di fare da quel giorno in poi: aiutare gli altri con la mia testimonianza.

Sono quasi le otto di sera. Faccio due passi verso la Madonnina con i miei pensieri nella testa, e mi accorgo che quel santuario è stracolmo di fedeli che pregano il rosario. Chiedo il perché e con mia grande sorpresa mi vien detto che dal 2 febbraio, e per qualche giorno, si celebra l'anniversario di quelle lacrimazioni. In altri termini, il nostro viaggio è coinciso, al rientro, con l'anniversario del fenomeno soprannaturale di Civitavecchia e, all'andata, con l'apparizione del due del mese della veggente Mirjana.

Da quel momento la Madonna non mi lascerà più solo. Coincidenza? Casualità? Io parlo di protezione materna della Madonna per un figlio che ha chiesto aiuto. Chiunque la cerchi, la troverà.

Purtroppo allora il mio pensiero di tornare in Erzegovina era ostacolato dal lavoro. Avevo spostato, fra lo sconcerto dei manager e della produzione di Rete 4, l'inizio di *Stranamore* e ogni week-end ero impegnato con le telecronache della Juve per il digitale terrestre di Mediaset. Un compito duplice: per il campionato di serie A e la Champions League con l'aggravio degli spostamenti nelle capitali europee. Ma il "tarlo" della Gospa ormai lavorava dentro la mente e soprattutto il cuore.

Arriviamo a fine febbraio 2009. Comincio a pensare, nel dormiveglia, ad aerei che partono, decollano, atterrano e sogno lunghi voli come passeggero. Mi chiedo: perché? È come una costante del mio inconscio. Come se volessi accorciare la distanza fra l'Italia e la Bosnia. E tante volte ho pensato: vorrei che ci fosse un ponte che collegasse l'Italia ai Balcani attraverso il mare Adriatico. Sentivo una forte attrazione per tornare laggiù e fare qualcosa per quei bambini. Ma perché quel chiodo fisso degli aerei? Perché quell'idea quasi ossessiva?

Con chi parlare per dare una direzione, un senso alle nostre riflessioni, ai dubbi, alle sensazioni e perfino ai nostri errori?

Ecco perché è importante avere sacerdoti di riferimento con tanta esperienza e potenza di preghiera.

I miei punti fissi, per la vicinanza alla mia abitazione in Versilia, sono don Piero Malvaldi e padre Joy di Pietrasanta, per confessare le colpe, i peccati e ogni altra decisione della vita quotidiana. Tuttavia, per le questioni legate alle scelte di comunicazione, partecipazione, alle richieste di testimonianze e per le strategie di comportamento faccio riferimento a don Giovanni D'Ercole che è diventato il mio padre spirituale supervisore. Ho riferito a lui ogni circostanza ricollegabile ai sogni e alle sensazioni sui voli aerei, legati al desiderio di tornare.

Giovanni D'Ercole non ti risponde subito. Ci medita sopra, riflette, soprattutto prega e, quando meno te lo aspetti ti chiama, magari la sera tardi, e ti dà una chiave di lettura. «Caro Paolo, quei segnali che ricevi sui voli potrebbero avere questo significato. Tu hai la possibilità di conoscere molte persone importanti, sei abituato a utilizzare i mezzi di comunicazione e hai doti tali da convincere e coinvolgere molta gente nelle tue iniziative. Verifica che il tuo progetto coincida sempre con il disegno che Dio ha tracciato per te. Lavora per il Bene, prima di tutto la conversione dei cuori e poi, se riesci, porta aiuti agli ultimi, i più poveri. La tua può diventare una missione.»

Ascoltando queste parole è come se avessi costruito una cornice dentro la quale dovevo dipingere il quadro. Don Giovanni D'Ercole mi aveva fatto imboccare la strada giusta. Ho capito che avrei dovuto organizzare voli aerei di pellegrinaggio con un dichiarato costo aggiuntivo oltre le spese, per portare denaro contante agli orfani di suor Kornelya.

Come promesso, sotto la Croce di Gesù il 4 febbraio 2009, alla vigilia del rientro da Medjugorje.

Dunque, l'obiettivo era duplice, come si era raccomandato don Giovanni: un viaggio che oltre a rinsaldare o addirittura a far acquistare la fede a tante persone, portasse aiuti umanitari agli orfani e agli anziani dei Balcani. Mi dovevo muovere velocemente perché la promessa fatta a febbraio doveva essere mantenuta in occasione del mese mariano, il maggio 2009.

Avevo già avuto un'esperienza importante ai tempi dell'associazione onlus Black Spruts dalla quale è partita poi l'idea delle Olimpiadi del cuore. Abbiamo aiutato le suore che lavoravano in condizioni difficili sui monti dell'Albania a Kavaje, vicino a Durazzo, donando loro una scuola prefabbricata per avviare al lavoro giovani sbandati. Era il periodo della guerra fra i kosovari e i serbi che volevano contrastare l'autonomia di quella regione. Intervenne la NATO e divampò il sanguinoso conflitto con le etnie kosovare di religione musulmana che fuggivano precipitosamente verso l'Albania o la Bosnia. E Dio sa quanto sia bello vedere che quello che fai serve a migliorare la vita di chi soffre.

Dall'Albania alla Bosnia, qualche anno dopo.

Siamo ai primi di marzo del 2009, mancano solo due mesi alla partenza. L'aeroporto di riferimento per la Versilia è quello di Pisa.

All'inizio, come spesso accade in queste situazioni, ho trovato subito tante adesioni. Tuttavia con il passare dei giorni l'entusiasmo calava al momento in cui si trattava di confermare l'iscrizione, pagando la quota. Qualcosa non funzionava nella strategia di comunicazione. Era grandissima la visibilità del progetto poiché continuamente ero ospite delle due reti ammiraglie di Rai e Mediaset, alla *Vita in diretta* di Rai Uno e *Pomeriggio 5* su Canale 5. Platee da milioni di spettatori che mi chiamavano da tutta l'Italia per partecipare al pellegrinaggio. Ma l'aeroporto era a Pisa e non uno per regione. Molta gente, al momento di decidere, optava per un piccolo contributo invece che per il viaggio. E c'era anche un altro problema. La data di partenza all'inizio era stata fissata per il 2 maggio perché quel giorno, come abbiamo visto nella storia dei veggenti, c'è l'apparizione pubblica con Mirjana alla Croce Blu. Ma la vicinanza col ponte del 1° maggio scoraggiava le adesioni e rischiavamo il flop. Per questo si è deciso di spostare la data all'incirca a metà maggio, non appena fosse disponibile un vettore.

La risposta delle linee aeree croate l'ho interpretata come un segno, per tutto il viaggio. Partenza 12 maggio, con la possibilità di vivere tutto il 13 a Medjugorje proprio nella data dell'anniversario delle apparizioni di Fatima che avvennero in quel giorno dell'anno 1917. Ma nel contempo ho cercato di toccare il cuore e la sensibilità delle province toscane che mi sono sempre state vicine nelle mie iniziative sin da ragazzo, coinvolgendo i mass media regionali, dai quotidiani «La Nazione», «Il Tirreno», le televisioni locali fino a Rai Tre Toscana.

È stato un successo straordinario. Ma non è tutto.

Un vecchio adagio dice: «Gli amici si vedono nel momento del bisogno». E così è stato per me. Mi sono affidato a tante persone che mi vogliono bene. Alcuni di loro non li vedevo da anni, come i compagni del Liceo Scientifico San Casciani, dell'Università di Pisa alla facoltà di Giurisprudenza, quelli di mille zingarate di gioventù a Pisa, Lucca, Livorno, Viareggio e la Versilia tutta, Siena e Firenze. Molti ora sono professionisti affermati, personaggi che contano per davvero. Voglio fare qualche nome per la loro generosità. Primo fra tutti Maurizio Mian e la sua mamma Gabriella Gentili che non hanno esitato a contribuire con grande generosità all'acquisto di decine di biglietti. E ancora il mio compagno di banco del liceo, Luca Poli e suo fratello Andrea oggi dentista e avvocato. Il mio amico di studi Nicola Mancioppi, notaio a Pisa così come l'avvocato Valeria D'Astoli, Daniela Salvestroni, il costruttore Stefano Frangerini di Livorno, l'imprenditore e avvocato Andrea Madonna, le famiglie nobili di Niccolò Quaratesi D'Achiardi ed Eleonora e Lamberto Frescobaldi.

Poi ancora, gli immobiliaristi fiorentini Corrado e Giovanna Fratini, il giornalista pisano Massimo Marini, il sindaco Marco Filippeschi e il vice sindaco di Pisa Paolo Ghezzi. Il reparto di pediatria dell'ospedale Versilia con la Fondazione Piccole Stelle del professor Gagliardi e la dottoressa Merusi, l'imprenditore chimico livornese Giovanni Laviosa, la famiglia Ughi, proprietaria della Snai Spa, e i loro soci di Palermo.

Il Pisa calcio e i suoi tifosi, il rettore dell'ateneo pisano Marco Pasquali e il pro-rettore Angelo Baggiani, la concessionaria Bmw Vittoria di Alberto Nelli e la concessionaria

Mercedes di Prato di Beatrice Fineschi. Un grazie di cuore in particolare al presidente della società aeroportuale pisana Gina Giani e ai due direttori di giornali che oltre a essere colleghi sono due amici fraterni: Giuseppe Mascambruno della «Nazione» e Roberto Bernabò del «Tirreno».

E grazie anche a tutta l'Associazione dei Giovani Industriali di Firenze che si sono impegnati a erogare una cifra consistente tramite il mio amico fiorentino Francesco Nobili, medico legale e "arbitro" di tante controversie fra i vip e i medici di ospedali e cliniche più famose d'Italia.

Appena li ho contattati hanno risposto tutti in modo entusiastico nonostante i mille impegni. Il buon esito di questa vicenda ha quindi un doppio valore positivo: è servita a riallacciare l'amicizia con tante persone a cui voglio e che mi vogliono bene e sono riuscito ad aiutare chi aveva bisogno. Meglio di così non poteva andare.

Ma quella mattina di metà aprile in cui sono tornato, dopo molti anni, nel palazzo comunale di Pisa, che frequentavo quando ero cronista, non potevo immaginare quello che sarebbe accaduto. Avevamo convocato una conferenza stampa per spiegare alla realtà pisana, tradizionalmente molto pronta a recepire messaggi positivi, la bontà del progetto che stavamo perseguendo. Nelle sere precedenti e successive ho avuto contatti disparati con persone di tutti i livelli sociali: dagli operai agli impiegati dell'amministrazione comunale, dell'ente universitario e del Pisa Calcio, agli amici importanti di famiglie pisane, livornesi, lucchesi e della Versilia che potevano aiutarci a finanziare il viaggio. Insomma, una catena che dall'anello più piccolo a quello più grande, ha cominciato a girare insieme, lubrificata dall'olio benedetto del Cielo.

Come avrei potuto muovere tante persone, da solo e simultaneamente senza che fra loro ci fosse il benché minimo contrasto? Quando lavori per un progetto di Dio tutto diventa più facile. È la cosa più bella e gratificante che si possa fare.

In contemporanea ai contatti personali e locali avevo intensificato in modo esponenziale le mie presenze in tv e in radio, sia nazionali che regionali, per spiegare i motivi del viaggio e cercare adesioni. Una straordinaria azione promozionale a tappeto che in tempi rapidissimi ha dato risultati inaspettati, quasi miracolosi.

Da tutta Italia, ma in particolare da Pisa, Livorno e Lucca, sono cominciate a fioccare le adesioni. A decine. Cominciai a sperare che il progetto nel quale credevo ciecamente si potesse avverare e così, finalmente, tirare un grande sospiro di sollievo. Difatti persino il tour operator al quale mi ero affidato non se l'era sentita di assumersi responsabilità civili e amministrative (equivalenti a decine di migliaia di euro garantiti personalmente) nei confronti della Air Croatia per il noleggio di un aereo da 180 posti e l'opzione per i tre alberghi a Medjugorje.

Ma fino all'ultimo momento fu un susseguirsi di colpi di scena capaci di aumentare vertiginosamente il carico di stress, fino al momento in cui il jet non si staccò dalla pista dell'aeroporto Galilei.

Come se non bastasse mi arriva una telefonata inaspettata. È quella di Marco Palmisano, un amico molto credente e presidente del Club Santa Chiara, protettrice dei giornalisti e in particolare di quelli radio-televisivi. Marco è anche direttore centrale di Publitalia col ruolo di vice direttore generale. Saputo del mio progetto, qualche settimana prima, aveva deciso di seguirmi in questa pazza avventura. In pochi giorni, grazie al noleggio di un aereo della flotta Mediaset, Marco è riuscito a coinvolgere una quindicina di soci del Santa Chiara fra Rai, Mediaset, Mondadori, Rizzoli e, insieme a loro, giornalisti di varie testate, fotografi e cameraman. C'è anche una collega di Juventus Channel, Valeria Ciardiello.

Non solo. All'ultimo momento è salito a bordo dell'aereo un caro amico, uno dei più grandi calciatori della storia dei Balcani: Sinisa Mihajlovic. Un campione vero, sia in campo che fuori, per aver allestito un centro per orfani a Novi Sad, nel paese serbo dove lui è cresciuto. E per essere tornato nell'Erzegovina, terra di etnia croata, dove lui serbo, vi è nato, ma da dove è stato poi cacciato con la sua famiglia.

Ma torniamo a qualche ora prima del decollo da Pisa. Anche qui non siamo da meno. Ad attenderci al check-in, tutti i mass media regionali, il sindaco, il vice sindaco della città e l'allenatore dei nerazzurri Bruno Giordano. Sull'aereo della Croatia Airlines erano presenti ben cinque testate televisive nazionali: Rai Uno (*Vita in diretta*), Rai Due (*Italia allo specchio*), Canale 5 (*Mattino e Pomeriggio 5*), Rete 4 (per uno speciale di un'ora), La 7 (per gli approfondimenti del Tg) e la 6 Milano, emittente del capoluogo lombardo.

Ero felice e gratificato per diversi motivi: avevamo pagato tutte le spese vive (2 aerei + 3 alberghi + 3 pullman + agenzia viaggi), raccolto più di 30.000 euro, portato tante persone che non erano mai state in questi luoghi santi, diverse delle quali lontane da Dio e che da più di vent'anni non si confessavano. Nel caso di una mia amica di Massa, da ben quarantacinque anni.

Mi rimaneva un solo cruccio, non da poco. A Gesù avevo promesso 70.000 euro. Sarei andato a scusarmi sotto la Croce del Risorto promettendo di riuscirci entro la fine del 2009.

È l'ora di pranzo del 12 maggio quando atterriamo in una Spalato che ha già quasi il sapore delle vacanze. La costa croata che abbiamo sorvolato è di una bellezza abbagliante: rocce a picco sul mare, spiagge incontaminate di piccole pietre bianche, acque chiare con venature color smeraldo. Ma i nostri pensieri sono altrove. So che sto per rivivere l'ennesima, straordinaria esperienza.

A bordo di tre pullman iniziamo il nostro viaggio verso l'interno, verso l'Erzegovina, e il paesaggio vacanziero lascia spazio alla natura selvaggia di montagne disabitate, protette da un parco nazionale. Una zona dove si vive una vita dura e semplice, fatta di tanti sacrifici.

È il tardo pomeriggio quando raggiungiamo Medjugorje. Per molti è la prima volta e l'incontro con i frati della chiesa viene seguito con grande interesse. Fra le decine e decine di partecipanti ci sono colleghi giornalisti, famiglie intere, ma anche tanti malati carichi di speranza.

L'atmosfera è veramente speciale soprattutto al mattino del giorno successivo, quando iniziamo ad affrontare la salita del Podbrdo, il monte delle apparizioni. È presto ma fa già caldo e l'irta ascesa tra le pietre scivolose e appuntite non è facile per nessuno. Mia madre Anna, che è venuta con me, si fa trasportare, con una sorta di barella, da quattro volontari di Nuovi Orizzonti con una dedizione, attenzione e forza straordinarie, fra mille equilibrismi per il terreno sconnesso e la pendenza imbarazzante. La sua immagine verrà immortalata dai fotografi e nei giorni successivi campeggerà su tutti i giornali.

Nella salita prego e faccio fatica, ma sono felice. Una gioia che si moltiplica quando arrivo in vetta e prego davanti alla statua della Madonna. Con me ci sono tutti. Nessuno ha alzato bandiera bianca. Anche i malati sono arrivati in cima fra mille difficoltà per chiedere la grazia. La discesa è altrettanto difficoltosa e qualcuno è anche caduto, ma nessuno si è mai fatto male.

Alla fine ci raggiungono i vip, arrivati nel frattempo da Mostar dove sono atterrati, provenienti da Milano. Con Mihajlovic ci sono manager dell'editoria, direttori di testata e di reti Mediaset, giornalisti e fotografi. C'è anche il vicedirettore di «Sorrisi e Canzoni TV», Rosanna Mani, insieme al marito e al giornalista inviato speciale, Daniele Soragni.

Sinisa è ancora un idolo in tutte le repubbliche della ex Jugoslavia. Una specie di Maradona dei Balcani che si dimostra totalmente disponibile nell'affrontare un'avventura che gratifica anche lui. «Volevo venire qui all'inizio degli anni '90, ma c'era la guerra, poi i miei impegni calcistici erano sempre più pressanti e mi avevano sconsigliato dicendo che la situazione non era sicura. Ora mi hai aiutato a coronare un sogno.» Le parole dello straordinario atleta serbo mi riempiono di orgoglio. Preghiamo insieme di fronte a un'altra statua della Madonna e vedo sincera la commozione di Sinisa quando, poco dopo, ascolta il racconto della veggente Mirjana e di Chiara Amirante che racconta episodi di grande intensità e di aiuti impensabili che vengono dal Cielo per tramite della Divina Provvidenza.

Momenti di struggente partecipazione ma che non sono nulla rispetto a quello che vivremo poche ore dopo. Il programma prevede la visita all'orfanotrofio di suor Kornelya, alla periferia di Citluk, a pochi chilometri da Medjugorje.

La suora, con pochi aiuti e scarsissimi mezzi, riesce a far quadrare un bilancio familiare davvero impegnativo: 115 bambini e 30 anziani, come già ricordato, a cui si aggiungono 7 suore che si adoperano notte e giorno per mandare avanti il centro di accoglienza. Gli orfani arrivano talvolta anche in fasce perché nati e abbandonati sul portone di una chiesa della Bosnia o davanti a una caserma della polizia di Sarajevo o di Mostar, e suor Kornelya, insieme alle altre sorelle, fa loro da mamma e quando sono cresciuti, da nonna, perché hanno messo su famiglia. E gli fa da zia e, come dice lei, anche da suocera, attenta e vigile. «Perché» come ripete spesso «se marito non va, suocera parla e dice no.»

Ci commuoviamo tutti quando vediamo i piccoli orfani che hanno preparato una piccola e semplice recita in chiesa. Suscita, nel cuore di tutti, una grande emozione vedere quei bimbi raccolti come in unico grappolo, sugli scalini dell'altare a cantare e pregare all'unisono e con tanta disciplina, anche fra i più piccini, in croato e poi, con grande sorpresa di tutti, una bella e toccante canzone in italiano. Un canto di ringraziamento per quello che avevamo portato loro. L'amicizia, l'affetto e una ingente somma di denaro consegnata quel giorno per portare avanti il cantiere della loro nuova casa. Mentre li guardavo, piangevo e, con la piccola Ive di quattro anni stretta al collo, la vista annebbiata dalle lacrime, cercavo di cogliere le sensazioni fra quelle duecento persone che mi ero portato dall'Italia.

Mihajlovic, che in campo, quando giocava, aveva la fama del duro, non riesce a trattenere le lacrime. Si ferma con i bimbi, che hanno l'età dei suoi figli e, per la prima volta, parla della sua missione umanitaria in Serbia. Da tempo sta aiutando 150 ragazzi orfani a Novi Sad, la città della Serbia dove è cresciuto.

Sono momenti di grande commozione che rimangono impressi nella nostra memoria. Dopo poche ore la comitiva di Milano raggiunge di nuovo l'aeroporto di Mostar dove il charter sta già rullando per il volo di ritorno. Per loro un vero e proprio blitz. Poche ore, ma straordinariamente dense di grande spiritualità.

Il gruppo più numeroso dell'aereo di Pisa rimane a Medjugorje.

Per tutti una grande emozione nel vedere anche la gigantesca statua di bronzo del Cristo risorto installata dietro alla basilica centrale dedicata a San Giacomo che, dal 25 giugno 2000, giorno dell'anniversario delle apparizioni, regala al mondo un inspiegabile fenomeno, dono della potenza di Dio, quello della lacrimazione e delle gocce che scendono da un paio di punti precisi all'altezza del ginocchio della gamba destra di Gesù.

Il giorno successivo, c'è da affrontare la salita ancora più ripida e difficoltosa del Krizevac, il monte della grande Croce. Qui il sentiero si inerpica tra le stazioni della Via Crucis e in molti salgono a piedi nudi aumentando il sacrificio.

Nel pomeriggio c'è la visita a Mostar, la città-martire della guerra che ha dilaniato in maniera tragica la gente di Bosnia: croati, serbi e bosniaci musulmani. Notiamo subito, e non può essere diversamente, la drammatica contrapposizione tra la parte cristiana, dove i terribili segni del conflitto sono ancora tutti visibili, e la zona musulmana perfettamente ricostruita, come il famoso ponte di Mostar che era stato bombardato. Oggi le strade e i palazzi antichi sono risorti dalle macerie della guerra e il turismo è tornato a essere una delle fonti principali dell'economia locale.

Appena scesi dai bus, andiamo alla messa nella chiesa dei frati francescani, che si trova nella parte al di qua del ponte di Mostar e che è abitata e frequentata prevalentemente dai cittadini di religione cattolica e ortodossa e, quindi, croati e serbi. Subito dopo, passato il ponte caratterizzato da un'arcata molto pronunciata, andiamo a visitare la zona musulmana, piena di bancarelle, negozietti, tanto da somigliare a una specie di suk.

Mentre visitavamo una moschea e molti di noi erano seduti nei piccoli bar del centro storico, si sparge la voce che, nel cielo, è iniziato il fenomeno della rotazione del sole. Ricordo bene che centinaia di persone erano rimaste ferme, immobili, estasiate, incredule di fronte a questo evento soprannaturale. Guardai l'ora e rimasi senza parole. Erano passate da poco le 18.40, quando a Medjugorje, Ivan, Vicka e Marija, cadono in estasi per l'apparizione della Gospa. Nello stesso momento, dinanzi alla chiesa di San Giacomo a 40 chilometri di distanza, si leva un forte vento che fa volare via, in un turbine di foglie e rami, centinaia di uccellini dalle siepi della "zona del silenzio" dove sorge il Crocifisso con i lumini rossi accesi delle Grazie.

Poco dopo, il sole comincia a ruotare.

Che cosa si può dire quando centinaia di persone assistono a molti chilometri gli uni dagli altri allo stesso fenomeno e nello stesso preciso momento? E tutto questo in coincidenza con l'orario della apparizione della Madonna davanti ai tre veggenti?

A Medjugorje farsi domande è lecito, ma cercare risposte su fenomeni scientificamente non spiegabili, e dunque non ripetibili attraverso esperimenti, è davvero inutile e finisci per battere la testa contro un muro nella ricerca della *probatio diabolica*: la ricerca della prova impossibile, la verità non verificabile dalla ragione.

Solo la fede ti può aiutare nel comprendere i segni del Cielo.

Alla sera c'è la voglia di stare tutti insieme, di raccontarci quello che abbiamo vissuto e le emozioni della giornata.

Quel giorno indimenticabile, per quello strano e misterioso effetto rotante del sole che si muoveva come un caleidoscopio nel cielo colorando le nuvole, ci ha accompagnato nei ricordi lungo il viaggio di ritorno da Spalato all'aeroporto di Pisa.

Le quattro Rose e l'eredità

Solo pochi giorni dopo il rientro mi arriva una telefonata misteriosa da parte di una persona sconosciuta che mi vuole mettere in contatto con un avvocato e che genericamente fa riferimento a una somma di denaro. Rimango perplesso e francamente considero questa notizia come una storia poco attendibile. Sono molte le e-mail o le telefonate, le lettere, che giornalmente mi arrivano e non è facile capire a chi dar credito e considerazione. Tuttavia approfondisco questo messaggio e con grande sorpresa mi accorgo che dietro questo nuovo capitolo si nasconde una vicenda straordinaria. Andiamo per ordine.

Il 15 maggio rientriamo da Medjugorje con tanta gioia per l'esito del pellegrinaggio. Tanta gente lontana da Dio mi ha seguito trovando pace nel cuore, una serenità che non aveva più da molto tempo. Sono felice anche per aver portato 30.000 euro a quei bambini. Rimane comunque un vuoto da colmare per la promessa del 2 febbraio 2009, fatta a Gesù Risorto, di trovare 70.000 euro per suor Kornelya.

Tramite l'avvocato Luca Poldaretti del Foro di Pisa, ricevo la notizia di una convocazione davanti al notaio Gloria Brugnoli di Cascina per l'apertura di un testamento. Sono molto sorpreso e, dopo essermi assicurato che non si tratta né di uno scherzo né di un errore, mi presento con tanta curiosità all'appuntamento pensando che forse sta per accadere qualcosa di importante.

Rosa Casapieri, 94 anni, spentasi solo qualche giorno prima, ha lasciato tutti i suoi averi, 80.000 euro fra contanti e titoli, a una famiglia che l'ha accudita con amorevolezza fino all'ultimo soffio della sua vita e a un progetto benefico da destinare a un orfanotrofio. Per decisione dello stesso avvocato Poldaretti, indicato come legato testamentario nelle ultime volontà di Rosa Casapieri, la metà di questa somma è stata destinata alla Casa di accoglienza della Congregazione delle sorelle della famiglia ferita, quella di suor Kornelya. Mi chiedo il perché di questo "miracolo", ma davanti al notaio, in quei momenti emozionanti, non so darmi una risposta. Quello che è certo è che 30.000 euro li ho portati e ora mi comunicano che altri 40.000 euro stanno arrivando. 40 più 30 sono 70.000 euro: esattamente la cifra che avevo promesso a Gesù.

Decido che una parte di questi soldi andrà anche ai poveri bambini africani delle missioni seguite dalla mia amica, l'attrice Claudia Koll. Anche lei protagonista di una svolta mistica e di un avvicinamento totale alla fede.

Una volta passato lo stupore per una giornata così emozionante, faccio mente locale su questa valanga di notizie che mi travolge.

Comincio a riflettere sugli accadimenti e faccio quello che ho sempre fatto nella mia professione di giornalista: analizzo i fatti, le modalità di successione, la cronologia, i nomi – soprattutto i nomi – dei protagonisti di questa vicenda e delle persone che sono in ballo per me dal giorno fatidico della mia confessione totale e retroattiva dinanzi a don Ferruccio, il 3 gennaio 2009 a Torino.

Per organizzare il viaggio del 13 maggio a Medjugorje in una situazione di estrema difficoltà ho invocato più volte nelle mie preghiere la Madonnina e i miei nonni paterni e materni. Fra loro, nonna Rosa, che vi ho descritto con tanta passione nel capitolo dedicato a mio papà.

Poi c'è Rosa, l'anziana donna che ha lasciato l'eredità. E suor Kornelya. Direte voi: che c'entra la religiosa di Medjugorje? Con mia grande sorpresa, intervistando suo fratello, vengo a scoprire che il suo nome prima di prendere i voti era Rosa. Ma non finisce qui.

"Rosa" è una delle invocazioni alla Madonna nelle litanie lauretane con la quale si termina la preghiera del Rosario. In particolare l'invocazione alla Madonna paragonata alla Rosa mistica che è un fiore meraviglioso, screziato fra il rosa e il rosso chiaro con il fondo di colore bianco e vellutato.

E qui mi fermo, concludendo questa vicenda di per sé già incredibile, ma raccontandovi dell'ultima "Rosa" che si è palesata come un segno del Cielo. Questo racconto ci porta dritto filato dentro il Twiga, un locale che è destinato solo al divertimento e alla spensieratezza e che non c'entra nulla con Medjugorje e la fede. In particolare riguarda lo chef del locale Massimo Bresciani il quale acquistò al supermercato Conad di Pietrasanta una delle ultime due piantine della qualità di rosa mistica rimaste in vendita. Queste piantine, per ben due volte, sono germogliate. La prima il 13 maggio, giorno in cui il nostro pellegrinaggio era a Medjugorje e come tutti sanno è l'anniversario dell'apparizione della Madonna di Fatima. La seconda volta il 5 agosto, giorno della dedicazione della basilica di Santa Maria Maggiore a Roma, dove viene rievocato il miracolo della nevicata.

Coincidenze anche queste? Non lo so. Ma certamente in questo libro ce ne sono troppe di situazioni che si ripetono e che portano tutte in un'unica direzione: quella di migliorarci e fare del bene alle persone meno fortunate di noi.

Capitolo 12

LA DAMA BIONDA, IL PALASHARP E SILVIA B.

Come ti senti quando tratti male un'amica a cui vuoi molto bene? Avverti un senso di malessere perché la coscienza ti rimorde e quando succede si cerca di rimediare, di chiedere perdono, per stare sereni con sé stessi e portare la pace nelle persone che ami. Ecco quello che mi è successo fra venerdì 27 e domenica 29 marzo 2009, alla vigilia di un'importante testimonianza a Milano davanti a più di 15.000 persone.

Una giornata di preghiera nel nome della Madonna di Medjugorje, organizzata dalla mitica Chiarina, una veterana della Bosnia-Erzegovina, presidente dell'associazione Onlus Mir I Dobro, che per anni ha assistito con tanti convogli pieni di vettovaglie e generi di prima necessità quelle popolazioni martoriate dalle guerre. Ero stato invitato a Milano, domenica 29 marzo, a prendere la parola per raccontare le vicende della mia conversione. Ma due giorni prima mi sovviene un desiderio irrefrenabile di chiamare una mia cara amica della quale non farò mai il nome per rispetto alla sua persona. Per comodità la chiameremo "la dama bionda". Nell'estate del 2008, quando ero in preda al male, all'alcol, e alla disperazione accentuata per il dolore di mia moglie e all'uso di droghe e farmaci, l'avevo invitata a casa mia perché mi faceva tanto piacere e con la segreta speranza che con la sua presenza dolce e sensibile potessi ritrovare un po' di serenità perduta. Alla dama bionda sono profondamente legato da stima, rispetto, amicizia e anche da un desiderio di abbracciarla e di starle vicino. Come si dice, una donna giusta, elegante e anche molto attraente. Due giorni dopo il suo arrivo, piomba a casa una mia amica squinternata che mi fa precipitare, ed è così che, inventandomi una scusa banale, avverto la dama bionda che, in poche parole, deve andarsene. Mamma mia come ero caduto in basso! La dama, furibonda, abbandona la casa sbattendo la porta con tutte le ragioni del mondo. Inutile dirvi i miei tre giorni successivi. Mi ritrovo a Milano in pieno delirio, nel mese di luglio con un caldo infernale e la coscienza devastata dalle bischerate che continuavo a fare, una dietro l'altra. Questo racconto, il ricordo di questa brutta vicenda, mi ritorna sempre a galla fino al 3 gennaio, giorno della mia confessione retroattiva con don Ferruccio a Torino. Da questa data per me fatidica, decido di pacificarmi poco per volta con tutte le persone con le quali ho avuto discussioni, diverbi, amarezze e contrasti. La dama sta al primo posto dei miei pensieri, le voglio troppo bene. E così, in quel mese di marzo 2009, sento che è arrivato il momento di chiamarla per scusarmi. Mi risponde, è un po' fredda nei miei confronti, ma questo era il minimo che potessi aspettarmi. Parliamo del più e del meno, e non appena si rompe il ghiaccio della conversazione, sento subito che c'è qualcosa che non va. La trovo impaurita, strana, piena di pensieri e si sente che parla con il groppo alla gola per l'angoscia e la disperazione. La storia, davvero brutta, viene subito a galla: si era innamorata di un personaggio molto pericoloso per il comportamento truffaldino e anche per il suo strano atteggiamento contro la Chiesa e le immagini sacre che comparivano nella sua abitazione. Durante questo racconto ho sentito brividi lungo la schiena e ho avuto la sensazione che si trovasse in una situazione estremamente pericolosa. Non perdo un minuto: parto la sera da Forte dei Marmi e dopo tre ore di auto arrivo a casa sua. Prego tutta la notte insieme a lei e alla sua cara mamma. Non dormo, piango ininterrottamente dalle 2 alle 5 del mattino, senza il benché minimo e ragionevole motivo di farlo. Non posso aggiungere altro. Ma i fatti che verranno fuori da questa vicenda sono veramente brutti e la cosa mi verrà confermata da persone che hanno una preghiera di liberazione molto forte. Porto la mia amica al Palasharp. Assisterà all'apparizione della Madonna alle 18 e 50 con Marija e Ivan, giunti a Milano per questo grande appuntamento dove anch'io avrei dovuto raccontare la mia storia.

Pian piano da quel giorno fino all'arrivo di Medjugorje, dove l'ho convinta con tutte le mie forze ad andare, ho visto questa persona trasformarsi nel viso, negli occhi e nell'anima. A giudizio non solo mio, che sono davvero un neofita della teologia, ma di autorevoli sacerdoti esperti di liberazione da malefici ed esorcismi, la dama bionda era stata risucchiata nel vortice di male.

Sappiate però che, alla fine, il bene ha prevalso.

La dama bionda, dopo essere stata da suor Kornelya e aver conosciuto quella realtà, mi ha aiutato con molte migliaia di euro nel progetto della Nuova Casa Nonni Nipoti. Questa è la storia della dama bionda, sullo sfondo di un Palasharp gremito di tanta gente che pregava inginocchiata dinnanzi a un'adorazione del Cristo straordinaria guidata da un frate fuori dal comune per le capacità carismatiche: padre Ljubo. Ecco, se mi consentite di esprimere un paio di desideri, vorrei riabbracciare padre Jozo e incontrare di nuovo padre Ljubo. Mi disse che doveva andare in Sicilia per delle missioni e per preparare dei sacerdoti con esercizi spirituali da lui studiati con tanta passione. Rimasi stupito dal suo portamento e dalla fede incrollabile del suo atteggiamento nei confronti della Croce e dell'Ostia Sacra, esibita all'interno dell'Ostensorio.

Padre Ljubo stette per più di un'ora e mezzo inginocchiato per terra a pregare incessantemente. Alto, forte e potente sia fisicamente che spiritualmente, rappresenta al meglio l'espressione di quella razza croata che ha sopportato guerre, dominazioni e violenze, rispondendo colpo su colpo in nome di una forza e di una fede incrollabile. Ma la giornata del Palasharp non finisce qua, perché dopo padre Ljubo tocca a me, e ne sentivo tanto la responsabilità, per questo ho pregato intensamente lo Spirito Santo affinché mi guidasse nel racconto, nelle cose da dire. Mi usciva dalla bocca un fiume di parole che sgorgava dal cuore ancora ferito per le mie vicende con un'intensità tale, da essere meravigliato di me stesso. In altri termini, ero guidato dal Cielo.

Tutto ciò che faccio, dal 3 gennaio in poi, ha il marchio indelebile del progetto di Dio, e ora voglio affidarmi completamente a Lui, per vivere gli anni che mi rimangono.

Ho ricordato per filo e per segno tutte le cadute morali, i dolori, le sofferenze e l'intervento della Madonna che mi ha preso e mi ha salvato. Ho raccontato il primo viaggio a Medjugorje e quello che avrei dovuto ancora fare con la promessa a Gesù Risorto. Mi sono commosso, ho pianto, lacrime vere e sincere. Ho sentito quelle persone tanto, tantissimo vicino a me. Molti si affidavano alla mia persona consegnandomi bigliettini per i loro cari ammalati.

Che posso fare io? Quanto può valere la preghiera di un ex peccatore? Che Dio mi dia la forza di stare vicino a coloro che chiedono il mio aiuto.

Devo capire ciò che mi sta succedendo. Talvolta sono spaventato, altre volte felice. Ora sto cercando un equilibrio, ma intanto devo tornare nel mio mondo, quello della tv, degli sponsor, dei contratti, dei successi effimeri, della vita materiale, delle tentazioni e anche delle donne bellissime. Pregherò per me, affinché dal Cielo continuino ad aiutarmi per seguire quella strada dritta segnata dalla parola di Dio.

Quel giorno ho provato tante emozioni, come la prima apparizione che ho seguito nella mia vita, quella di Ivan e Marija, quel giorno ho conosciuto Silvia B., l'ho abbracciata e le ho sussurrato: «Avrei tanto piacere di poter parlare con te per capire meglio quello che ti è successo e raccogliere la tua testimonianza nel mio libro». Per diversi mesi non è stato possibile, ci sono riuscito soltanto a fine luglio 2009, prima che partisse per il Festival dei Giovani a Medjugorje.

La incredibile storia di Silvia B.

«Il nuoto, la danza, tanta palestra, gli amici e le amiche di scuola, insomma, una vita normale. Poi, all'improvviso, appena compio sedici anni, tutto si spegne lentamente. Comincio a non sentire più le gambe. Le ginocchia non ce la fanno più.»

Questo è l'inizio del racconto di una vicenda incredibile. È la storia di una bella ragazza dai lunghi capelli neri che abita a Padova e si chiama Silvia B.

Per tanti mesi combatte disperatamente contro un male sconosciuto che la costringe su una sedia a rotelle. Il suo caso viene studiato dai medici ma, dopo qualche tempo, viene etichettato come NDD, "malattia con natura da determinare".

Silvia accusa anche delle crisi epilettiche. La vicenda si complica e i medici di diverse discipline si alternano nella cura per cercare di studiare un rimedio, un antidoto, per riportare una giovane ragazza sulla via della speranza. Gli sforzi si intensificano fra psicologi, ortopedici, fisiatri ma ogni tentativo risulta vano. Tutto svanisce come una bolla di sapone, mentre Silvia, pian piano, comincia a pensare che questo incubo non avrà mai più fine.

«In quel momento tutto mi crollava addosso, sono passata da una vita normale, come una ragazza uguale a tante altre, a una situazione insostenibile che, tuttavia, dovevo accettare tentando di rimanere serena, altrimenti avrei potuto andare incontro a guai peggiori.» Silvia parla con fatica ancora oggi, ripensando a quei terribili momenti.

«Non potevo neppure aggrapparmi alla fede» continua Silvia «perché, fino a quel momento, pur essendo cattolica, ero poco credente e andare in chiesa era solo una abitudine.» Ma quando la famiglia è unita e i genitori sono vicini ai loro figli, l'amore e la solidarietà sono più forti del dolore, più forti della disgrazia. Silvia aveva poca fede nel cuore ma la mamma e il papà non l'hanno mai lasciata neppure per un istante.

Papà Daniele e la mamma Maria Luisa hanno cominciato a seguire costantemente un gruppo di preghiera mariano. Ogni venerdì messa, rosario, adorazione del Cristo in una chiesa di Padova e più avanti anche in provincia di Venezia, in una frazione del comune di Dolo, dove c'era un altro gruppo di preghiera molto forte che si riuniva in una chiesa.

Tra fine settembre e gli inizi di ottobre 2004, quando ha da poco compiuto i sedici anni, Silvia viene colpita da questa misteriosa malattia che le paralizza completamente le gambe. Nel maggio del 2005 si verifica un fatto inaspettato: la ragazza comincia a recitare tutti i giorni il rosario assieme al gruppo di preghiera. In pratica si avvicina profondamente alla fede e non va più in chiesa o a pregare solo per seguire i genitori. Il 23 giugno 2005, Silvia decide di andare a Medjugorje in pullman con un pellegrinaggio organizzato, insieme a suo padre Daniele.

La mattina del 24 giugno, giorno dell'anniversario delle apparizioni mariane, Silvia B. desidera fortemente andare a messa e poi seguire con attenzione, nel capannone giallo, la testimonianza del veggente Ivan Dragicevic. Il pomeriggio la giovane apprende dai suoi compagni di viaggio la notizia che, attorno alle 20, sulla collina del Podbrdo, il veggente avrà un'apparizione pubblica dinanzi ai tanti pellegrini provenienti da tutte le parti del mondo. Rimane un problema da superare perché, per lei, arrivare lassù, senza un aiuto, è impossibile. E comunque, anche con un aiuto, è particolarmente difficoltoso per la natura impervia del sentiero, cosparso di pietre e cespugli spinosi.

Ma i suoi compagni non si arrendono. Si fanno prestare dai frati una lettiga e, pian piano, partendo in anticipo, riescono ad arrivare fino lassù, davanti alla statua della Madonna, trasportando Silvia a forza di braccia e fra mille difficoltà. Silvia viene poi sdraiata fra le pietre e comincia a pregare con tanta concentrazione e altrettanta decisione il Signore e la Madonna affinché le diano la forza per affrontare una vita immobilizzata sulla carrozzina.

Silvia tiene a sottolineare questo particolare: «Non ho mai chiesto espressamente e direttamente la mia guarigione. Ho solo chiesto alla Madonna di sostenermi per affrontare una vita da disabile sulla sedia a rotelle».

«Dalle 20 in poi ho continuato a pregare intensamente anche per tutte le persone lontane che avevo lasciato a Padova e che stavano male, peggio di me» continua Silvia. «Volevo che la Madonna mi desse la forza di accettare una vita diversa. Mi sarei accontentata con tanta gioia di questo "miracolo". Improvvisamente, mentre Ivan era in estasi ho notato una luce bianca fortissima vicino a me. Mentre pregavo avevo gli occhi che guardavano fra le rocce. Non ho alzato lo sguardo perché mi sono spaventata tantissimo. Allora ho intensificato la preghiera, mentre la luce continuava a sostare accanto a me e non ho mai avuto il coraggio di guardarla direttamente.»

Quando finisce l'apparizione, per Silvia arriva il momento di lasciare quel posto che ha già segnato indelebilmente la sua mente e il suo cuore. Un primo segnale straordinario le è arrivato da Dio. Un segnale speciale tutto per lei. Arrivano i suoi amici, i compagni di viaggio e la adagiano sulla lettiga per portarla a valle. Percorrono qualche diecina di metri ma, per un passo falso, uno dei barellieri perde la presa della lettiga e Silvia cade rovinosamente con la testa all'ingiù, sbattendola su un sasso.

La ragazza rimane per terra senza dare segni di vita: «Non riuscivano più a sentirmi né il battito del cuore né il respiro. Avvertivo intorno a me una grandissima agitazione ma, poco per volta, mi sentivo distaccata da quella situazione oggettiva per vivere una dimensione completamente diversa. Avevo come la sensazione di essere adagiata su un letto comodissimo con la testa appoggiata su un cuscino molto morbido. Ho rivisto quella luce ma stavolta senza spaventarmi. Una voce ha cominciato ad attirare la mia attenzione. Mi tranquillizzava, mi stava coccolando, dedicandomi tante attenzioni. Ho capito chiaramente che, un tono dolcissimo, pronunciato da una voce femminile, mi voleva comunicare che non avrei avuto più problemi, che ero guarita. Per sempre».

A un tratto Silvia riprende i sensi, apre gli occhi, vede lo sguardo disperato di suo padre e gli dice con grande fiducia e tanta forza: «Papà, papà, non ti preoccupare. È finito tutto. Sono guarita, sono guarita!».

Silvia si alza, da sola. Fra lo stupore generale, comincia a camminare e a scendere quella collina che aveva scalato in lettiga con quattro barellieri.

Ventiquattro ore dopo il gruppo di Padova torna in Italia e Silvia viene sottoposta a una serie accurata di accertamenti medici. Gli specialisti non possono fare altro che constatare una completa guarigione per una malattia che non era mai stata riconosciuta fra quelle contemplate nella letteratura medica, tanto da essere definita NDD, "natura da determinare".

Capitolo 13

LA CORONA DI SPINE DEL CRISTO PENSANTE

Il primo raggio di sole sbuca, preciso come un orologio, dalla cima Mulaz, uno dei massicci dolomitici delle Pale di San Martino, alle ore 7.04 di martedì 28 luglio 2009.

Fa molto freddo, eppure siamo in piena estate. La cima del monte Castellazzo, quota 2.333 metri, che si staglia fra le Pale e la catena del Lagorai al confine tra Val di Fiemme e Primiero, è avvolta da una fitta cortina di nuvole basse. È umido, si vede pochissimo, ma il raggio di sole è quello di un laser. Ha tagliato in due come una lama nel burro quella cappa spessa e gelata di condensa che ci avvolgeva dalle 5 del mattino quando siamo usciti dalla Capanna Cervino, sopra passo Rolle. Di lì a poco avremmo assistito a una visione mozzafiato.

Il sole, secondo dopo secondo, ha cominciato a fare rapidamente capolino dal Mulaz, riscaldando l'aria e quindi aumentando la temperatura. L'escursione termica ha provocato un immediato vortice di aria che ha spazzato via in pochi secondi quella spessa coltre di nuvole. Di colpo, dinanzi a noi, si sono scoperti – su uno sfondo di cielo cristallino, di colore turchese – i profili delle Pale. Ringrazio Iddio di avermi fatto scoprire nella vita la fede e di avermi così permesso di arrivare sin qui, per lodarlo in queste magnifiche cattedrali di pietra rosata a cielo aperto.

Mi sono inginocchiato dinanzi alla Croce e al Cristo pensante, posati il 16 giugno 2009: i fogli sottili di ottone, che sono stati applicati all'interno della Croce a mo' di fodera, si sono come incendiati sotto i riflessi del primo sole.

Sento nel mio cuore – assieme ai miei quattro compagni di escursione Anja, Pino, il fotografo Nicola Ughi e il piccolo Bobo, il mio cagnolino di razza bichon avanese che sbuca con la testolina tremante dallo zaino – che questa cima sarà meta di grandi pellegrinaggi e di conversioni.

Quella mattina ci siamo svegliati alle 4 per metterci in marcia dalla Capanna Cervino, un rifugio storico sopra passo Rolle, dove si gustano i sapori della cucina trentina e si vive in mezzo alla natura vera. I padroni di casa sono Elena, il marito Enrico, il loro figliolo, un gattone grosso e un po' geloso della Capanna che si chiama Grisou, e Terry, un bellissimo cane golden retriver.

Ma l'emozione di questa escursione sulla cima del Castellazzo è il frutto di un lungo lavoro di ricerca, riscontri, in val di Fiemme e nel vicino Primiero insieme a Pino, la guida. La base operativa è in località Bellamonte all'hotel Sole. Gli altri riferimenti sono Capanna Cervino e, come spiegheremo, Malga Valazza verso passo Valles.

Solo oggi riesco a capire come abbia fatto un gruppo di persone a realizzare tutto ciò. Infatti in questa complessa vicenda, quasi un libro nel libro, le vite di un gruppo di persone si intrecciano nel tempo e nello spazio fino a diventare una storia sola: la storia del Cristo pensante del Monte Castellazzo.

Pino è il maestro della montagna, un uomo di esperienza che vive tra i silenzi delle grandi cime. Marco è il pastore di una malga che il Signore ha messo duramente alla prova nella vita. Ivan è un trasportatore del Veneto che vivrà una esperienza miracolosa. Infine c'è una quarta persona che avrà un compito specifico: mettere insieme i pezzi di questa vicenda, bella e commovente, per divulgarla a tutti.

Dunque, tutto comincia in quel posto meraviglioso che è la cima Castellazzo. Una località tanto suggestiva, quanto riparata, lontana dai circuiti del turismo di massa e dai gitanti della domenica, nascosta alla grande folla, aperta su una natura generosa, su un paesaggio di valli e vette, così affascinante da togliere il fiato.

La malga delle apparizioni

Per cercare di raccontare questi incredibili percorsi abbiamo bisogno di tornare all'agosto 2003 quando nella Malga Valazza, un paradiso incontaminato, dove la famiglia Jagher vive di pastorizia e agricoltura, arriva un veggente sudamericano: Edson Glauber De Souza Coutinho.

Edson è un brasiliano di 35 anni al quale la Madonna è apparsa, come a sua madre, la prima volta in mezzo alla foresta amazzonica. Durante uno di questi eventi miracolosi la Vergine Santa gli ha detto di portare la sua parola nel mondo. Così è arrivato in Europa, in Italia e a Medjugorje, dove torna appena può. Giunto a Malga Valazza con un amico, Edson sente la necessità di rimanere un po' in solitudine facendo quattro passi nei boschi. Dopo poche decine di metri, dietro la malga, scivola a terra. Marco e gli altri presenti lo soccorrono ma il veggente non è inciampato per caso: ha avuto un'apparizione e dunque è caduto in estasi.

Lascia un segno sul tratturo, due bastoncini incrociati, e inizia a correre su per il sentiero scosceso e costellato di pietre. «Edson» spiega il proprietario della malga, Marco Jagher «non ha il fisico da scalatore, anzi è piuttosto grassottello e alquanto impacciato. Eppure proprio lui, che viene dalla foresta amazzonica, ha corso come un capriolo, per almeno cento metri, su una salita molto ripida. Mi sono impressionato tanto. Ho capito che c'era qualcosa di soprannaturale.» Dopo quei cento metri, saliti quasi di corsa, compiendo una specie di piccola "S" tra i sassi, il veggente ha un secondo mancamento. Sono minuti lunghissimi, quasi interminabili. Edson torna verso la malga e svela la sua verità: «Mi è apparso san Michele Arcangelo: nel primo punto dove sono caduto dovete mettere una sua statuetta: più in alto, dove ho avuto il secondo mancamento, ci deve essere l'immagine della Madonna». Queste le parole di san Michele Arcangelo riportate dal veggente: «Gesù e la Santissima Vergine mi inviano qui per comunicarti un messaggio importante. Coloro che accorreranno in questo luogo benedetto dal Signore, dove egli ha voluto che io mi manifestassi, riceveranno grandi grazie spirituali e corporali. Qui (a Malga Valazza, N.d.R.) tutti quelli che sono oppressi, tentati e attaccati dal nemico saranno liberati e consolati nelle loro afflizioni, se avranno fede e fiducia nel Signore e nella Sua Santissima Madre, come pure nella mia intercessione, per mezzo della quale Dio mi permette di aiutarli. Io, san Michele, vengo a dire al mondo che tutto il Paradiso guarda atterrito a come gli uomini offendono grandemente il Signore in questi ultimi tempi. Sono tempi di grande battaglia e di grande confusione. Dio sta per punire l'umanità per i suoi orrendi crimini».

E, infatti, poco più di trenta giorni dopo, il 29 settembre 2003, questa salita verso il bosco sarà teatro di un evento unico e soprannaturale che riempirà tutti di grazie e farà di questo posto un luogo prediletto dalla Vergine Santa.

San Michele, tramite il veggente brasiliano, aveva avvertito tutti che Maria Santissima sarebbe apparsa qui, a poche decine di metri dalla malga. Ci sono centinaia di persone quel 29 settembre ad attendere Edson perché in tutte le valli di Fiemme e del Primiero, fino al Veneto, si è sparsa la voce delle apparizioni. Infatti, quel giorno, la Regina del Cielo si manifesta a Edson, arrivando sopra una nuvola, muovendosi dal monte Castellazzo, contornata da tanti bambini, lasciandogli un messaggio importante in cui auspica la conversione universale: «Mio figlio Gesù» dice «mi manda in questo luogo per comunicare al mondo: convertitevi senza indugio, cambiate vita, basta con tanti peccati e tante offese al Signore. Il mondo cammina verso la sua autodistruzione. Questo è il momento in cui dovete decidervi per Dio o per Satana. Chi volete servire figli miei? Rinunciate a ogni peccato perché il demonio non abbia potere su di voi e sulle vostre famiglie. Convertitevi subito, convertitevi adesso. Lottate per il Regno dei Cieli, manca poco per la definitiva liberazione vostra e del mondo, da ogni male. Dio sta inviando me per prepararvi alla battaglia finale contro il male. Chi sarà fedele nel cammino di conversione, riceverà la ricompensa di mio figlio Gesù: la vita eterna. Siate voi a portare la luce di Dio a tutti i fratelli. Abbiate coraggio! Io sono qui con san Gabriele, san Michele e san Raffaele per difendervi da ogni pericolo. Pace, pace, pace! Pregate per la pace nel mondo, per la Chiesa e per le famiglie. Se il mondo e tutti i miei piccoli figli ascolteranno i miei appelli materni, il male sarà distrutto. Voi siete già nei tempi delle grandi trasformazioni del mondo e il Signore Dio sta già segnando i suoi eletti, quelli che sono obbedienti alla voce del cielo. Non perdete tempo, preparatevi. Io intercederò davanti a mio figlio Gesù per voi. A tutti la mia benedizione materna e il mio invito: pregate il rosario e il mondo troverà la pace. Benedico tutti nel nome del Padre, del Figlio e dello Spirito Santo. Amen».

Alla luce di questo straordinario episodio si decide che ogni mese, il giorno 29, sarà celebrata una messa. Scadenza che poi viene cambiata, con la scelta dell'ultimo giovedì di ogni mese.

La Malga Valazza diventa così non solo il luogo di queste due apparizioni, ma anche il posto dove si intrecceranno i destini di quelle quattro persone di cui parlavamo poco sopra. Pino sarà il primo.

Il maestro della montagna

Siamo sulle Dolomiti, nel gruppo delle Pale di san Martino e del Lagorai, nello scenario della val di Fiemme e del Primiero. Pino Dellasega, 54 anni, è un maestro di snowboard, fondo e *nordic walking* (la camminata estiva nata nei paesi nordici impugnando i bastoncini) che ha vinto decine di titoli italiani nelle gare nazionali e internazionali di orientamento in alta quota e ha partecipato svariate volte ai campionati del mondo. Conosce tutti i segreti delle montagne trentine, non solo quelli di Predazzo dove è nato e cresciuto. Un pomeriggio d'estate (siamo nel luglio 2007) vede, quasi contemporaneamente – circostanza alquanto insolita su quelle cime incontaminate – dapprima sei frati che scendono dalle pendici dopo una gita e subito dopo un musulmano che prega rivolto verso la Mecca. Tornando da quell'escursione gli viene in mente di fare qualcosa di suo, che rappresenti la spiritualità della montagna in mezzo a quei luoghi incantevoli. Arrivato a casa, ripensando ancora a quello che aveva visto qualche ora prima, incrocia con lo sguardo una statuetta riposta sopra la *ole*, la tradizionale stufa in ceramica del Nord Europa.

Ventotto anni prima, nel 1985, a Varsavia, Pino aveva comprato quella statuetta, un piccolo Cristo pensante scolpito nel legno. Era il momento dei grandi sconvolgimenti dell'Europa dell'Est, che avrebbero portato alla caduta del muro e dell'impero sovietico, e quell'oggetto sacro era testimone di un'epoca portatrice di straordinari mutamenti.

Un'immagine fortissima lo colpì al cuore, proprio in quel momento: realizzare un percorso spirituale ad alta quota simboleggiato da una statua scolpita, avendo come bozzetto, quel ricordo di Varsavia. Accanto, una Croce dalla quale il Signore è sceso per meditare sui destini del mondo. Da qui l'idea del Trekking del Cristo pensante, un percorso per raggiungere la cima del monte Castellazzo dove la scultura sarebbe stata posizionata. Un'idea splendida ma piuttosto difficile da realizzare. Per due motivi.

Prima di tutto per la scelta del luogo dove posare le due opere che sorge proprio nella zona protetta dai vincoli del parco naturale Paneveggio-Pale di san Martino. In secondo luogo perché, da tempo, era in corso la pratica internazionale per il riconoscimento delle Dolomiti come

"Patrimonio dell'umanità" tutelato dall'Unesco. Dunque si rese necessaria una vera e propria gara contro il tempo.

«Nei giorni in cui il progetto prendeva corpo» spiega Pino Dellasega «scelsi il monte di Castellazzo per posizionare la statua del Cristo ma non riuscivo a capire il perché di questa decisione presa d'istinto, senza un disegno preciso.»

Solo molto tempo dopo Pino si renderà conto della portata di questo progetto. Come se fosse stato guidato sin dal primo istante.

Il pastore della Malga Valazza

Alla fine di ottobre del 2008, Pino Dellasega viene a sapere da un amico la commovente storia di Marco Jagher, un pastore, un uomo semplice, di montagna, che vive con la famiglia in un posto meraviglioso, la Malga Valazza, appunto. A capo di una famiglia unita, originaria di Tonadico nel Primiero, che fa dei valori spirituali la propria ragione di vita. Una bella famiglia, messa a dura prova a più riprese dal Signore, ma sempre capace di rialzarsi grazie alla fede e all'attaccamento a Gesù.

Marco, 48 anni, è sposato con Maria e hanno quattro figli: Monica di 17 anni, Francesco di 15, Heidi di 14 e la piccola Chiara di 15 mesi. La bimba è nata dopo la tragedia che ha colpito questa gente, purtroppo l'ultima di una serie quasi incredibile nella sua drammaticità. Il 4 ottobre 2006 muore infatti il quartogenito Martin che aveva solo 6 anni e da oltre tre combatteva con un male che non perdona. Nel momento in cui il bambino lascia la vita terrena tutti gli abitanti di Tonadico dicono di aver visto stagliarsi nel cielo una serie incredibile di arcobaleni che si accavallano fra di loro. Un fenomeno che non si è mai più ripetuto.

Un destino crudele, quello di Martin, come quello che aveva portato via nel 1975, a soli 9 anni, Giovanni, il fratellino di Maria, la mamma di Martin, colpito da leucemia fulminante. Ma non finisce qui. Un altro drammatico capitolo doveva arricchire il romanzo di morte di questi poveri, piccoli angeli innocenti.

La famiglia di Marco, il pastore, e quella del cognato erano riunite per pranzo nel cortile della casa di Tonadico.

La piccola Viviana, figlia del cognato introversa e riservata, era stata l'unica ad abbandonare la tavolata familiare per giocare nell'aia della casa colonica. Il destino stava preparando una tragedia di cui nessuno si stava accorgendo. Il cognato era montato sul trattore per finire di caricare delle balle di fieno, mentre Marco, aveva appena rifornito di carburante il veicolo ed era ancora lì a pochi passi.

La tragedia si consumò in pochi secondi: una manovra, un rumore secco e sinistro. Per la bimba non ci fu nulla da fare.

Nelle orecchie di Marco è rimasta per sempre la prima frase che il cognato, distrutto dal dolore con in braccio il corpo senza vita della piccola Viviana, sua figlia: «Meno male che a morire schiacciato non è stato tuo figlio Martin». Una frase secca, apparentemente spietata, in realtà disperata e che sintetizza la cultura schiva, generosa del popolo delle Dolomiti che non si fa abbattere dalla sciagure infinite, ma che reagisce con dignità al dolore, abituato com'è ad affrontare la dura vita di montagna.

Maria, tutti i loro figli e i loro familiari, infatti, reagirono con grande forza a queste terribili sventure. Con la forza della preghiera e quella, immensa, della fede che ti dà la spinta di trascinare la croce della sofferenza umana. Maria, nel tempo, è divenuta anche devota della Madonna di Medjugorje.

Il trasportatore miracolato

Con Ivan Macoric la nostra storia vede l'ingresso in scena del terzo personaggio.

Ivan ha 41 anni e vive a Carbonera di Treviso dove fa

l'autotrasportatore per una ditta che fabbrica cucine. Nel 2002 comincia a perdere la vista e, dopo una serie di diagnosi che non fanno chiarezza in modo definitivo sulla terapia da adottare, gli viene data una di quelle notizie che nessuno vorrebbe mai sentire: distrofia dei coni visivi. Una patologia che porta in pochi anni alla completa cecità. Un autentico calvario sanitario, il suo, costellato da ricoveri e da interminabili visite mediche specialistiche: la prima all'ospedale di Treviso dove al termine degli accertamenti clinici non gli viene prospettata una terapia sicura. I medici probabilmente sanno la verità ma non si sbilanciano, in attesa di dati certi. Il secondo ricovero è disposto alla clinica oculistica dell'Università di Padova, dal professor Antonio Secchi che lo sottopone a una cura a base di cortisone anche se riconosce che si tratta di un caso clinico particolare e difficile. Finalmente alla famiglia arrivano le cartelle cliniche dall'ospedale di Treviso, ma la diagnosi non lascia scampo: distrofia dei coni visivi come anticipo di quella che sarebbe stata la cecità totale. In pratica dietro la retina ci sono dei coni che normalmente vengono irrorati di sangue e che a causa della malattia si seccano progressivamente fino alla necrosi.

«Io e mia moglie» spiega Ivan «avevamo una fede tiepida, ma quando ci viene prospettato da mia madre Laura di andare a Medjugorje non ci ho pensato due volte.» È l'agosto 2003 e il viaggio è organizzato ancora una volta da Pietro Tonon. Inizialmente non ci sono posti ma, come un segno del destino, si apre uno spiraglio e quattro persone rinunciano, lasciando lo spazio per la famiglia di Ivan: la moglie Fabiola, di 39 anni, e i due figli David di 12 anni e Giada di 11 anni.

Ivan sale scalzo il Podbrdo, il monte dove è apparsa la prima volta la Madonna nel paese delle Erzegovina diventato famoso in tutto il mondo. Arrivati in vetta i quattro sono avvicinati da una persona sconosciuta che infonde loro una strana sensazione. È vestito in modo dimesso, sembra quasi un uomo in difficoltà. Indossa uno zainetto è anch'egli scalzo e, esprimendosi con un corretto italiano spiega: «Siete proprio una bella famiglia e vi voglio fare un regalo». Estrae dallo zainetto un'immagine della statua della Madonna della collina, dove sono rimaste impresse delle strane figure in cui si vedono chiaramente la Vergine Santa con il cuore trafitto, padre Pio e San Pietro. Il tempo necessario per dare un'occhiata alle foto e questo misterioso personaggio si dilegua come un'ombra verso la discesa a valle, incurante del percorso accidentato e pieno di pietre taglienti da affrontare a piedi nudi. Ma chi era quest'uomo? Come ha potuto percorrere tanta strada in pochissimi secondi? E cioè sparire all'orizzonte in un batter d'occhio? I due coniugi se lo chiedono tutt'ora con un leggero brivido.

Quel giorno a Medjugorje la vita di Ivan e dalla sua famiglia è cambiata. Lo dimostrano le parole particolarmente toccanti della moglie Fabiola: «Ho sentito la pace nel cuore, ho pianto tanto senza volerlo. È stata una sensazione meravigliosa, mi sono sentita toccata nel cuore». Ma non è tutto. Le cronache dei giorni seguenti faranno registrare nella vita dell'autotrasportatore veneto un evento straordinario.

I destini si intrecciano

Torniamo al 29 settembre 2003. A Malga Valazza si avvicina la data fatidica: l'imprenditore Tonon con il veggente Edson, Ivan e la sua famiglia arrivano nella malga insieme ad altre centinaia di persone in preghiera ma insieme anche a tanti curiosi. Subito dopo le due apparizioni avute da Edson, Ivan sente dentro il suo cuore una voce che continua incessantemente a ripetergli di portare una croce per posarla lì, nella malga, fra l'immagine dell'arcangelo Gabriele e la piccola grotta con la Madonna di Medjugorje eretta dal pastore Marco su suggerimento del veggente brasiliano. Passano i mesi. Siamo nell'autunno 2004 quando Ivan Macoric torna a Malga Valazza con la croce realizzata grazie anche all'aiuto di un amico falegname. Nel frattempo per Ivan avviene un colpo di scena clamoroso, una notizia inaspettata: il decorso della sua malattia agli occhi, destinato a portarlo alla cecità, si è invece arrestato completamente. La notizia arriva dall'ospedale di Belluno e viene confermata di persona dal primario Marco Zemella. Il certificato medico non lascia spazio a equivoci. Nessun farmaco o nessuna terapia avrebbe potuto salvargli la vista. Come confermato dal luminare di Padova, seguendo la medicina per Ivan non ci sarebbe stato scampo.

Questa notizia rende al trasportatore veneto ancora più forte la convinzione di tornare a Malga Valazza con una croce come segno di ringraziamento per quanto avvenuto. Ivan arriva nella valle del Primiero e parcheggia il furgone con la croce davanti alla malga di Marco Jagher. Il pastore rimane sorpreso perché non si ricordava di questo voto. Decide però di aiutare quella persona già baciata dalla grazia di Dio ed entrambi si dirigono sulla salita della apparizione per individuare il posto giusto dove posizionare il simbolo della Fede.

Ma adesso fate attenzione perché in questo punto del racconto si verifica un accadimento straordinario che non è mai stato rivelato e certamente farà discutere i non credenti, gli atei, gli studiosi di fatti soprannaturali. E sicuramente desterà tanta gioia nei cuori delle persone che credono.

Marco inizia a camminare cercando di raggiungere la zona benedetta delle immaginette. Improvvisamente un fatto inaspettato e sconvolgente: il pastore, un uomo alto quasi due metri e con una forza impressionante, rimane come paralizzato da un potere sovrumano che gli impedisce di girare verso sinistra per portare la croce in quella direzione. Un altro tentativo viene vanificato da questa potenza superiore. Allora Marco viene colto da un tremito improvviso e si sente come bloccato.

L'unica alternativa per lui è salire verso destra. Improvvisamente l'uomo capisce tutto. I segnali sono precisi. Lui e Ivan devono percorrere lo stesso tragitto compiuto il 24 agosto 2003 dal veggente brasiliano. Vi ricordate? Quel tragitto con una specie di "S" iniziale, compiuto con un'agilità sorprendente nel momento in cui Edson era in estasi e seguiva l'Arcangelo Michele. Ma le sorprese non sono finite qui.

Arriva infatti un altro colpo di scena che non ha giustificazioni razionali e si può solo comprovare con la fede oppure qualificare come un fenomeno soprannaturale.

Tentando di posizionare la croce, Marco scava con le mani una piccola buca e sente come una puntura a una mano. Pensa che sia stato il morso di una vipera ma si accorge subito che la piccola ferita è stata causata da una punta di ferro che cela, nascosta sotto terra, un segreto custodito da anni e anni. Probabilmente dal periodo della Grande Guerra. Viene estratta con grande sorpresa e con tanta emozione una sorta di corona di filo spinato arrugginito. Un tondo perfetto ma appena aperto, come fosse una corona di spine. I due, emozionati e felici, capiscono: è la corona del sacrificio di Gesù trovata nell'unico posto e nell'unica direzione nella quale si era potuto muovere il pastore.

Ma questa incredibile storia si avvia all'epilogo con un altro clamoroso colpo di scena. In che modo? Raccontando il momento dell'incontro alla Malga Valazza tra il pastore Marco e il nostro maestro di sport della montagna, Pino Dellasega. Sì, proprio la persona di cui parlavamo all'inizio. È lui, il re delle escursioni delle Dolomiti, che viene a sapere dello straordinario ritrovamento. Soltanto la sera prima, scendendo di notte nella nebbia dal Castellazzo con il suo amico Mauro Morandini, aveva sentito un cane abbaiare. Essendo tutti i rifugi chiusi ha collegato il latrare dell'animale con la direzione della Malga Valazza. Al che Mauro racconta a Pino il ritrovamento della corona di filo spinato.

Il giorno dopo Pino sente fortissimo il desiderio di andare a trovare Marco Jagher e chiedergli quella corona ma inizialmente il pastore dice di no. Poi ci ripensa perché capisce che c'è un collegamento mistico tra la sua malga, la salita delle apparizioni e la zona (il monte Castellazzo) dove sarà collocato il Cristo pensante, che ha la testa cinta dalla corona di spine trovata sotto terra dietro la malga. Una corona le cui dimensioni corrispondono in modo eccezionale alle misure della circonferenza della testa del Cristo, tanto che attorno a questo primo anello ne sono stati attorcigliati altri con il filo spinato della Grande Guerra.

Un canovaccio, come si vede, lega le varie vicende e la conformazione geografica della zona e ricorda straordinariamente il rapporto mistico del territorio di Medjugorje: in Trentino si ripete lo scenario dei luoghi sacri dell'Erzegovina. Da un lato la collina del Podbrdo più bassa dove si susseguono anche adesso le apparizioni mariane e dall'altro il monte Krizevac dove si staglia nel cielo la possente croce bianca di marmo. Scenari contrapposti ma uniti che da noi sono rappresentati dalla Malga Valazza e dal monte Castellazzo.

Solo mesi più tardi, nel giugno 2009, il Cristo pensante sbarcherà sul Castellazzo dal cielo, con un'importante operazione di militari per scopi di pace, trascinato in una rete d'acciaio a bordo di un possente elicottero "chinook" decollato dall'aeroporto di Viterbo. In modo straordinariamente preciso è stato posato sulla sommità del monte. La statua pesa 20 quintali, è in marmo bianco di Predazzo (la predazzite) ed è stata realizzata dallo scultore Paolo Lauton, 63 anni, docente di scultura all'Istituto d'arte di Porta Romana a Firenze. Un maestro nella lavorazione di legno e marmo. Pino Dellasega voleva la statuina di Varsavia come bozzetto della nuova opera. Lauton ci ha pensato su e poi ha accettato. «Mi sono ispirato all'espressionismo tedesco del dopoguerra che immortalava la sofferenza, i lager. Ho colto in quella statuetta polacca gli influssi di quel dolore e della cultura nordica che trasmette la tragedia dei conflitti.»

Un problema non da poco è stato lavorare con mazza e scalpello la predazzite. «È stato un impegno molto dispendioso perché quel marmo non è omogeneo: in alcuni punti si sfalda perché troppo morbido. In altri ricorda lo statuario ed è molto consistente. Più in generale, pensando alla moltitudine di pellegrini che potevano raggiungere la cima del Castellazzo, per affidare le loro pene a quella raffigurazione di Cristo, sentivo una grande responsabilità. Non ho mai avuto paura di lavorare quel blocco bensì timore di non riuscire a trasmettere, con il mio lavoro, ciò che le persone si aspettavano di trovare lassù.»

Certo né Lauton, né Pino Dellasega potevano immaginare in quel momento che a pochi chilometri da dove si trovavano, nella val di Fassa, si sarebbe scoperto il 17 agosto 2009 che, in una chiesetta a Sorte di Moena dedicata al culto di san Giuseppe che giace sul letto morente ed edificata il 9 ottobre 1703, esiste un altro Cristo pensante in legno dello scultore Guadagnini. Straordinariamente somigliante a quella statuina che Pino aveva trovato in Polonia.

Ora, invece, andiamo a scoprire chi ha lavorato la croce che sovrasta il Cristo. Per scoprirlo bisogna andare nella zona artigianale di Predazzo, dove c'è l'azienda meccanica di Pierpaolo Dellantonio. È lui, nel tempo libero e con grande passione, che ha realizzato la croce, utilizzando una doppia lamina di cortèn, un materiale ferroso che si arrugginisce col tempo, per creare un effetto profondità e conferire ancor più luminosità all'opera, foderata all'interno con ottone per rendere spettacolari i riflessi di luce al tramonto e all'alba. All'inizio, da sinistra verso destra, il bordo delle due lamine è liscio e regolare. Mano a mano che ci si allontana dal Cristo pensante è stato disegnato e realizzato col bordo seghettato per due motivi: il primo per far capire che più ci si allontana da Gesù e più la nostra condotta è irregolare e, in secondo luogo, come per segnare la scia del vento. Nel centro della croce è stato lasciato un vuoto per dare trasparenza alla visione delle Pale delle Dolomiti.

Pierpaolo, che ha un figlio di sette anni che si chiama Alex, è credente ma non riesce ancor a trovare fiducia nell'operato della Chiesa. «Vado a passeggiare sui monti, molte escursioni, appena mi libero dal lavoro. Prego con me stesso parlando con Dio che si trova ovunque nella bellezza delle nostre Dolomiti.» Sua moglie Camilla, poco più avanti nell'età, è ancora abbastanza lontana dalla Fede. La famiglia Dellantonio è originaria di Bellamonte, agricoltori e contadini che tagliavano il fieno su quei prati verdi che fanno da cornice al Massiccio del Lagorai che si snoda verso la Val di Fiemme. Guido, il papà di Pierpaolo e suo zio Michele, insieme ad altri due amici, anni fa avevano impiantato croci di legno sulla cima del monte Viezzena Caorina sull'Alpe di Lusia, sul monte Mulat e sul massiccio del Pelenzana – monte Agnello.

«Sono onorato di continuare questa tradizione di famiglia, progettando con Pino una croce di ferro sdoppiata. La prima volta che accade da queste parti. Abbiamo usato il cortèn, ferro che arrugginisce, come simbolo delle sofferenze della Prima guerra mondiale.» Per mesi la Croce è stata imbracata nei capannoni della ditta di Predazzo. I lavori sono durati molto tempo, ma, come dice Dellantonio, quando «finalmente sono terminati è stata davvero una grande emozione».

Durante il taglio di sgrossatura della pietra, alla cava di Predazzo in località Sacac, il proprietario della cava Luciano Boninsegna, insieme a Pino Dellasega, si accorge che al centro del grande blocco di predazzite si vede chiaramente una ampia venatura concentrica di colore scuro. Pino scatta alcune fotografie di questa strana immagine e le stampa col computer per studiarle più da vicino. L'effetto è sorprendente. Come si può vedere dalle foto, al centro si scorge chiaramente il volto di una creatura mostruosa, con tanto di corna, pizzetto, occhi a punta, naso deforme e sembianze metà umane e animalesche. Il diavolo? Ma, io direi la fotocopia esatta, come si ricava dalle immagini della tradizione sacra, nelle lotte contro san Michele Arcangelo, oppure nelle iconografie classiche dell'arte sacra nel combattimento fra il Bene e il male. Una cosa è certa. Quando il maestro di trekking mi ha inviato per e-mail questa foto, l'ho pregato di farla benedire da un sacerdote prima di mandarla alla mia posta elettronica. I virus informatici li sopporto ma l'infestazione diabolica nel computer è un po' troppo!

La croce della montagna è invece costruita in cortèn, pesa sette quintali ed è stata lavorata da un artigiano di Predazzo, Pier Paolo Dellantonio. Ha la peculiarità di avere ancora i chiodi della crocifissione conficcati nella croce e il suo lato più distante da Gesù è seghettato come segno che la sofferenza e la cattiveria umana tormentata dal demonio, aumenta mano a mano che ci si allontana da Lui. E c'è già chi ritiene che una prima chiave di lettura si possa avere dall'altezza del monte: 2333 metri. Dove il 2 significa che Gesù è Dio e Uomo, 3 la Trinità (Padre, Figlio e Spirito Santo) e 33 gli anni di Gesù Cristo. Un'altra coincidenza? Forse ma siamo sempre lì, a giocare la partita tra due squadre: il Bene e il male.

Chi crede e chi no.

Sicuramente quella corona finita sul capo di Cristo ha portato una pioggia di Grazie su una terra che ha vissuto la tragedia di centinaia di migliaia di giovani morti nelle trincee della Prima guerra mondiale, ancora oggi visibili. Ragazzi mandati allo sbaraglio come carne da macello sotto il fuoco delle mitragliatrici.

Queste montagne sono state il luogo dove, Chiara Lubich, la fondatrice del movimento dei Focolarini nel 1949, in un ritiro estivo a Tonadico, dopo la messa del mattino, ebbe delle illuminazioni così profonde e così belle da essere chiamate Paradiso, tanto che questo nome venne poi utilizzato per battezzare una casa della zona. Dunque, una zona mistica già da molto tempo, prima dell'avvento del veggente brasiliano Edson il quale fino al 2003, ha sempre avuto le sue visioni nella foresta amazzonica, vicino a Manaus.

E non è neppure un caso che nella vicina Val di Fiemme ci sia da registrare la presenza di una mistica di straordinaria capacità spirituale: quella di Maria Domenica Lazzeri, meglio nota come la Meneghina, la stigmatizzata di Capriana, un paesino dove nacque nel 1815, figlia di una modesta famiglia di mugnai. Una ragazza semplice e devota che all'età di 18 anni resta immobilizzata a letto per una malattia misteriosa che la segnerà tutta la vita. Dopo la malattia segue un digiuno totale e il dono straordinario delle stigmate. Ogni giovedì e venerdì, a partire dal gennaio 1835, rivive i momenti della passione di Cristo e accetta con serena rassegnazione di condividere con lui il suo destino.

Vittima per la remissione dei peccati – come racconta il libro di Guido Sommavilla, gesuita di Moena – è stata visitata da medici e sacerdoti, da vescovi e contadini, suscitando in tutti la devozione verso il Crocifisso. Oggi sono centinaia le testimonianze di miracoli ricevuti per intercessione della "Meneghina".

Dunque, rileggendo la vita di Chiara Lubich, che raggiunse quelle zone sfollando insieme alla famiglia dopo un pesante bombardamento su Trento, e la straordinaria esistenza di Maria Domenica Lazzeri, ci si rende conto come un filo non troppo sottile possa legare la spiritualità di quegli avvenimenti fra quel gruppo di Dolomiti, Le Pale di San Martino, il Gruppo del Lagorai, le vallate di Fiemme e Fiera di Primiero e le apparizioni di Edson.

Ma la storia del Cristo pensante non finisce qui perché, con la sua presenza fisica sulla montagna e con la sua infinita Misericordia, darà pace a quelle anime tormentate dalle atroci sofferenze delle due guerre, e si arricchirà per noi di un nuovo capitolo.

La quarta persona

Chi è la quarta persona la cui vita che si intreccia con le altre tre intorno alla vicenda del Cristo pensante? E cosa ha a che fare con questa storia? Ebbene, parlando con Pino e con gli altri protagonisti, ci siamo resi conto che potrei essere proprio io quel quarto e misterioso individuo.

Per varie e strane coincidenze.

Andiamo per ordine. La prima è una circostanza casuale che si è verificata tra il 23 e il 25 luglio del 2008 quando, per un progetto della società della Trentino spa, dovevo essere presente nel comune di Carano, sopra Cavalese, per promuovere un'iniziativa di enogastronomia. Era esattamente il 24 luglio. Parto da Forte dei Marmi il giorno prima, decido di realizzare l'evento e di ripartire subito.

Ma fate attenzione a quello che succede: la sera precedente il direttore dell'Apt della Val di Fiemme, Bruno Felicetti, e il direttore marketing del Trentino Spa, Maurizio Rossini, insistono perché io rimanga: «Domani» dicono all'unisono «ci sarà una celebrazione importante accanto alla chiesa parrocchiale di Predazzo per benedire una statua di Gesù. Abbiamo bisogno che tu rimanga e poi Pino (N.d.R.: Pino Dellasega) ha studiato tutta questa vicenda e sarà presente anche lui. Tu lo conosci bene visto che avete fatto insieme tante volte il nordic walking. Ci tiene tanto che tu sia lì».

Mi sento in debito con questi amici del Trentino anche se quel periodo per me è il più brutto e difficile della mia vita. Decido alla fine di rimanere e mi ritrovo a vivere una giornata il cui significato lo potrò capire sino in fondo soltanto un anno dopo, mentre scrivo questo capitolo. La coincidenza e la singolarità della mia scelta di rimanere va a cadere nel giorno della festa patronale di Predazzo il cui santo è Giacomo. Giacomo, come il santo a cui è stata intitolata la chiesa parrocchiale di Medjugorje ben prima che si verificassero le apparizioni mariane. Una decisione, questa, che gli abitanti di Medjugorje e dei comuni vicini non potevano comprendere. Per due motivi: il primo perché san Giacomo è il protettore dei pellegrini e di pellegrini a Medjugorje prima del 1981 non se ne era vista nemmeno l'ombra. In questo lembo sperduto dell'ex Jugoslavia c'erano solo sassi, cespugli spinosi, un po' di coltivazione di tabacco e di filari d'uva da vino. Oltre a tanta miseria che portava a un alto tasso di emigrazione verso le miniere della Germania. Io, il 25 luglio 2008 lottavo per stare in piedi e per non soccombere di fronte a un male oscuro autodistruttivo che mi stava divorando. Ma sono rimasto a Predazzo e mi ricordo benissimo di aver fatto di fronte alle autorità locali un discorso inaspettato dai più che erano presenti. Un racconto in cui spiegavo della forza del Signore di dare un aiuto e chi stava sbagliando tutto nella vita.

Il secondo motivo mi è chiaro soltanto ora. Il 25 luglio 2008 a Predazzo è la festa di san Giacomo, patrono del paese esattamente come di Medjugorje. Chi l'avrebbe detto, in quel momento della mia vita, in cui soffrivo e mi dibattevo nei guai più neri, che il 2 febbraio successivo, sarei salito a piedi sulla collina del Podbrdo a cercare la pace? E che, soprattutto sarei andato a pregare nella chiesa parrocchiale dell'Erzegovina intitolata allo stesso santo, san Giacomo? E san Giacomo, patrono dei pellegrini di tutto il mondo, protegge il percorso di Santiago di Compostela, in Spagna, uno dei più grandi luoghi di pellegrinaggio.

Le coincidenze tra due situazioni inaspettate che poi si verificano nel tempo sono racchiuse tutte nello spazio di sei mesi, a cavallo tra il 2008 e il 2009, fra il Trentino e Medjugorje. E qui, in questa vicenda complessa, di coincidenze fra queste due terre ce ne sono anche troppe.

Ricapitoliamo.

Pino, il maestro della montagna, ha ideato il percorso di riflessione che porta al Cristo pensante. Marco, il pastore, ha trovato la corona di spine e ha realizzato un piccolo villaggio spirituale dietro la sua malga. Ivan, il trasportatore veneto, miracolato agli occhi, ha portato una croce in segno di ringraziamento e con il suo arrivo è stata scoperta la corona di spine.

Ma non abbiamo risposto ancora a una domanda. E il quarto uomo che cosa deve fare? Se sono io, dovrò raccontare tutto, cucire le storie, sottolinearne le coincidenze, interpretare i segni e fare quello che sto facendo in questo momento che poi è il lavoro della mia vita: scrivere, scrivere e scrivere perché questo percorso e questa malga siano conosciuti da tutti. In Italia e nel mondo. Ma c'è ancora una novità. Al termine di un ulteriore sopralluogo in Val di Fiemme a fine luglio, proprio nel momento di chiusura del libro, per mandarlo alle stampe, mi chiama ancora Pino Dellasega, un vulcano di idee in piena eruzione, per avvertirmi di un nuovo capitolo che arricchisce la vicenda del Cristo pensante.

Pino, leggendo le carte geografiche delle tre vallate Primiero, Fiemme, Fassa e le aree montuose adiacenti, fa una scoperta quantomeno strana e curiosa che merita, credo, particolare attenzione. Congiungendo due linee ideali sulla cartina geografica della Val di Fiemme e del Primiero si disegna una croce che simboleggia da una parte il sacrificio di una terra con le vittime della Prima guerra mondiale e le disgrazie (la valanga di Stava, le due tragedie del Cermis), degli ultimi trent'anni. Dall'altra una zona prediletta dai simbolismi, dagli avvenimenti e dai personaggi legati fra loro da un grande misticismo. Dunque, non solo un paradiso delle vacanze estive e invernali ma una terra il cui studio ci offre un nuovo scenario: quello del pellegrinaggio, per conoscere un inedito percorso storico che porta dritto alla Fede.

Tracciando questo cammino, da sud a nord, si uniscono idealmente località dove sono avvenuti fatti drammatici ed episodi di grande misticismo. L'estremità sud parte da Tonadico, il paese dove, durante la Seconda guerra mondiale, trovò rifugio Chiara Lubich. Sulla stessa linea, proseguendo verso nord, si tocca il monte Castellazzo dove ora veglia il Cristo pensante e proseguendo si arriva al passo Valles. Proprio qui di fronte, Aldo Leviti di Predazzo e Diego Filippi di Trento, due grandi scalatori del Collegio delle Guide del Trentino, hanno aperto una nuova via sulla cima Bureloni, un'impresa durata 14 ore filate. Il nuovo percorso è stato intitolato al Cristo pensante.

Perché? Perché sulla roccia che porta alla cima si vedono, con estrema chiarezza, i contorni di un volto che assomiglia in maniera impressionante a quello della statua del Cristo pensante: «L'abbiamo dedicata a Gesù» dice Aldo Leviti «perché aiuti noi poveri uomini a superare conflitti, sopraffazioni e intolleranze».

Ma torniamo a Malga Valazza. Marco Jagher ci ha raccontato la sua straordinaria esperienza, quando una forza soprannaturale gli ha fatto posare una croce dove è stata trovata la corona di spine, esattamente nel punto dove Edson Glauber, il veggente, ha avuto l'apparizione mariana e prima ancora quella dell'arcangelo san Michele. Proprio tra queste due zone si interseca l'altro percorso ideale che forma la seconda parte della Croce: l'estremità est, da Canale d'Agordo, il piccolo centro che per pochi chilometri è in Veneto, in provincia di Belluno, e che ha dato i natali a Papa Luciani il quale, col nome di Papa Giovanni Paolo I, ha avuto un pontificato brevissimo. Da qui, puntando verso ovest, la linea ideale supera il passo Valles e arriva nella zona del Cermis, dove la tragedia fu doppia: il 9 marzo 1976 quando una delle cabine della funivia precipitò al suolo per 200 metri provocando la morte di 42 persone, tra i quali 15 bambini. Unica sopravvissuta fu una ragazza di 14 anni. E poi il secondo episodio, ventidue anni dopo, il 3 febbraio 1998. Durante un volo di esercitazione, un caccia dell'aviazione americana, con un'operazione spericolata, tranciò la fune portante della funivia provocando la caduta da un'altezza di 80 metri di una delle cabine e la morte di venti persone. In entrambi i casi la mano dell'uomo, per negligenza, per imperizia o per colpa grave, ha causato tragedie terribili.

Nel mezzo di questi due drammi, un'altra tragedia dal bilancio ancor più pesante e sempre frutto di precise responsabilità umane. A Stava, altro centro toccato dalla linea ideale che compone la Croce, il 19 luglio 1985 i bacini di decantazione della miniera di Prestavel ruppero gli argini scaricando 160.000 metri cubi di fango sulla frazione del comune di Tesero. Fu devastazione e morte: l'ondata di fango e detriti spazzò via 268 persone. Una delle più impressionanti tragedie che abbia colpito il Trentino e il nostro paese nell'epoca moderna.

Come ogni dramma, questa strage racchiude tante storie. Ve ne voglio raccontare una perché, come tutte le storie di questo libro, l'ho appresa in prima persona a fine luglio 2009, mentre mi trovavo a scrivere il libro e a raccogliere documentazione per questo lungo e appassionante capitolo. È quella della famiglia di Dario Monteleone, settantanove anni, originario di Tunisi, padre siciliano, mamma trentina di Spormaggiore. Dario, ancora oggi, lavora come barman all'hotel Sole a Bellamonte. Infatti è lì che ci siamo conosciuti fra una chiacchiera e l'altra. La sua famiglia si trasferisce a Tesero, nella frazione di Stava, e negli anni '70 costruisce una casa vicino al corso del fiume nel fondo valle. Si sposa con Annamaria e nascono due figli, uno dei quali, Marzio, cerebroleso, dal viso angelico tanto era bello. L'altro, Giuseppe, oggi è il titolare di un bel negozio di sport a Predazzo. Quando nasce Marzio, morto poi all'età di diciannove anni, la famiglia accusa il colpo. Padre e madre si rimproverano l'uno con l'altro la responsabilità per la nascita di quel ragazzo bello ma sfortunato. Dario mi confida: «Ero avvelenato con il mondo per aver avuto un figlio handicappato. Mia madre Rosa, mi rimproverava sempre e mi rammentava un proverbio caro ai nostri vecchi: *Nù ghè un mal... ghè non ghè fusse un ben*».

Per occuparsi meglio di Marzio, nel 1980, la famiglia decide di comprare un'altra casa, un appartamento di un condominio che sorge lungo la strada che va verso Stava, molto più in alto rispetto al fiume. La casa era al piano terra, e dunque priva di barriere architettoniche e quindi era più agevole accudire un figlio costretto sulla sedia a rotelle. Un'anziana vicina, Emma, era solita dire: «Marzio è il vostro angelo custode, una persona che vi porterà alla salvezza».

Cinque anni dopo quella decisione, il 19 luglio 1985, alle ore 12, 22 minuti e 55 secondi, 180.000 metri cubi di acqua e fango fuoriusciti dalle discariche disgraziatamente costruite dalla Montecatini Spa divenuta poi Montedison, precipitarono insieme a 50.000 metri cubi di edifici distrutti e centinaia di alberi, addosso ai centri abitati di Stava e di Tesero, alla velocità di novanta chilometri all'ora, distruggendo tutto ciò che incontrarono: alberghi, case, capannoni, ponti, edifici, boschi e soprattutto annientarono la vita di duecentosessantotto persone fra cui ventotto bambini, trentuno ragazzi, centoventi donne e ottantanove uomini. Una tragedia senza limiti.

Tra le poche abitazioni che si salvarono ci fu la casa nuova della famiglia Monteleone perché situata qualche centinaio di metri più in alto rispetto alla colata di fango.

La vecchia casa che era stata affittata fu distrutta ma gli inquilini si salvarono perché a quell'ora erano tutti fuori casa.

Dunque Marzio, l'angelo custode della famiglia Monteleone, non si limitò a salvare la vita dei suoi ma aiutò anche gli abitanti della vecchia casa, un professore con la moglie di Tesero e due coniugi di Bolzano con i loro figli.

Il bimbo cerebroleso che nessuno voleva alla fine salvò tutti.

Dario, ancora oggi a distanza di tanti anni, mentre parla si commuove e fra le lacrime che gli solcano il viso ripete continuamente: «*L'aveva resun mè mama, l'aveva resun mè mama. Ah! L'aveva propi resun*».

Ma torniamo alla croce ideale disegnata sulla cartina. Il Monte Castellazzo, Passo Rolle, La Catena del Lagorai, sono le zone montuose della Val di Fiemme e del Primiero, teatro della Grande Guerra 1915-'18. In queste zone, si deve registrare la sofferenza indicibile di migliaia di giovani italiani, arrivati in stragrande maggioranza dal centro-sud, che vennero mandati in prima linea a combattere all'arma bianca contro le truppe austriache asserragliate nelle trincee fortificate. Baionette e fucili contro cannoni e mitragliatrici, protetti dalla roccia e dalle casematte. Un conflitto drammatico in cui i soldati italiani furono carne da macello. E quelli che non morirono sotto il fuoco nemico, finirono per perire per gli stenti di freddo e fame. Quel filo spinato delle trincee a forma di corona finito sul capo del Cristo pensante, dopo essere stato rinvenuto sottoterra nella Malga Valazza, è un ideale omaggio al sacrificio di queste vite. La storia e le sofferenze dei soldati, italiani e austriaci, nella zona delle Pale delle Dolomiti e del massiccio del Lagorai è stata studiata da un alto ufficiale delle Fiamme gialle con la passione della storia e una straordinaria competenza della vita in alta quota. Si tratta del generale della Guardia di Finanza Carlo Valentino, medaglia d'oro del CAI, il Club alpino italiano, inventore del soccorso alpino delle Fiamme gialle e presidente per ben 12 anni della Federazione italiana sport invernali. Ha diretto la Fisi, negli anni d'oro della valanga azzurra di Gustav Thoeni, Piero Gros, Paolo De Chiesa, e successivamente, Alberto Tomba e Deborah Compagnoni.

È stato grazie al suo decisivo intervento che il Cristo pensante e la Croce sono state posate su quelle montagne perché il generale ha richiesto l'intervento dell'esercito per l'elicottero "chinook", indispensabile per portare fin lassù la statua e la croce.

Il generale Valentino ha studiato la storia di quelle montagne a cui è molto legato. «Prima di quella guerra così sanguinosa,» spiega «Fiemme e Primiero erano state abbandonate dagli austriaci che si erano asserragliati nelle zone fortificate di Forte Druso, Someda, Forte Buso. Le truppe imperiali contavano anche su 50 chilometri di barriere naturali montagnose come la catena del Lagorai.Volevano bloccare gli italiani a Moena, zona d'accesso per Bolzano, e a Predazzo, centro strategico per poter arrivare a Trento. Il Col Bricon, il Buse de l'oro e la Cima Bocche, sono nomi di località che a noi dicono poco o nulla e invece evocano battaglie con migliaia di vittime. 3.000 morti per la conquista della Cima Bocche, una tragedia inutile perché pochi giorni dopo gli austriaci hanno ripreso il controllo della vetta. Il Castellazzo, ora meta di pellegrinaggio per il Cristo pensante, era una fortificazione italiana che fu sottoposta a pesanti bombardamenti da parte dei cannoni nemici a lunga gittata.» Dunque anche queste aree geografiche, palcoscenico della tragedia della Grande Guerra, fanno parte di questa croce geografica che idealmente, abbiamo disegnato sulle mappe.

La Meneghina

L'estremità ovest di questa linea immaginaria, al confine con la Val di Cembra, è rappresentata da Capriana, la località dove nell'Ottocento ha vissuto la stigmatizzata Maria Domenica Lazzeri, da tutti conosciuta come la Meneghina, protagonista di un cammino di sofferenza indicibile e straordinario. Dalla chiesetta in cui è stata sepolta si vedono, con il cannocchiale e anche a occhio nudo, la cima del Monte Castellazzo, dritto dritto lungo la Val di Fiemme. Dal Passo Rolle, in quel tempo, si registrarono decine di casi di pellegrini che arrivavano fino a Capriana per chiedere grazie e guarigioni a questa potentissima mistica laica che intercedeva con Gesù e che parlava con la Santa Vergine tutti i giorni. Nella sua camera c'erano due quadri dalla provenienza misteriosa, uno dedicato a Gesù, e uno alla Madonna, raffigurata in un atteggiamento materno con le braccia incrociate sul petto. Dal quadro della Madonna molte testimonianze riferiscono che la Vergine Santa uscisse dalla cornice per accudire, pulire e lavare personalmente le ferite di Domenica Lazzeri. Questo quadro è stato esaminato al computer da una artista esperta in informatica. Si chiama Siv Schonberg e oggi è una bella signora sessantenne che fa la pittrice. Vive a Capodimonte, in provincia di Viterbo. È arrivata dalla Svezia in Italia nel 1971 quando aveva solo 21 anni. È vedova e nel 1999 ha vissuto un'esperienza molto particolare che, come dice lei, le ha provocato una reazione di gioia e di gratitudine rafforzando la sua fede. Siv ha abbandonato così la dottrina luterana che non prevede la devozione della Madonna. Era il periodo in cui abitava a Roma, in zona Boccea. Un giorno stava scannerizzando al computer una foto che ritrae l'immagine della Madonna raffigurata nel quadro appeso nella camera della Meneghina. Un quadro preziosissimo che oggi viene custodito come una reliquia dall'associazione Pro Meneghina di Capriana. La foto fu spedita nel 1999 a Siv da Annalena Lazzeri, presidente dell'associazione, affinché ne estrapolasse un'immagine da divulgare fra i fedeli. Un lavoro difficoltoso, quello di Siv, perché l'immagine è molto scura ed era difficile renderla più visibile.

«A un certo momento» sono le parole di Siv «ho avuto la sensazione che quella figura che stavo osservando volesse aiutarmi. Ho avuto la netta impressione che fosse uscita dallo schermo e venisse verso di me. È stata una visione incredibile, una straordinaria sensazione di vicinanza. Mi sono ritratta all'indietro e ho provato una grande sorpresa che si è trasformata in gioia meravigliosa.» È stata una conferma della forza della Fede e dell'aiuto che mi ha sempre offerto la Madonna. Siv ha interpretato quell'esperienza come un segno. Un'ulteriore tappa di un cammino che nel 1992 aveva segnato la sua conversione al cristianesimo. Poi l'adesione alla comunità dei Figli di Dio.

«Siamo consacrati senza aver preso i voti» spiega Siv, che ricorda con parole affettuose don Divo Barsotti, il sacerdote toscano di Palaia, nelle campagne vicino a Pisa, fondatore di questo movimento. Un personaggio carismatico e un grande mistico del secolo scorso, don Divo, che ha predicato gli esercizi spirituali per Paolo VI.

Quando alla fine di luglio 2009 sono tornato in Val di Fiemme per ricapitolare le vicende del Cristo pensante, un po' tutti mi hanno tirato per la giacca spingendomi a conoscere la vera storia di Anna Maria Lazzeri: dal presidente Piero Degodenz, al direttore Bruno Felicetti, mio caro amico, ai sindaci di Predazzo e Cavalese e persino tanta gente della Val di Fassa e del Primiero.

Insomma, la Meneghina qui è vista come un'icona di santità, ma il cruccio di tutti è presto detto: «È stata una grande donna, che ha dedicato una sofferenza indicibile a Gesù vivendo in maniera soprannaturale, ma ancora oggi dopo tanti anni nessuno ha preso a cuore la sua vita. Quando diventerà beata? Quando diventerà santa? Le grazie che sono piovute in queste vallate e nell'Europa del Nord fra Austria, Germania, Inghilterra, Svizzera, non si contano più. Sono centinaia. Chi le renderà giustizia terrena per ciò che ha fatto e per quanto sofferto?».

Ho incontrato Anna Lena, presidente dell'associazione Amici della Meneghina, i primi di agosto 2009. È una signora di 86 anni, molto attiva e ancora con tanta voglia di portare avanti la crociata per la sua omonima. Il suo sogno è vedere compiuto il percorso per il riconoscimento della beatificazione di Maria Domenica Lazzeri.

L'istanza di beatificazione della Meneghina è rimasta ferma per trent'anni, dal 1968, per volontà dell'allora vescovo di Trento, a causa di quei misteri che spesso avvolgono l'attività della Chiesa. La pratica è stata riaperta tra il 1995 e il 2000 dalla stessa Diocesi trentina e finalmente è stata inviata in Vaticano alla Congregazione per le cause dei santi. Le due guerre mondiali hanno distrutto molto materiale probatorio sia documentale che di testimonianze verbali favorevoli alla sua beatificazione. Vediamo i punti salienti della sua vita.

Maria Domenica Lazzeri fino all'età di 18 anni ha lavorato al mulino di papà Bortolo e mamma Margherita. È nata il 16 marzo 1815, ed è morta alle 8 del mattino di un venerdì santo, il 4 aprile 1848. Quando nacque era la sesta figlia di mamma Margherita e papà Bortolo, soprannominato Tomasi dal Casal. Domenica ha perso molto presto il padre e ha portato avanti la piccola e modesta azienda familiare, un vecchio mulino e una sega ad acqua, insieme alla mamma e al fratello Pietro.

Nel 1833, quando aveva solo 18 anni, è accaduta una vicenda che le ha cambiato la vita: vide arrivare due loschi figuri che cercarono di entrare nel mulino. La vista di quei due briganti e lo choc provato, mentre si nascondeva terrorizzata, le procurarono un male devastante: febbre, vomito, convulsioni. Quelli che oggi si chiamano attacchi di panico. Da quel momento la vita di Maria Domenica fa registrare una svolta clamorosa. Le sue condizioni cominciano a essere studiate un po' da tutti ma a livello medico non si riesce a curare questa sindrome misteriosa. Rifiuta cibo e acqua. Pare proprio che si immedesimi nella Passione di Cristo e il fenomeno che la vede protagonista è straordinario, inspiegabile, avvalorato da centinaia di testimonianze. La sua unica fonte di sostentamento è una porzione di ostia. Non siamo neanche a metà dell'Ottocento ma le notizie di quello che accade alla Meneghina fanno il giro d'Europa, addirittura del mondo. La stampa mondiale si occupa della stigmatizzata di Capriana, dalla Nuova Zelanda agli Stati Uniti. Tutti parlano di questa giovane che riesce a vivere senza mangiare e bere e che viene visitata da luminari medici dell'epoca.

Centinaia di pellegrini vogliono vederla, parlare con lei, chiederle grazie e guarigioni, sfidando un percorso da capre per arrivare lassù fra mille pericoli. Ha cinquanta ferite sulla fronte, corrispondenti ai segni della corona di spine di Nostro Signore. Vive quasi costantemente a letto, con il piede destro e quello sinistro accavallati, nella posizione di Gesù sulla Croce. È anche in possesso di qualità soprannaturali. Una donna di Anterivo la va a trovare interrogandola sul futuro del figlio. Lei le risponde di non preoccuparsi perché il ragazzo, Johann Baptist Zwerger, diventerà religioso e salirà al soglio della Diocesi austriaca di Graz. Previsione che puntualmente si avvera.

Dalle testimonianze dell'epoca emergono anche altre straordinarie qualità della Meneghina: riesce a capire i pellegrini di qualsiasi lingua ed etnia la vengono a trovare per parlarle, è capace di ascoltare e commentare la parola di Dio anche a centinaia di metri di distanza dalla Chiesa. E ogni venerdì – il giorno della Passione di Cristo – dal suo corpo piagato sgorga sangue che però nel caso dei piedi non defluisce, come vorrebbe la legge fisica, verso il basso ma risale in senso verticale.

L'esistenza straordinaria e tormentata di Maria Domenica Lazzeri, si chiude prematuramente. Muore nel 1848 all'età di 33 anni, gli anni di Cristo, e di lei si continua a parlare per un altro secolo. Prima che sulla Meneghina cali un apparente oblio che Annalena Lazzeri vuol dissolvere: «Farò di tutto fino all'ultimo istante della mia vita per vedere questa donna beatificata dal Vaticano. Spero tanto che lei, Paolo, mi possa aiutare. Faccia tutto quello che può, perché la Meneghina è stata una grande santa e le difficoltà che ha avuto, gli ostacoli burocratici, le due guerre, sono testimoni delle opposizioni terribili che il destino le ha riservato. La prego, aiuti me e questo piccolo paese che» sottolinea Anna Lena con un filo di voce rotta dall'emozione «ancora oggi vive lontano dai clamori e dai benefici del turismo più ricco. Noi vogliamo solo giustizia ma ogni sforzo sembra vano. Io non mi arrendo, l'associazione lotterà fino alla fine». Penso a questa vicenda e mi chiedo che cosa posso fare. Sinceramente non lo so, ma credo che aiuterò questo piccolo paese. La Meneghina mi è già entrata nel cuore. Giro intorno alla chiesa del paese, che è circondato in tutti e quattro i punti cardinali da una croce di legno antichissima. È l'unico paese che vanta questa peculiarità. Mi avvicino al parapetto sul retro della parrocchia e guardo giù nella vallata fino a arrivare a scorgere il Castellazzo, la montagna della croce e del Cristo Pensante. Mi viene un'illuminazione dal Cielo e penso fra me e me: «Sarà Lui, e non io, ad aiutare la Meneghina».

Ora che abbiamo disegnato la croce virtuale sulle mappe geografiche di questa zona del Trentino, non ci rimane che ripartire da quella montagna a 2333 metri che si staglia nel Gruppo delle Pale. Lì, sul monte Castellazzo, dove ci sono la croce e il Cristo pensante, c'è il centro del nostro giro spirituale. Qui si respira un'aria particolare, a partire da quel 16 giugno 2009, quando l'elicottero ha posato il Cristo e la sua croce. Un'aria mistica, come quella della Malga Valazza o del Podbrdo e del Krizevac a Medjugorje. Sono sicuro, come spesso ci diciamo insieme al mio amico Pino Dellasega, che lassù molti arriveranno anche solo per curiosità. Ma quando saranno lì qualcosa cambierà nei loro cuori. Tanti pregheranno e molte conversioni nasceranno fra quei sassi, come fra i sassi e la terra rossa di Medjugorje.

Fra le regine delle Dolomiti (Pale, Marmolada, Lagorai, Latemar, in lontananza il Gruppo del Brenta), si sentirà il profumo dei rododendri rosa e rossi e si ascolterà forte il richiamo di Dio e di suo Figlio, colto nell'atto di meditare sui destini dell'uomo.

Capitolo 14
I TRE MIRACOLI DEL TERZO VIAGGIO

Il terzo viaggio per Medjugorje è un regalo che mi volevo fare, un desiderio che veniva dal cuore. Si trattava di decidere dove andare in vacanza, dove passare il tempo libero da impegni televisivi e da qualunque tipo di lavoro, dal 22 maggio al 5 luglio 2009.

Avevo un solo e unico sogno dentro di me: tornare di corsa a Medjugorje. E questo sogno era ancora più ambito nel momento in cui sull'agenda scopro che il 24 e il 25 giugno sono due date fondamentali per le apparizioni mariane in Erzegovina. Ricorre, infatti, il ventottesimo anniversario. E poi, il 2 luglio, Mirjana sarà alla Croce Blu, alle 9 del mattino, insieme alla nostra amata Madonnina o, come la chiama quel santo di don Mario di San Donato a Livizzano di Montespertoli, la nostra Mammina d'oro. Giuro che di quest'uomo benedetto parlerò a lungo nel prossimo libro. Figuriamoci, dunque, se mi perdo quei giorni straordinari in quel posto che per me è l'anticamera del Cielo. Parto lunedì 22 alle 19 in punto da Forte dei Marmi, per arrivare all'una di notte ad Ancona e prendere il traghetto.

Un grande segno mi accompagna per quel viaggio. Lo abbiamo visto lungo il percorso del raccordo autostradale tra Versilia e Lucca centro, subito dopo le gallerie che scollinano verso la Lucchesia. In auto, io e la mia compagna di viaggio, Simona Amabene, trent'anni, spezzina, alta, mora, una gran bella e brava ragazza, timorata di Dio. I suoi genitori sono proprietari del Bracchetto Vetta, un grande campeggio vicino alle Cinque Terre, in una zona paradisiaca a due passi dal mare di Levanto sotto il santuario della Madonna di Roverano. Bracchetto prende il nome dal Passo del Bracco, il mitico tratto della Vecchia Aurelia, passaggio obbligato prima della costruzione dell'autostrada. Oggi si può arrivare al santuario, amatissimo dai pellegrini della Liguria e dell'Alta Toscana per le numerose Grazie di questa Madonnina, uscendo comodamente al casello di Carrodano-Levanto della A12.

Insieme a lei siamo stati testimoni di un arcobaleno di dimensioni eccezionali, grandissimo, molto nitido e dai colori sgargianti, tanto che parevano appena dipinti da un grande artista.

In vita mia non avevo mai visto una cosa del genere. Siamo rimasti abbagliati. Ricordo che quel giorno si formò una lunga fila di auto sulla corsia di emergenza dell'autostrada. Purtroppo non avevamo la macchina fotografica ma se qualcuno potesse inviarmi quella foto mi farebbe felice.

Ricordatevi, 19 luglio, poco prima delle 20, sopra la campagna lucchese: paolobrosio@paolobrosio.com.

Se dovessi raccontarvi tutte le emozioni e le vicende meravigliose di quei giorni ci vorrebbe un altro libro. Voglio solo ricordarvi quello che mi detta l'esperienza di questo nuovo percorso verso l'Erzegovina.

Per arrivare ad Ancona, dove ci imbarcheremo, abbiamo scelto la vecchia strada che si imbocca dall'Autosole, attraversando l'Umbria. Da qui, attraverso un passo, si raggiungono le Marche. Per farla breve, tante curve e un impegno saltato, che avevo preso con un caro collega che mi ricorda i tempi stupendi di *Quelli che...* di Fabio Fazio: il mitico Tonino Carino, che mi aspettava per cena.

La mattina dopo il mare è in burrasca e la corsa del traghetto superveloce delle 11 verso la Croazia è annullata.

Nervosismo, lunghe code in banchina e botteghini della Snav presi d'assalto. Quel giorno ho imparato una cosa: non c'è contrarietà che non generi una novità se non, addirittura, qualcosa di speciale.

Bisogna sempre affidarsi a Dio.

Accanto a me, Chiara Amirante, Daniela Martucci, "Chicco" Zanni di Nuovi Orizzonti e Simona. Passato il primo quarto d'ora di preoccupazione ecco arrivare il nostro "angelo custode". È Stefania Vago, l'armatrice della Snav.

Alta, magra, bionda, donna di classe col piglio da manager, in pochi minuti, col suo staff, sistema noi e tutti quanti gli altri in una motonave delle linee croate, in partenza per la notte destinazione Spalato.

Da quel momento Stefania sarà nostra amica e, come per magia, ci raggiungerà a Medjugorje per pregare con noi. Approfittiamo del pomeriggio per visitare il santuario di Loreto, dove acquisto sette ceramiche di angeli custodi, per quegli angeli veri che sono le consorelle di suor Kornelya.

Insieme a Chiara, rimango a lungo inginocchiato a pregare nella basilica dove, come è noto, c'è la ricostruzione parziale della casa della Santa Vergine Maria, con i mattoni e le travi originali della Palestina.

Tante sono le cose da raccontare in questo terzo viaggio. Due storie, prima di tutto e, al ritorno, una terza, che mi fanno capire una cosa molto importante: Medjugorje è una inesauribile fonte di spiritualità ma le vicende che hanno il timbro della mano di Dio possono essere molto vicine alla porta di casa nostra. Basta vedere e riconoscere il segnale che ci viene dal Cielo e per poterlo fare, dobbiamo cercare la Fede ogni giorno nel nostro cuore.

Ecco perché ora vi racconterò queste tre storie. Le prime due, frutto soprannaturale di Medjugorje. La terza, ambientata a casa mia in Versilia, un dono celeste della Madonnina di Lourdes.

Jeshua, il piccolo Gesù di Putignano

Nel suo nome c'è una sorta di predestinazione. I genitori del protagonista lo hanno chiamato Jeshua, il nome di Gesù in ebraico. La storia di questo piccino è una vicenda vera, intrisa di sofferenze, apprensioni e contraddizioni, tanto da apparire incredibile.

Jeshua nasce a Putignano, in provincia di Bari, il 9 febbraio 2007. La sua è un'esistenza di quelle che si definiscono "sfortunate". Già poche ore dopo la nascita, Jeshua non sta bene. Il primo verdetto è drammatico: «Sospetta cromosomopatia, ovvero sindrome di down e plagiocefalia, torcicollo congenito con inclinazione del collo verso sinistra».

La situazione della sanità in Puglia è controversa. Ci sono ospedali all'avanguardia, molti altri che lasciano a desiderare. Nel caso di Jeshua, c'è il sospetto che qualche cosa non abbia funzionato per il verso giusto. È questo il pensiero di Betty e Manuel, i genitori del piccolo protagonista che parlano, senza mezzi termini, di «ritardi nell'effettuazione della Tac che hanno inciso sulla tempestiva individuazione di una diagnosi corretta». Infatti, dopo appena tre mesi di vita Jeshua manifesta un rigonfiamento dell'occhio sinistro che quasi non riesce più ad aprire.

La mamma si affida alle cure di un oculista ma si sente dire che basterà un po' di collirio per risolvere il problema. Diagnosi più sbagliata che superficiale, perché il problema è di ben altro spessore. La situazione si aggrava e la famiglia si rivolge all'ospedale pediatrico Giovanni XXIII di Bari, reparto di ortopedia e traumatologia, dove vengono inizialmente esclusi problemi importanti. «Mi dicono» dice Betty, la mamma «che la testa di Jeshua tende ad andare verso sinistra a causa della postura del parto.»

Passano alcuni mesi e la situazione degenera.

C'è una data impressa in modo indelebile nella storia della famiglia del bambino: il 23 dicembre 2008. Fervono i preparativi per il Natale, ci si preoccupa dei regali e di realizzare l'albero. Ma, all'improvviso, la mamma vede che sulla tempia sinistra del piccolo è comparso un piccolo nocciolo, simile a una pallina.

Sotto le feste negli ospedali l'attività di routine è molto ridotta. Bisogna attendere il 29 dicembre per la visita e l'ecografia in uno studio medico di Turi, vicino a Bari. L'analisi dei sanitari, ancora una volta, sembra rassicurante: «Quel rigonfiamento» dicono «non è che un accumulo grasso, una ciste sebàcea, che potrà essere asportata quando Jeshua avrà 5 anni, affidandosi semplicemente a un dermatologo». Secondo il medico non c'è bisogno di ecografia e nemmeno di ritornare per un controllo.

Le difficoltà arrivano in un momento già critico per la famiglia: era appena mancata, improvvisamente, la nonna del piccolo che aveva solo 58 anni, colpita da una leucemia fulminante e alla quale la mamma del bimbo era molto legata.

Il 2009 comincia, così, in maniera drammatica, per la famiglia di Jeshua. Ma, tra angosce e interrogativi intanto, il piccolo continua a peggiorare: compare una tumefazione nella sede orbitale dell'occhio sinistro.

Sempre più disperata, la mamma decide di interpellare i sanitari dell'ospedale voluto e fondato da padre Pio che è un ottima struttura sanitaria, apprezzata a livello nazionale. I genitori del bimbo non hanno molta Fede e quindi non sono particolarmente devoti al santo di Pietrelcina, ma sentono comunque il desiderio di portare Jeshua proprio in quell'ospedale per aver un diverso parere medico ma soprattutto seguendo una sensazione che non si può spiegare in modo razionale.

Alla fine, arriva la svolta. La famiglia riesce a contattare un primario di onco-ematologia pediatrica dell'ospedale Sollievo della sofferenza di San Giovanni Rotondo che ordina una TAC e un prelievo.

La sentenza sembra senza appello. I medici, dopo la visita e gli accertamenti, dicono ai familiari che Jeshua – a meno di un mese dal suo secondo compleanno – ha soltanto pochi giorni di vita.

Il responso della dottoressa Lucia Miglionico parla di tumori diffusi in tutto il corpicino dovuti a un neuroblastoma mediastinico al quarto stadio, con infiltrazione midollare e metastasi scheletriche. Insomma, il tumore ha invaso le ossa del cranio, il retro dell'occhio sinistro, le ossa del bacino, il midollo osseo, le braccia, le gambe e ha ingrossato a dismisura i linfonodi della gola. Basterebbe tutto questo per far piombare qualunque genitore nella più totale disperazione. Inoltre la TAC rivela che, dietro il polmone destro, Jeshua ha una formazione tumorale di sette centimetri e mezzo.

I genitori col terrore nel cuore, si affidano completamente alle cure dei medici. Il 19 gennaio 2009, dopo l'ennesima Tac, viene deciso il ricovero immediato e un urgentissimo ciclo chemioterapico di ottanta giorni che prevede autotrapianto e radioterapia.

La massiccia presenza di metastasi non lascia speranze: i medici del reparto e il primario, il professor Saverio La Dogana, parlano chiaro: «La situazione di Jeshua è drammatica, la scienza medica non vuole illudere nessuno ma, almeno in questo caso, abbiamo scoperto chi è il nemico da combattere».

I genitori del bimbo interpretano queste frasi sincere come un messaggio di speranza. «Ricordo ancora quell'incontro con i medici come fosse ieri» spiega Betty, la mamma «e di essermi alzata dalla sedia ringraziandoli. Uscendo mi meravigliai di averlo fatto, ma capii che era il giusto atteggiamento perché i medici furono straordinariamente chiari ma anche delicati nel comunicarmi una malattia così terribile.»

La vita della famiglia cambia drasticamente.

Papà e mamma si trasferiscono a San Giovanni Rotondo, prendendo una casa in affitto.

La fiducia si alterna allo sconforto. La mamma è incredula, smarrita. Si fa mille domande, vuole mille risposte. «Perché proprio a me?» si chiede in continuazione, ma ha fiducia nel lavoro di quella equipe medica, nel primario Saverio La Dogana e nella sua assistente, la dottoressa Lucia Miglionico. Una donna straordinaria, quest'ultima, capace di infondere serenità e tranquillità.

I cicli di chemioterapia e tutti i trattamenti oncologici continuano a essere un calvario sia per Jeshua che per i suoi familiari. Il piccolo soffre, i parenti patiscono nel vederlo soffrire.

Il dolore di Jeshua non è l'unico in quel reparto di ospedale dove storie drammatiche e struggenti convivono l'una accanto all'altra. La mamma del bambino lega in particolare con Rosa, una donna che ha passato 14 anni in quell'ospedale per curare sua figlia Benedetta, dolcissima ragazza che è poi volata in cielo tra le braccia del Signore.

Jeshua fu molto colpito dal non vedere più quella piccola amica a cui si era tanto affezionato. Per giorni l'ha cercata e ha chiesto notizie di lei.

Ma Benedetta non era l'unica persona che il bambino cercava continuamente. La mamma lo sentiva ragionare spesso da solo nella stanza d'ospedale e aveva cominciato a preoccuparsi. Un giorno gli chiese con chi parlasse e si vide indicare l'immagine del santo di Pietrelcina appesa a una parete della stanza. Jeshua diceva di vedere e di parlare con padre Pio. «Papa Pio, papa Pio», lo chiamava.

Mamma Betty era quasi tramortita dallo stupore. Come poteva un bambino così piccolo inventarsi una visione del genere? A due anni i bambini sono certamente curiosi e attenti a tutto, ma l'immagine di padre Pio non era mai stata particolarmente presente nella sua giovane vita.

Nel frattempo, il quadro clinico di Jeshua appariva caratterizzato da alti e bassi. I trapianti e le trasfusioni si moltiplicavano ma la situazione delle metastasi rimaneva drammaticamente stabile: linfonodi profondi alla gola, alla tempia, al femore, masse tumorali diffuse in tutto il corpo.

«Leggendo quotidiani e settimanali, guardando in tv le immagini della conversione di Paolo Brosio» ricordano Betty e Manuel «e della sua devozione per la Madonna di Medjugorje, abbiamo deciso di portare il piccolo Jeshua nei luoghi santi dell'Erzegovina.»

È il primo di luglio del 2009.

Il viaggio è reso possibile soltanto da un improvviso e inspiegabile miglioramento delle analisi del sangue del bimbo. I livelli delle piastrine da 5.000 salgono a 160.000 permettendo al bambino di essere trasportato anche per un lungo viaggio come quello per Medjugorje. Un fatto, questo, che non trova riscontri nella normale casistica medica, nonostante le trasfusioni del 30 giugno.

Il primo di luglio la guida Michele Vasilj, sapendo del mio appuntamento del giorno dopo con la veggente Mirjana, mi chiama al telefono chiedendomi di occuparmi di questo bambino che io non conosco, che viene dalla Puglia e che ha molto bisogno perché vive una situazione disperata.

Sono le 8,45 di luglio e sono in mezzo a due ali di folla che premono sul corridoio di transenne sistemate dal servizio di sicurezza del santuario. Centinaia, migliaia di persone che si accalcano intorno alla Croce Blu dove la Veggente Mirjana sta per arrivare per l'apparizione della Madonna come ogni due del mese.

Mezz'ora prima avevo chiesto e ottenuto dal marito di Mirjana la possibilità di portare Jeshua accanto a sua moglie sotto la Croce Blu, al cospetto della Madonnina, durante l'apparizione.

Jeshua aveva il volto tumefatto e le occhiaie profonde, la testa gonfia. Lo stringevo forte fra le mie braccia. Intanto salivamo faticosamente verso la statuetta della Madonna, rischiando di scivolare sulla terra rossa bagnata dalla pioggia della notte, fra sassi e pietre appuntite.

La commozione era grande, la speranza altrettanto.

I genitori mi seguono come due automi, affidandomi il figlio tanto amato.

Ho tanta paura di cadere. Lo stringo forte forte, non vedo l'ora di arrivare alla Croce Blu e, intanto, passo fra due ali di folla, tra i tanti pellegrini provenienti da tutte le parti del mondo.

Ci sono moltissimi italiani. Mi riconoscono. Mi chiamano per nome. Mi dicono: «Dai Paolo, forza, vai avanti così non mollare mai».

Dopo l'apparizione ringraziamo Mirjana e ognuno va per la sua strada, io per la mia, Jeshua e la sua famiglia per la loro.

Ma in mezzo a migliaia di persone, ancora una volta, non so come, incontro la famiglia pugliese per ben tre volte: la prima volta in un supermercato affollato di pellegrini, molti dei quali italiani; la seconda al centro di accoglienza di suor Kornelya; la terza volta la sera tardi, dopo le 22, nella zona del *silentium*, dove i fedeli si rivolgono al Cristo Crocifisso in mezzo agli ulivi circondato dai lumini rossi accesi, per chiedere le grazie. Un ago in un pagliaio? Anche più difficile, visto le migliaia di persone che invadono i luoghi santi di Medjugorje. Un caso, una fatalità?

Ogni volta che il bimbo mi vedeva, ripeteva, in continuazione, sorridendo: «Paolo... Madonnina... Paolo...».

Un bambino di 30 mesi come può collegare la Madonna e me in un modo così chiaro e forte? L'emozione fu grandissima, non potrò mai dimenticare il volto sorridente di quel bimbo sofferente e felice di vedermi, felice di chiamare la Madonna insieme al mio nome. Un segnale che solo più tardi riuscì a trovare una spiegazione straordinaria.

Due giorni dopo rientro in Italia col traghetto da Spalato per Ancona e così Betty e Manuel col loro figliolo, con un aereo che parte da Mostar diretto a Roma.

Non so più nulla di loro fino al 20 luglio, quando mi arriva un sms attraverso il cellulare del mio segretario. L'ho conservato come una reliquia e ve lo propongo integralmente:

> Ciao Paolo, siamo Jeshua, Manuel e Betty, la Madonna ha fatto il primo miracolo. Devi sapere che dopo 8 giorni da quell'evento siamo ritornati a Medjugorje e risaliti sulla collina. Jeshua ti cer-

cava, ti chiamava, diceva: «Paolo dove sei? Vieni qui». Noi siamo felicissimi. Jeshua ieri (N.d.R. 19 luglio, ospedale di San Giovanni Rotondo) ha fatto la TAC, e il risultato è che la massa tumorale da 7,5 centimetri si è ridotta prima a 5-6 centimetri e poi a 3,3 centimetri. I linfonodi che avevano compresso la testa non ci sono più… Ci sono solo cicatrici... Abbiamo promesso alla Madonna di rivederci ancora per ringraziarla. È inutile dirti la gioia e la serenità che ci hai trasmesso. Dio ti benedica. A presto.

Questa la sintesi dei fatti che precedono l'sms del 20 luglio.

Il 3 luglio la famiglia di Putignano sbarca a Roma e quando il piccolo Jeshua scende dall'aereo dalla scaletta, guarda nel cielo e dice: «Ciao, Madonnina, ciao Madonnina…». La settimana successiva la famiglia sente il desiderio di tornare a Medjugorje. Quando il bimbo arriva alla Croce Blu, si ricorda di tutto, invoca la Madonnina e chiede ai genitori dov'è Paolo. Il 17 luglio lo ricoverano per la TAC. Il 18 e il 19 gli esami procedono regolarmente. La dottoressa Lucia Miglionico conferma che al posto dei tumori che avevano devastato le ossa della testa, delle gambe, delle braccia e i linfonodi alla gola, ora ci sono soltanto cicatrici. L'unico tumore ancora esistente è quello dietro al polmone ridotto da 7,5 centimetri a 3,3 centimetri.

Il miracolo nei quartieri spagnoli

Questa è la storia di una ragazza che, a 24 anni, nel pieno della vita, si era rassegnata a vedere un futuro nero, buio. E non per modo di dire. Per otto anni uno dei suoi occhi era stato irrimediabilmente compromesso da un'infezione virale che si nutre del nervo ottico e che può provocare la completa e irreversibile cecità.

Raffaella è la classica bellezza partenopea, nata e cresciuta a Napoli, in un vicolo dei quartieri spagnoli. Un'adolescenza normale in un quartiere molto difficile. Ma a 16 anni, proprio nel periodo in cui si fanno luminosi progetti per il futuro, per lei si è fatto improvvisamente buio.

22 dicembre 2001, mancano poche ore alle vacanze di Natale. A scuola il consueto clima di allegria che accompagna le feste. Raffaella scherza con gli amici, segue le lezioni al liceo psicopedagogico "Margherita di Savoia" vicino al centro di Napoli e nulla lascia presagire cosa sta per accadere.

Durante l'orario scolastico, la ragazza comincia improvvisamente a vedere scuro dall'occhio destro, sempre più scuro, inspiegabilmente più scuro. Si spaventa e, soccorsa da amiche e compagni di scuola, viene trasportata all'ospedale Cardarelli. La diagnosi iniziale dei sanitari non è preoccupante. «La ragazza ha accusato solo un calo di pressione. Un po' di riposo a casa e guarirà.»

Non sarà così. Purtroppo.

Passano Natale e Capodanno e Raffaella sta sempre peggio. È il 4 gennaio 2002 quando si sottopone alle analisi al centro oculistico Ordine di Malta in via Cariati, dove lo specialista si accorge che, all'interno dell'occhio, è successo qualcosa di grave. Immediato il trasferimento all'ospedale dei Pellegrini nel quale i sanitari accertano che si tratta di un problema neurologico. Ma sarà in un'altra struttura sanitaria napoletana, il Loreto Mare, che, dopo quindici giorni di ricovero, gli accertamenti, compresa la risonanza magnetica, daranno la diagnosi corretta, la terribile verità. Raffaella Mazzocchi è affetta da una malattia il cui nome suona in modo complesso e inquietante: neurite ottica retrobulbare. Un virus le sta, infatti, distruggendo il nervo ottico in maniera irreversibile.

La trafila negli ospedali continua perché in breve tempo Raffaella, dall'occhio destro, ormai non vede più nulla. Al centro oftalmico di Roma viene convocato un summit dove sei luminari confermano che si tratta di una patologia irreversibile. In una parola: incurabile.

Raffaella è disperata e con lei tutta la sua numerosa famiglia.

La ragazza è nata e cresciuta in una zona a rischio, i quartieri spagnoli, dove vivono famiglie oneste purtroppo accanto a gente legata al mondo della malavita. Ma i Mazzocchi sono gente timorata di Dio, molto religiosa e la figlia, infatti, abitualmente frequenta la parrocchia di san Anna in Palazzo dove è impegnata nell'animazione dell'oratorio. Ha fatto parte della Caritas come volontaria ed è particolarmente legata al fratello Pino e alla cognata Annalisa. Anche questa coppia ha un problema, certamente meno grave di quello di Raffaella ma che può mettere in crisi una coppia: non può avere figli.

Sono anni difficili per questa ragazza e per chi le sta vicino. Ha tanta fede e questo l'aiuta ma le sue condizioni fisiche non possono non pesare come un macigno su quelle psicologiche. Si trova costretta a prendere antidepressivi, dorme poco, prega molto.

Arriva il giugno 2009. La ragazza si sottopone a un ultimo esame, un ultimo disperato appello alla scienza medica. Il professor Antonio Pascotto, che l'ha in cura da tempo, non può che confermare ciò che tutti temevano ma che nessuno aveva il coraggio di dire: l'occhio destro è irrimediabilmente compromesso.

Ma nel buio si accende una fiammella di speranza.

Disperati, mamma Filomena e gli altri parenti decidono di portare Raffaella a Medjugorje, per chiedere la grazia, pregare e auspicare l'intervento della Madonna anche per Pino, il fratello, e la sua compagna i quali non possono avere figli. La comitiva di pellegrini, partita in pullman da Napoli, si sobbarca un lunghissimo viaggio verso i Balcani.

È l'anniversario delle apparizioni, il 24 giugno 2009, quando la ragazza napoletana inizia la scalata del Podbrdo, il monte dove la Madonna si è svelata ai veggenti.

«Erano le 18,44 e avevamo ultimato la scalata del monte delle apparizioni» dice Raffaella «quando inizia un fenomeno straordinario: la rotazione del sole. Mi sono messa a guardare la palla di fuoco con la protezione di un paio di occhiali. Improvvisamente sono stata colta da una cecità totale, durata cinque o sei minuti.»

Raffaella viene travolta dallo sconforto. Anche l'occhio buono ha perso la sua luce. L'unica che le era rimasta. Per lunghissimi secondi crede di esser diventata totalmente cieca. Abbassa gli occhi, vorrebbe solo piangere.

Ma, incredibilmente e improvvisamente, vede l'immagine delle sue scarpe.

«Non volevo crederci, avevo abbassato lo sguardo. Ho alzato gli occhi e mi sono accorta che vedevo perfettamente con entrambi gli occhi. Mi sono messa a piangere, a ridere. Ero felice e impaurita al tempo stesso. Terrorizzata che si trattasse di un sogno e che presto tornasse l'amara realtà.»

Accanto a lei ci sono i parenti e gli amici che gridano al miracolo, con tutta la partecipazione e la passione dei napoletani. La notizia di quella guarigione miracolosa inizia a spargersi per tutta la vallata dove si trovano i luoghi santi. Arriva anche alle mie orecchie mentre sono alla Croce Blu, poco distante da lei mentre prego e, con gli occhi increduli, guardo il sole che continua a ruotare. Cerco disperatamente di trovare quella ragazza e corro verso il Podbrdo. Ma ogni ricerca è vana. Ci sono centinaia di pellegrini italiani e stranieri. Con me stavolta ci sono gli amici del Trentino che erano in vacanza a Zara, Bruno Felicetti e Piero Degodenz, anche loro attoniti, silenziosi di fronte al miracolo del sole e alla notizia di questa ragazza che aveva riacquistato la vista. Mi metto l'animo in pace, mi affido alla Madonna per questa ricerca: se è destino la troverò. Il giorno dopo vado nella chiesa di San Giacomo per partecipare alla messa, celebrata dai sacerdoti di Nuovi Orizzonti.

In mezzo a centinaia e centinaia di fedeli sento la voce di una donna che con forte accento napoletano ringrazia la Vergine Santa per aver ridato la vista a sua figlia. È un fatto incredibile o meglio è la volontà del Cielo che mi consente di trovare Raffaella e di essere così testimone di questo miracolo. Abbraccio questa signora e le chiedo di parlare con sua figlia. L'incontro con lei è commovente. Raffaella non riesce ancora a rendersi conto di quanto stia accadendo, mentre tutto attorno i pellegrini napoletani fanno festa.

Facile immaginare lo stupore dei sanitari partenopei quando, al rientro a Napoli, la ragazza è stata visitata. I medici non hanno potuto far altro che constatarne l'inspiegabile guarigione rimanendo sconcertati dal repentino decorso della malattia.

«Non credevano che fossi guarita perfettamente» dice Raffaella. «Adesso ho una vista anche migliore di prima.»

Questa bella e simpatica ragazza ha 12/10 di diottrie da entrambi gli occhi perché vede benissimo anche dall'altro bulbo oculare che non era aggredito dal male ma che, negli anni, per lo sforzo di compensazione, aveva perso qualche grado.

«Il mio nervo oculare è rosa come quello dei bambini appena nati. Non c'è più nessuna traccia della malattia.»

Raffaella Mazzocchi ora è una ragazza felice che la scorsa estate si è concessa anche la prima vacanza, dopo tanti anni.

«È tutto così bello, quasi incredibile. Devo dire solo grazie alla Madonna. Ora ho un unico desiderio, che mio fratello e mia cognata possano avere tanti figli.»

Il giovane atleta della Madonnina di Lourdes

Quasi ogni settimana, da quando sono tornato da Medjugorje, vado dal fiorista, che dista solo cento metri dalla mia casa di Forte dei Marmi, per comprare fiori bianchi da mettere vicino alla statuetta della Madonna. Un gesto, questo, che sembra ripetitivo, ma che è dettato dal cuore: attraverso i fiori voglio dedicare il sentimento di riconoscenza per la grazia che mi ha fatto la Vergine Santa. Il mio fiore preferito da dedicare alla "Gospa" è diventato l'orchidea bianca.

In una delle ultime occasioni ho avuto modo di scambiare quattro chiacchiere con la proprietaria del chiosco di fiori di Vittoria Apuana, Michela Bartini. Le nostre conversazioni sono cominciate quando le ho chiesto di indicarmi quali fossero i fiori preferiti dalla tradizione popolare con cui omaggiare la Madonna. Un discorso tira l'altro è Michela si è commossa sentendo la mia appassionata devozione alla Vergine di Medjugorje. E pian piano si è sciolta nelle confidenze e mi ha raccontato una bellissima storia familiare che la vede protagonista insieme al marito Massimo Verona.

I coniugi, sposati nel 1987, avevano come tutte le coppie il sogno di allargare la famiglia con dei bellissimi bambini. Un desiderio legittimo se si considera anche la circostanza, probabilmente non casuale vista la storia che vi sto raccontando, che il matrimonio si è celebrato nel mese di ottobre, il giorno 4 dedicato alla festa di san Francesco da Assisi, nella chiesa dei frati minori di Forte dei Marmi, in via padre Ignazio da Carrara.

Oggi Michela è una bella signora mora di 45 anni, di corporatura minuta, e suo marito Massimo, è biondo, giovanile e di bell'aspetto. Sono una coppia felice ma questa gioia è arrivata dopo anni di difficoltà e delusioni profonde che hanno messo a dura prova la loro speranza di diventare genitori.

Sette lunghi anni, prima di arrivare a vivere l'emozione della nascita di un figlio. Il lungo e difficile tragitto comincia nel 1988, neppure dodici mesi dopo il fatidico sì, quando i coniugi si rivolgono all'ospedale di Pietrasanta, contattando il dottor Cima, primario del reparto di ginecologia. Avevano capito che c'era qualche problema perché Michela non riusciva ad approdare in tempi rapidi alla gravidanza. Così tutti e due si sottopongono a una cura di farmaci per aumentare la fertilità. Sono mesi lunghi e di palpitante attesa. Di speranze. Deluse.

Arriviamo al 1991 quando Michela e Massimo stanno ormai perdendo la fiducia. Qualche loro amico li consiglia di rivolgersi agli specialisti dell'Università di Pisa e in particolare alla clinica ginecologica diretta dal professor Piero Fioretti. Parte il nuovo viaggio della speranza. Carichi di tante aspettative i coniugi vengono affidati alle cure del dottor Alessandro De Ruggero. In particolare il marito viene seguito da un andrologo, il dottor Canale. Il reparto pisano è all'avanguardia: pratica con successo la terapia delle inseminazioni artificiali. Michela si sottopone a ben cinque tentativi utilizzando il seme del marito.

Tentativi che purtroppo non vanno a buon fine.

Le conclusioni dello specialista sono impietose: il seme di Massimo è molto "debole" e questo problema si unisce alla diagnosi, ormai certa per Michela, di una grave forma di endometriosi. Si tratta di una patologia che comporta una grave deformazione della mucosa dell'utero e che, a sua volta, provoca gravi sanguinamenti. Insomma, il quadro clinico è sconfortante e il sogno di diventare genitori si allontana sempre di più.

La vicenda si arricchisce, nel 1992, di un altro capitolo che rende la situazione ancora più critica. Infatti i due medici pisani scoprono che Michela presenta sul lato sinistro delle ovaie una cisti che deve essere assolutamente rimossa perché potrebbe compromettere la riuscita della possibile gravidanza. L'intervento non si presenta affatto facile. Anzi, c'è il rischio concreto che, se la sua riuscita non sarà perfetta, si possa danneggiare irreparabilmente la funzionalità delle ovaie. Michela è tormentata di fronte a questo nuovo problema che aggrava un quadro già molto pesante e difficile da sostenere per la serenità della vita di coppia.

La decisione è molto semplice, in quel momento probabilmente la migliore da prendere. La signora blocca tutto perché non se la sente di rischiare l'intervento. Però al contempo segue il consiglio dell'andrologo Canale che le suggerisce di recarsi a Reggio Emilia dove opera il professor La Sala, un medico che pratica, con grande successo, la terapia della fecondazione in provetta. Siamo nel gennaio del 1993. Michela arriva al consulto con il medico reggiano carica di aspettative. Ma lo specialista getta acqua sul fuoco. Sconsiglia la coppia di praticare la sua cura. Ci sono problemi legati all'età: i due sono ancora troppo giovani (all'epoca hanno 29 anni lei e 31 anni lui) per sostenere la fecondazione in provetta. Di solito, infatti, la terapia viene praticata su donne di età compresa tra i 30 e i 40 anni e su uomini over 40.

Circa nove mesi dopo questo consulto in terra emiliana, Michela sente il bisogno improvviso di chiedere la grazia alla Madonna di Lourdes per coronare il sogno della sua vita. Dalla scienza alla spiritualità. Quando le cose non vanno, sorge forte e improvviso il desiderio di appellarsi alla più grande e potente figura mistica per la richiesta di grazie di tutto il mondo: la Vergine Santa.

Il nuovo viaggio della speranza vede Michela accompagnata dalla mamma Franca e da una zia ammalata che necessita di una grazia. Nel lungo viaggio sul treno dell'Unitalsi, fede e speranza si coniugano, intrecciate da un filo neanche tanto sottile. Michela vive un'esperienza straordinaria. Quello che le viene dipinto come un tragitto lungo, carico di sofferenze, accanto a persone che devono essere seguite con difficoltà nel loro calvario, diventa invece per Michela una straordinaria esperienza che la fa crescere.

In tanti l'avevano sconsigliata: «Stai attenta a fare quel viaggio, perché la presenza di tanti ammalati ti renderà ancora più triste». Invece affrontare la sofferenza, anche degli altri, ti migliora. E fa scoprire a Michela la bontà e l'altruismo di chi si mette umilmente al servizio dei più deboli.

È con il cuore gonfio di gioia e di serenità che la fiorista arriva nei luoghi sacri di Lourdes. È emozionata e si fa prendere dal clima mistico di quei territori santi. È colpita soprattutto dalla visione della grande statua della Madonna. E anche dalle suggestioni della fiaccolata notturna, il momento culminate della celebrazione del rosario. Lungo il viale centrale vede la chiesa e le cappelle. Si respira, per davvero, un'atmosfera mistica che ti riempie il cuore. Tutti in fila, pregando per ore, aspettando di arrivare dinanzi alla grotta delle apparizioni dove la Madonna è stata vista da Bernadette.

Accanto a lei, le carrozzine con i paralitici e i malati gravi sulle barelle. Michela, dopo un'attesa consumata a pregare e a meditare, vede arrivare il suo turno. La spogliano, scivola lentamente nelle vasche immergendosi nell'acqua miracolosa.

A questo punto, all'interno della grotta dell'apparizione, si consuma il momento più suggestivo e decisivo: la fiorista di fronte alla statua della Vergine Santa chiede la grazia: «Cara Madonnina, ti prego con tutto il cuore di rendere felice la mia famiglia e di farmi il dono di diventare mamma. Il più grande desiderio della mia vita».

Quattro mesi dopo, Michela trova la forza di affrontare, con l'indispensabile aiuto della fede, i rischi di un intervento per rimuovere la cisti che metteva a repentaglio una possibile gravidanza. Sotto il manto protettivo della Vergine Santa e con l'aiuto e la bravura riconosciuta da tutti del professor La Sala, lo specialista di Reggio Emilia, Michela si sottopone all'intervento, il giorno dopo ha la mente sgombra da dubbi. D'accordo col ginecologo decide di sottoporsi alla fecondazione in provetta e si mette in lista d'attesa. Passa ancora qualche mese.

Accettare la terapia è diventata una scelta obbligata e il professore fissa una data: metà ottobre. La cura prevede due fasi: nella prima parte lo specialista "mette a riposo", come si dice tecnicamente, le ovaie. Tutto viene bloccato dal decapeptyl, un potente farmaco iniettato in dose unica via intramuscolare e che ha un effetto di circa 40 giorni: una medicina che, all'epoca, costava ben 500.000 lire. La seconda parte della terapia rende attivi tutti gli ovuli. La paziente può diventare più feconda perché in un mese arriva fino alla produzione di sei ovuli anziché della metà.

Ma a questo punto si preannuncia un colpo di scena, una svolta inaspettata.

Il farmaco bloccante viene iniettato da un medico della Misericordia di Forte dei Marmi e, da quel momento, la fertilità di Michela per la scienza medica ufficiale è assolutamente inibita. Come se la donna fosse già in menopausa, con le ovaie completamente "paralizzate".

Impossibile rimanere incinta. Eppure la svolta è vicina, perché improvvisamente il destino vuole che il professor La Sala debba lasciare Reggio Emilia per volare gli Stati Uniti e partecipare a un meeting medico internazionale: il luminare parla con la paziente e le dice di sospendere la seconda parte della cura fino al momento del suo rientro, a dicembre. «Non si preoccupi signora» spiega La Sala «a lei adesso non può succedere nulla. Avrà il ciclo mestruale bloccato dal decapeptyl per almeno quaranta giorni e quindi non può rimanere incinta.»

La svolta ha una data precisa: il 30 dicembre 1994. Il sanitario reggiano è rientrato dagli Stati Uniti e fissa per quel giorno il consulto per riprendere la cura, dall'inizio dopo che era stata sospesa. Massimo Verona, il marito, dice al medico: «Mia moglie ha un ritardo del ciclo di circa cinquanta giorni. Siamo un po' preoccupati perché non riusciamo a capire quale sia il motivo di questo ritardo e che sviluppi possa avere questa situazione».

Il medico, secondo quanto riferito dai due coniugi, invece non ha dubbi: il ritardo può essere dovuto solo come causa degli effetti del farmaco iniettato a metà ottobre. Per motivi precauzionali il professor La Sala dispone immediatamente un'ecografia alla paziente.

Esame che dà un risultato sensazionale. Queste le testuali parole pronunciate dal medico così come riportate da Michela e Massimo: «Cara signora, non canti gloria contro la scienza e la medicina, ma lei in base a questa ecografia risulta essere gravida».

Tuttavia il professor La Sala cerca un'ulteriore e definitiva prova soprattutto perché il feto, impresso nell'ecografia, non aveva ancora le attività biologiche vitali in funzione: né quella cardiaca, né quella cerebrale.

Marito e moglie tornano a casa con qualcosa di più di una speranza nel cuore. L'esplosione della felicità arriva tre giorni dopo, quando tornano alla clinica universitaria ginecologica di Pisa e il dottor Alessandro De Ruggero comunica ufficialmente che la gravidanza è in atto al cento per cento: il feto ha «attività cardiaca rilevabile ed è in ottima salute». Rimarrà su questa vicenda un alone di mistero che non sarà mai svelato. Non risulterà mai chiaro il giorno del concepimento.

Forse solo la Madonna di Lourdes può sapere qualcosa di più preciso.

Il bambino ora è un bellissimo ragazzo quattordicenne. Si chiama Alessandro, ha appena superato gli esami di stato di terza media con dieci, il massimo dei voti. Alessandro è un piccolo campione in erba, che indossa la maglia azzurra della nazionale italiana Under 15 di hockey su pista. È il punto di forza delle giovanili dell'Spv Viareggio, una delle società più titolate di questo sport in campo nazionale. E dopo due anni è arrivato anche il fratellino Mattia (oggi dodicenne), bello come il primo, nuovo dono di una grazia infinita di gioia e serenità familiare che solo la protezione della Madonna ci può dare.

Capitolo 15
RIMINI E IL RINNOVAMENTO NELLO SPIRITO

Il guaritore brasiliano e le TAC misteriose

Non scorderò mai quel giovedì 30 aprile 2009. Partii da Forte dei Marmi la mattina di buon ora per Milano e lavorai tutto il giorno al Circolo della Stampa con i dirigenti e i produttori di Canale Italia, per un nuovo programma televisivo che avrei dovuto registrare in settembre.

La sera ero impegnato a Lido di Camaiore, in Versilia, nei saloni dell'Una Hotel, per presentare un evento di beneficenza, organizzato dal mio amico Alberto Nelli, allo scopo di raccogliere fondi per suor Kornelya.

Ero stanco ma, se andavo avanti con tutta quella energia, era solo perché sapevo che di lì a poco, anche sul tardi – anzi, a qualunque ora – sarei partito per Rimini per partecipare alla 32ª Convocazione Nazionale del Rinnovamento nello Spirito Santo.

Anche stavolta c'era Bianca Marcocci, storica compagna di quel viaggio del due febbraio in Erzegovina che mi ha cambiato la vita.

Ma non eravamo soli. C'era anche una nuova amica che il "caso" ha voluto farmi incontrare. Un'amica della quale, purtroppo, per sua esplicita richiesta, non posso fare il nome, né indicare la professione per la quale sarebbe facilmente riconoscibile, né, tanto meno il luogo dove vive e lavora. Per comodità di racconto e, come abbiamo già fatto nel capitolo 12 con la "dama bionda", la chiameremo la "dama nera".

Vi dirò solo questo, la dama nera è una persona molto sensibile, altruista, generosa e vive in Toscana, non lontano dalla Versilia.

Ero stato invitato a questo prestigioso incontro di preghiera e di spiritualità dal presidente, Salvatore Martinez. Un meeting di dimensioni colossali al quale, mediamente, partecipano fra le 30 e le 40.000 persone.

Non avevo mai visto né conosciuto il presidente Martinez ma credo che la mia vicenda l'avesse incuriosito.

Grazie all'amicizia con Bianca e all'avvicinamento alla Fede, ho cominciato a capire l'importanza della preghiera. La mia amica, molto attiva come coordinatrice nell'ambito dei gruppi del Rinnovamento in Toscana, ha insistito tanto per portarmi a Rimini a salutare tutti i partecipanti dal palco e a rendere una breve testimonianza.

«Paolo, non puoi mancare a un incontro del genere» dice Bianca Marcocci «perché trovarsi di fronte a una folla da stadio per un incontro di preghiera, è una cosa talmente stimolante che ti può cambiare la vita.»

«E poi» continua «sei stato invitato dal nostro presidente Martinez che è un uomo di cultura, profonda spiritualità e grande senso di solidarietà umana. Vedrai che lui ti saprà dare i consigli giusti per continuare il cammino che hai intrapreso.»

In quel momento ero ancora sballottato da una testimonianza all'altra e solo grazie ai miei 5 sacerdoti e ai consigli di monsignor D'Ercole stavo selezionando i tanti incontri in giro per l'Italia, che mi stavano affaticando e mi impedivano di stare in raccoglimento per fortificare il mio credo e il mio cammino.

Partiamo all'una di notte da quella festa di beneficenza organizzata in un hotel a Lido di Camaiore dall'imprenditore pisano, proprietario della concessionaria Vittoria della BMW, Alberto Nelli.

Il volo per Medjugorje, che sarebbe partito di lì a pochi giorni, il 12 maggio 2009, incombeva nei miei pensieri e anche nel mio dormiveglia perché cercavo di raccogliere le forze per non scoraggiarmi davanti a una impresa titanica come quella.

Arriviamo a Rimini alle cinque meno un quarto del mattino, bolliti dal sonno e stanchi morti.

La mattina alle 9, al padiglione centrale della Fiera di Rimini, c'era la prima messa celebrata alla presenza del cardinale brasiliano Claudio Hummes, già arcivescovo di San Paolo nel 1998 per volere di papa Wojtyla. Un cardinale importantissimo tanto da essere nominato, nel 2006 da papa Benedetto XVI, prefetto della congregazione per il clero.

Sono arrivato un po' in ritardo e dormivo in piedi dalla stanchezza. Ma quando sono salito su quel palco, passando dietro le quinte, insieme alla "dama nera" e a Bianca Marcocci, mi sono ripreso immediatamente. Avevo i brividi e le scariche di adrenalina addosso. Sentivo la gioia di condividere la preghiera insieme a 34.000 persone. Incredibile.

A un certo punto, non ricordo sinceramente chi, durante la messa, ha rievocato sul palco le difficoltà della famiglia italiana davanti alla piaga dei divorzi e dalle separazioni.

Mi sono ritornate in mente le mie vicissitudini e non ho potuto fare a meno di piangere. Salvatore Martinez era accanto a me: non l'avevo mai visto, non lo conoscevo, ma lui si era accorto del disagio che stavo attraversando in quel momento esatto. Mi ha preso da parte e, in una saletta dietro le quinte mi ha rasserenato e con poche semplici parole mi ha spiegato due concetti fondamentali da tenere sempre con sé.

Il primo riguarda un passo del Vangelo di Matteo dove si dice: «In verità vi dico ancora: se due di voi sopra la terra si accorderanno per domandare qualunque cosa, il Padre mio che è nei cieli ve la concederà. Perché dove sono due o tre riuniti nel mio nome, io sono in mezzo a loro» (Mt 18, 19).

L'altro che la dice lunga sulla necessità della condivisione e del vivere in comunione l'esperienza della Fede e delle cose di tutti i giorni, tratto dalla Bibbia dal libro di Qoèlet: «Meglio essere in due che uno solo, perché due hanno un miglior compenso nella fatica. Infatti, se vengono a cadere, l'uno rialza l'altro. Guai invece a chi è solo: se cade, non ha nessuno che lo rialzi. Inoltre, se due dormono insieme, si possono riscaldare; ma uno solo come fa a riscaldarsi?» (Qo 1, 9).

«Mai stare da soli, sopratutto quando fresca è la ferita di un dolore profondo» dice Martinez. «Pregare insieme aiuta nelle difficoltà della vita. Frequentare un gruppo di persone timorate di Dio è alla base della convivenza nel segno della pace e dell'amore.»

Poi Salvatore cita l'altro perno su cui poggia la cultura di fondo del Rinnovamento: «È la Gloria di Dio: quando sei in Gloria di Dio, tutti i miracoli, tutti i carismi sono possibili e sei corazzato contro le tentazioni, le cattiverie e il male dell'uomo adescato da Satana».

Mentre mi asciugavo le lacrime pensai che queste due citazioni non me le sarei mai dimenticate.

Ma chi è Salvatore, che fino a pochi minuti prima non conoscevo affatto pur avendone sentito parlare molte volte dalla mia amica Bianca? Salvatore è nato a Enna in Sicilia ed è sposato con Luciana, una bella signora mora, che lo aiuta anche come collaboratrice. Laureato in paleografia e filologia musicale è un ottimo compositore di musica sacra e, oltre a essere presidente nazionale del Rinnovamento, il papa, nel marzo 2008, l'ha nominato Consultore del Pontificio Consiglio per i Laici, in pratica un consulente del Pontefice per i problemi del mondo laico e, più in generale, della società civile.

Ma la cosa più straordinaria è la sua intensità quando prega e quando parla dinnanzi a una platea così folta come quella del Rinnovamento. Le sue parole puntano dritto al cuore e alla mente delle persone.

Quando si è presentato ero in confusione totale. Pensavo al volo per Medjugorje, ai miei matrimoni falliti, a tutto quello che avevo fatto precipitando nel buio più profondo, alla gente per bene che era vicino a me e io che mi sentivo più un imbucato che un invitato.

Ero un ospite ufficiale, avrei dovuto salutare il pubblico e fare un intervento che tutti si aspettavano ma non ce la facevo. Forse quel giorno non era giunto il momento per rendere una testimonianza vera come avevo fatto al Palasharp a Milano. Ero troppo stressato e quella mattina, forse per la stanchezza, per il superlavoro speso per far partire quell'aereo, non me la sentivo di parlare. Avevo bisogno di pregare e di ascoltare quello che dicevano gli altri. Martinez l'ha capito subito e abbiamo deciso di ridimensionare il mio intervento.

Dopo circa un paio d'ore mi ritrovo sul palco per salutare la platea. Ho voluto ricordare i 5 sacerdoti che mi hanno aiutato tanto e ho anche esclamato: «Guai a chi tocca i preti. Guai a chi mette in discussione i poveri parroci dei piccoli paesi o delle province più lontane. Se oggi sono qui con voi, lo devo a loro».

Ho raccontato brevemente qualche episodio della mia vicenda, mi sono fermato quasi subito e, prima che cominciassi a commuovermi nel ricordare quelle ferite profonde che mi hanno segnato in modo indelebile, ho chiesto a tutti di scusarmi per la brevità del saluto e mi sono concesso solo un piccolo privilegio. Volevo ripetere quella straordinaria esperienza del Palasharp di Milano, dove ottenni di poter recitare l'Ave Maria insieme a quella incredibile moltitudine.

Appena pronunciato: «Ave Maria», sento un'emozione così forte e potente attraversarmi la schiena, la mente e il cuore che, per qualche secondo, rimango attonito e stupito, per tutta quella energia che mi ha percorso.

Vicino a me si siede la dama nera, anche lei ha avuto sensazioni molto forti. Saluto tutta quella folla e ricevo un applauso il cui ricordo ancora oggi mi dà la forza e la responsabilità per continuare a vivere come sto cercando di fare dal 3 gennaio.

Ma il bello di quella giornata, così intensa, doveva ancora arrivare. E sarebbe arrivato quello stesso pomeriggio.

Ironì Spuldaro, guaritore per conto di Dio

Nel primo pomeriggio di venerdì primo maggio, a soli 11 giorni dalla partenza per Medjugorje, nel gigantesco capannone della fiera di Rimini che potrebbe contenere 12 Jumbo messi in fila a coppie, è previsto l'intervento di Ironì Spuldaro, un brasiliano che viene annunciato come uno dei più potenti guaritori del mondo per conto di Dio.

Infatti Ironì deve intrattenere i 33.000 ospiti sul ministero di guarigione ispirato al tema: «Come abbondano le sofferenze di Cristo in noi così, per mezzo di Cristo, abbonda anche la nostra consolazione».

Detto così non capisco. Sono ancora frastornato da quello che mi è successo la mattina, fra la commozione, la stanchezza, l'incontro con Martinez e quella preghiera recitata insieme a un oceano di persone.

Ho bisogno di vedere e capire, senza sforzarmi troppo sul significato filologico delle parole che, spesso, nella dottrina teologica, assumono una valenza diversa rispetto al linguaggio di tutti i giorni. Per esempio, tante volte ci si riferisce alla parola "profeta" e ci si può confondere con quelli che pretendono di prevedere il futuro come i maghi o gli astrologi, dietro i quali, spesso, si cela esoterismo, se non addirittura satanismo. Profeta, invece, è colui che ha il dono di recepire la parola di Dio e di comunicarla alla gente. Bene, credo che quel giorno situazione migliore per capire non potevo trovarla.

Già Martinez mi aveva avvertito: «Guarda, Paolo, che oggi comprenderai cos'è la forza della preghiera».

Ironì è un potente intercessore della volontà divina ma è anche persona umile e semplice.

Colto da curiosità vado a sbirciare le note sull'opuscolo del programma e leggo: «Ironì Spuldaro, nato Chopinzinho il 23 gennaio 1966, nello stato brasiliano del Paranà. Sposato con Roziclèia, padre di due figli, Lucas e Gabriel. Abita a Guarapuava da 30 anni. È direttore di due radio nazionali, appartenenti alla Fondazione della Madonna di Betlemme. È presentatore televisivo molto popolare in tutto il Centro e Sud America e conduce il programma Celebrando Pentecoste. Da 22 anni fa parte del Movimento Cattolico Carismatico del Brasile e attualmente è membro del Comitato Nazionale di Servizio del RCC (Rinnovamento Carismatico Cattolico) e coordinatore della Conferenza Nazionale dei vescovi brasiliani. Esercita il ministero di predicatore in tutto il Brasile, Sud America, Stati Uniti, Europa».

Mi pare di aver capito qualcosa in più, ma rimango ancora perplesso sul significato della parola "guarigione" e del potere di Ironì di esercitarla per conto di Dio.

Nel giro di un paio d'ore i dubbi scompaiono e subentra lo stupore, lo sconcerto, talvolta l'incredulità e talaltra la fede che mi dice: «Guarda Paolo che qui è tutto vero». Ma siccome siamo tutti peggio di san Tommaso e nel nostro cuore ci ricordiamo di Gesù solo quando siamo disperati e siamo disposti a credere in qualunque cosa, davvero qualunque, mi sono aggrappato, come un cozza allo scoglio, a un sacerdote che seguiva in silenzio e grande concentrazione ciò che diceva e faceva Ironì.

«Scusi, ma... ma secondo lei è tutto vero? Scusi padre, ma allora tutto questo che sta facendo... davvero... sta succedendo in questa sala? Per davvero?»

Il sacerdote, armato di infinita pazienza, continuava a rassicurarmi sulla straordinaria capacità di Ironì di parlare con Dio e con Gesù ma si vedeva che veramente l'avevo distratto troppo e che voleva assistere in pace a questo evento incredibile. Quale evento? Ve lo dico subito.

Ironì prega per un'ora e poi invoca per un'altra lo Spirito Santo. Poi, con l'aiuto di musiche, canti, un'orchestra da trenta elementi con tamburi, trombe, violini, fisarmoniche, chitarre, sassofoni, Ironì guida questo immenso mare di gente che canta senza fermarsi.

Saltando come un grillo da un lato all'altro del palcoscenico e, con la gioia nel cuore, organizza i cori e le parole di quella folla oceanica che a un suo cenno parte cantando a squarciagola o fermandosi di colpo. Subito dopo, metà cantano e metà tacciono, poi viceversa e poi tutti insieme ancora una volta. Insomma, vorrei dire, un Fiorello prima maniera, quello del *Karaoke*, stavolta però, in nome di Dio.

Ma il sensazionale non è in tutto ciò. Fra poco vi racconterò cose incredibili. Prima voglio fare questa riflessione con voi.

A Rimini ho potuto constatare che ci si può avvicinare tutti alla religione con gioia, cantando e ballando. Quella stessa gioia espressa da Chiara Amirante in Nuovi Orizzonti che ci ha indicato anche in quale versetto del Vangelo si può andare a cercare: Giovanni 15,11.

E soprattutto, sapete chi? I giovani, perché là ce ne erano migliaia e io, nelle chiese, adesso che le frequento, di giovani ne vedo ancora troppo pochi. Ma io, a questo proposito, dovrei essere l'ultimo a parlare.

C'è un concetto di religione in Italia che non si ritrova nei paesi del Sud America. Probabilmente per una differenza di culture e di radici storiche totalmente diverse. Sta di fatto che noi siamo legati a un'immagine, a un linguaggio, a una raffigurazione artistica dove c'è sempre la sofferenza, la morte rappresentata con il teschio e le ossa incrociate, il tutto nell'oscurità e nel silenzio più totale. Allora, scusate, perché uno dovrebbe andare in chiesa a pregare se in quel modo si rievoca solo un senso di Apocalisse, di punizione, di castrazione psicologica? Pare quasi una iattura sul nostro futuro.

Chiedo scusa a tutti, soprattutto alla Chiesa, se mi sono permesso di dire queste cose, ma credetemi: questo è veramente quello che penso da tanti anni e anche quello che pensano gli amici che frequentavo e che frequento tutt'ora e che rappresentano una vastissima categoria di persone.

Naturalmente tutto ciò non ci deve far abdicare alle responsabilità nello scegliere fra il bene e il male, nel pregare o nel non pregare, nel comportarsi correttamente nella vita o nel gettarla via come ho fatto io per un anno intero.

D'altra parte ho ancora impressa nella mente l'immagine di Giovanni Paolo II, allorquando, all'età di 58 anni, venne eletto pontefice e si affacciò per il primo saluto dalla terrazza di san Pietro, appoggiando le due mani sulla balaustra. In quei 120 secondi, come scrive Antonio Socci nel suo libro *I segreti di Karol Wojtyla*: «...il mondo scoprì che Gesù Cristo è giovinezza, virilità, libertà, mentre, fino a quel momento, si pensava e si parlava della Chiesa come un'accolita decrepita di vecchi e bambinetti».

Mentre sto scrivendo, leggo quel libro bellissimo e le mie sensazioni coincidono con il desiderio di freschezza che ci ha lasciato questo papa immenso.

Quello che avevo da dirvi dal cuore ora l'ho scritto e ne sentivo la necessità non per una critica fine a sé stessa ma per vedere cosa si può fare nella vita di tutti i giorni per rendere più allegro il nostro rapporto con la fede.

Ma la fede può anche rafforzarsi o addirittura nascere quando si assiste ai fenomeni apparentemente inspiegabili come quelli che Ironì ci ha mostrato, perché lui, in sostanza, fa come il commentatore di una partita di calcio, mentre va in onda in diretta il derby d'Italia Juve-Inter.

Ironì ha descritto, in diretta, le guarigioni che Dio e Gesù operavano sulle persone malate fra le 33.000 assiepate dentro quel capannone immenso.

E gridava: «*Deus* mi dice in questo momento... che qui davanti a noi ci sono quattro persone sorde... in questo momento stanno per riacquistare l'udito...».

E poi, subito dopo, gridava ancora più forte: «Alzate subito la mano e dite chi siete... dove siete... Dio mi dice che siete sul lato sinistro... forza forza, venite avanti, nel nome di Dio... fate un passo avanti... adessoooooo!».

Insomma, ero sconvolto. Ironì era scatenato e come il Niccolò Carosio dei tempi migliori o Caressa di Sky per i giovani di oggi, urlava a squarciagola la sua forza spirituale mentre descriveva questa pioggia di grazie operate da Gesù che guariva i malati.

I sordi che non erano più sordi, credetemi, piangevano a più non posso dalla gioia, dallo stupore di passare dal silenzio tombale della loro vita alla felicità di poter finalmente "ascoltare" il mondo.

E poi la cosa sconvolgente, quando è toccato a una ragazza, giovane e malata due volte, perché paralizzata a tutte e due le gambe, inchiodata sulla carrozzella e anche con gravi problemi psichici. Si alza, cammina e viene sul palco aiutata dagli amici. I volontari che l'avevano portata fin lì erano semisvenuti dalla commozione.

E poi, sette persone malate di tumore, due non vedenti e un anziano sacerdote cieco da un occhio solo. Non finisce qui, perché Ironì con la parola di Dio mette in crisi tutti coloro che sono preda di manifestazioni demoniache, gli invasati, gli indemoniati, gli spiritati e quant'altro che possa accadere di male o di maleficio a un essere umano.

Prega e recita formule mai sentite in lingua portoghese, tutte tradotte in simultanea da Milagros, la giovane traduttrice peruviana missionaria di Cancao Nova.

Si sentono urla impressionanti, grida animalesche, gente che si dibatte con tutte le sue forze mettendo in crisi gli uomini della sicurezza che, per avere la meglio, accorrono numerosi.

Poi, di colpo, il silenzio. Tutto tace.

Nessuno apre più bocca.

Ironì ha finito.

Si congeda e, da quel momento, scompare dietro le quinte, salutato dalla folla impressionata che comincia piano, piano a intonare nuovi canti per invocare il Signore che ha donato una copiosa pioggia di grazie a tutti.

Ironì, insieme alla sua traduttrice Milagros, ricompare dopo un po', mentre, sul palco, ha inizio la celebrazione eucaristica presieduta da Sua Eminenza il cardinal Claudio Hummes. Si è accomodato in una delle poltroncine riservate agli ospiti, alcuni dei quali relatori della Convocazione.

C'erano alcuni posti liberi ma Ironì si è seduto accanto a me e, dietro di lui, la responsabile del Rinnovamento brasiliano e Milagros, che ha preso posto proprio alle mie spalle.

Dopo la comunione mi sono inginocchiato, pregando per la mia nuova vita e per tutte quelle persone che mi scrivono e che hanno delle pene da risolvere. Sono rimasto così per mezz'ora buona, assorto nei miei pensieri e parlando con la mia Madonnina di Medjugorje, a cui spesso mi rivolgo, con preghiere spontanee per lo più dettate dal cuore, esattamente come facevo quando ero in preda alla disperazione.

Nel momento in cui ho sentito il sacerdote che stava concludendo la celebrazione, mi sono preparato alla benedizione finale e, così facendo, ho alzato lo sguardo e ho visto e sentito Ironì che si rivolgeva con fare serio e deciso a Milagros e le diceva in portoghese: «*A este homem diga a ele que quando sair daqui devo referir a uma coisa importante sobre a sua vida*» («Dì a questo uomo che quando usciamo di qui devo dirgli una cosa importante sulla sua vita»).

In quel preciso istante, anche se sono un po' più ferrato in spagnolo che in portoghese, mi son sentito chiamare in causa e ho inteso chiaramente che c'era qualcosa di importante che avrei potuto sapere da quell'uomo incredibile che mi si era seduto a fianco.

Inutile dirvi l'ansia che mi ha preso. Poi ho riflettuto e mi son detto: ora prego e così mi tranquillizzo. Ho cominciato un'Ave Maria ma, dopo pochi secondi, mi sono girato verso Milagros e l'ho implorata di raccontarmi tutta la verità, nient'altro che la verità. Insomma, ero, altro che calmo... agitatissimo!, e non vedevo l'ora di parlare a quattr'occhi con Ironì.

La vicenda che vi devo raccontare è sconvolgente, soprattutto per me e per la mia salute fisica. Secondo Ironì, nel tempo dell'eucaristia appena conclusa, si sarebbe verificata su di me una situazione soprannaturale, della quale mi riserbo di raccontare i particolari non appena i sofisticati riscontri medico-diagnostico, a cui mi sono sottoposto ultimamente, saranno completati. Purtroppo non posso dire nulla per ora perché, quando saranno finiti gli accertamenti, questo libro sarà già in circolazione ma, sicuramente sarà argomento del prossimo libro.

La potenza di quest'uomo per effetto della Grazia di Dio l'ho poi nuovamente sperimentata la sera, in albergo, dopo la cena di gala in un hotel di Rimini. Io, la dama nera, Ironì, la dirigente del RCC e Milagros ci siamo ritirati in una saletta. Ironì e le altre due hanno cominciato a invocare il Signore con un canto in lingua imponendo le mani su di me e la dama nera.

E, mentre pregava, Ironì mi ha guardato, dicendomi che Dio aveva notato che ho dei problemi al ginocchio sinistro e all'anca sinistra a causa della cartilagine consumata. A quel punto ho allargato le braccia e ho detto, un po' scherzando e un po' preoccupato: «Va be', a sto punto diteme voi: che devo fà?».

Effettivamente 5 anni fa sono stato operato al menisco del ginocchio destro e alla cartilagine del ginocchio interno destro che è stata completamente ripulita e risistemata. I medici mi hanno avvertito che avrei avuto scompensi sulle ossa più importanti della gamba destra, dal femore, all'acetabolo, al ginocchio, alla rotula e alle cartilagini dell'anca e del ginocchio.

Ma Ironì che proviene dallo stato del Paranà nel cuore del Brasile, come fa a sapere cose della mia vita che solo io e i medici conosciamo?

Quando ho allargato le braccia mi sono reso conto che dinanzi a Dio siamo davvero nulla e che solo a Lui bisogna rimetterci per quello che riguarda la nostra vita.

Ironì mi ha detto: «A dicembre, se avrai fede, sarai guarito e non ci sarà più bisogno di un intervento perché Gesù ti farà ricrescere le cartilagini consumate ma se sceglierai un medico per rimuovere il problema, Dio opererà attraverso di lui e il suo bisturi sarà guidato dalla mano celeste».

L'unico cruccio che ho è che non posso raccontarvi le altre cose che Dio avrebbe visto dentro di me per il tramite di questo potente intercessore di Grazie.

Una cosa ve la dico già ora. Nel giro di tre giorni sono stato a Forte dei Marmi alla clinica San Camillo, a fare una diagnosi con ecografia e raggi X, ma tutto ciò non è stato sufficiente per documentare l'intera vicenda e spiegarla in questo libro.

A fine autunno il mio amico e medico legale di Firenze, dottor Francesco Nobili, mi darà il responso finale, dopo aver seguito tutto il mio quadro clinico che è stato valutato dagli specialisti di un'importante casa di cura privata del capoluogo toscano. Ma, come vi ho detto, non farò in tempo a pubblicarlo.

Sabato 2 maggio, partiamo io e la dama nera, perché nel frattempo Bianca Marcocci si ferma a Rimini in quanto vuole rimanere fino alla fine della Convocazione Nazio nale.

Durante il viaggio, quasi 4 ore, la dama nera mi racconta la sua storia, e finisco per scoprire un'altra vita inimmaginabile, dove la parte spirituale prende il sopravvento.

La dama nera

La dama nera ha uno sguardo intenso, ma il suo occhio destro è spento da quando aveva 14 anni. Dopo qualche anno si è però resa conto di vedere anche con un solo occhio il male che può annidarsi nella vita di tutti noi. Dice di non sapere come questo accada ma sente di poter guarire la gente che le passa accanto, casualmente, da malattie importanti, con la sola imposizione delle mani.

«Se impariamo a usare i nostri problemi, grazie alla fede, che diventa il punto di riferimento fondamentale della nostra vita, allora i nostri guai, le nostre ferite, perfino le nostre malattie possono diventare il carburante, l'energia vitale misteriosa, ma infinita, della nostra nuova vita.»

Comincia a dipingere, una cosa impossibile a causa del suo handicap. Ma lei, caparbia dice: «Se fossi stata sorda, avrei fatto la cantante e avrei scritto e musicato le canzoni. Insomma, bisogna pensare che, nella vita, se si chiude una porta, si può aprire un portone».

Dai 20 anni in poi, comincia ad accorgersi che può monitorare le persone che incontra per caso in strada.

«Vedo come delle macchie scure sopra di loro che, come dei campanelli di allarme, mi avvertono di un male nascosto, banale come una ciste, ma anche grave come un cancro.»

Una storia fra tante.

La nostra protagonista viene invitata a Firenze a un evento culturale. Durante il cocktail di benvenuto si trova a chiacchierare con una signora sconosciuta. Nota un disagio in lei che le fa sbattere gli occhi in continuazione. La signora mostra un vistoso rigonfiamento sopra il sopracciglio sinistro che nasconde una grossa ciste che le provoca terribili mal di testa.

«Come sei messa a sentimenti?» le chiede improvvisamente la dama nera. «Io vedo un problema, come un chiodo fisso, che ti impedisce di stare con gli uomini per un lungo periodo e ti obbliga lasciarli subito. Questo chiodo fisso è il tuo papà che non ti è mai stato vicino e questo pensiero continuo si è trasformato in una malattia fisica, la tua ciste. Io posso guarirla solo se vorrai guarire anche la tua anima e cercare di riavvicinarti al tuo papà, anche se adesso non c'è più.»

La donna rimase esterrefatta, accettò i consigli, migliorò, guarì e due anni dopo si sposò.

«Tutte le malattie vengono dall'anima» dice la dama nera «e poi si materializzano nel corpo. Prima devi volere guarire le ferite dell'anima, poi, forse, con l'aiuto di Dio, anch'io posso fare qualcosa. Le mie mani hanno come la capacità di "asciugare" le parti malate degli organi molli del nostro corpo, attirando su di me "lo sporco". Questo carisma mi arriva da Lassù, come da un tubo appeso al cielo attraverso il quale scendono messaggi, che, in automatico, mi spingono ad avvicinarmi a qualcuno che ha un problema per cercare di risolverglielo.»

In un battibaleno, finiti i tornanti dell'Appennino tosco-emiliano della A1, ci ritroviamo in Versilia. Il viaggio è finito ma ho la sensazione che il capitolo del Rinnovamento nello Spirito Santo sia appena cominciato.

POSTFAZIONI

Tutto nella vita risponde a un progetto. Ogni incontro, anche quelli che ti sembrano casuali, alla fine capisci che sono parte di un disegno di cui impari a scoprire i dettagli mano a mano che passano i giorni. Così è stato per me e Paolo Brosio.

Un primo incontro inatteso, altri contatti coltivati con curiosità all'inizio, e sempre più amicizia e stima. Un dialogo che si snoda per capire quello che Dio chiede e come rispondergli con la più grande fedeltà possibile. Le pagine del libro raccontano alcuni momenti di luce che hanno dato senso a tutto e sono contento di trovarmi coinvolto in questa avventura di speranza dove ricorrente si avverte la silenziosa azione materna di Maria. Paolo Brosio racconta se stesso e non ha paura di rivelarsi nel suo reale vissuto. Non trattiene la maschera che spesso ognuno di noi sarebbe tentato di conservare ben stretta. Parla con sincerità e stupore. Racconta con la meraviglia di un convertito la bellezza di aver incontrato la luce e il calore che vincono le tenebre e il freddo dell'inverno del peccato e della solitudine egoista.

Rassomiglia questo libro, a suo modo, alle *Confessioni* ed è un inno di gratitudine a Dio che, in Maria, si è fatto protagonista di una rinascita meravigliosa nella storia di Paolo. L'augurio che questo sia solo l'inizio di un cammino luminoso dove non mancheranno certo le prove e le cadute ma dove non si perde mai di vista la meta. E quando la meta sta ben salda davanti agli occhi mai vengono meno le forze per raggiungerla. Perché, a ben vedere, è proprio la meta ad attrarti. E saggio e santo è colui che si lascia attrarre. Vai, Paolo! E fidati di chi ti ama e si fida di te. Fidati di Dio. Sempre!

Don Giovanni d'Ercole

Quando Agostino scrisse le *Confessioni*, il libro in cui narra della sua improvvisa conversione, aveva circa cinquant'anni.

La stessa età, anno più anno meno, di Paolo Brosio.

Solo che Agostino nel momento in cui si decise a scrivere qualcosa della sua esperienza era già convertito da oltre quindici anni e aveva, dunque, già superato le inevitabili e forti crisi d'astinenza seguite a quell'evento straordinario.

Paolo invece è convertito da appena sei mesi...

Per questo motivo gli avevo suggerito di soprassedere e di rimandare ad altro momento la stesura di questo libro autobiografico contentandosi di obiettivi più modesti.

Lui invece, pronto anche a perdere la faccia, come si suol dire, davanti alla pubblica opinione, ha preferito mettere subito qualcosa di scritto oltre che per rendere partecipi del dono di grazie ricevuto i colleghi della professione e i tanti giovani dell'ambiente dello spettacolo anche per "imporsi" pubblicamente un comportamento il più possibile coerente col Vangelo.

Gli diamo credito e accogliamo con simpatia questa sua testimonianza.

È sincera.

Scorrendo il libro si avverte chiaramente che qualcosa di grande e bello gli deve essere capitato. Si avverte pure il desiderio di impegnarsi seriamente nella pratica religiosa, in particolare nella devozione alla Madonna, e di additarla con chiarezza a quanti desiderano cambiare stile di vita.

E finalmente, dato questo importantissimo, la consapevolezza dei propri limiti attuali.

Per molti aspetti, dunque, è un libro interessante; certamente non è un testo di teologia: quando si entra in certi argomenti specifici quali la preghiera, i Sacramenti, il catechismo, la disciplina dei sensi, le opere di carità, la santità, ecc. il linguaggio è approssimativo ma l'intento è buono e potrà, con l'aiuto di Dio, favorire altre conversioni.

Agostino è diventato... sant'Agostino.

Chissà che non diventi santo anche Paolo Brosio.

A parte la battuta un sincero ringraziamento a Paolo se non altro per il fervore dimostrato nell'esporre la Fede ritrovata.

Don Piero Malvaldi
parroco della parrocchia di Sant'Ermete
Forte dei Marmi

Inutile girarci intorno e fare gli ipocriti. Il primo sentimento provato quando imparai della repentina scelta di fede di Paolo Brosio, fu di perplessità. Uno scetticismo laico che Paolo ben conosce da giornalista di razza qual è. Quello che prende i cronisti quando si trovano di fronte alla storia che non t'aspetti. Improbabile. Fors'anche incredibile. Pensi all'ottovolante di chi vive di spettacolo, al sinusoide a curva stretta di chi sale e scende dalla ribalta, secondo le logiche micidiali dell'audience, del gradimento. Che è del pubblico ma anche dei potenti di turno. Con i loro raccomandati da sistemare, i protetti da valorizzare, i ruffiani da accontentare.

Pensi sempre all'espressione peggiore di quella particolarissima umanità che vive di riflettori e lustrini. Alla trovata pubblicitaria di chi non si fa specie di usare anche i sentimenti, le commozioni, i moti dell'anima per restare o tornare sulla cresta. E finisci per renderti conto che il percorso, razionale, quello che hai preteso freddo, incontaminato dall'emotività, sgombro di pregiudizi, rischia di portarti dritto dritto proprio nell'angolo irrispettoso, anzi disumano, della bollatura preconcetta. Conosco Paolo da molti anni e la sorte ha voluto che il mio recente ritorno a Firenze, grazie alla direzione della «La Nazione», abbia favorito il ripristino di una frequentazione nella "sua" Versilia. Nel frattempo, da lontano, dalle redazioni, dalla lettura dei giornali e delle agenzie avevo seguito i suoi successi e i suoi drammi. L'ho rivisto sereno, circondato da un sacco di amici, alcuni famosi, i più no, tutti coinvolti nel "progetto", compagni di strada di Paolo nel suo cammino di fede e solidarietà. L'ho ascoltato, l'ho guardato negli occhi. Ho sentito l'entusiasmo e la gioia di chi ha scoperto la generosità. Che offre se stesso agli altri ma che ha anche quella straordinaria proprietà egoistica di farti sentire bene. E mi sono chiesto: che diritto ho mai io di mettere in discussione la sua parola, le sue scelte, le sue più intime conversioni? Perché mai non dovrei credergli? Gli sono grato di avermi costretto a queste domande. Sta bene lui. Sto meglio anch'io. Da uomo e da cronista. Cosa infinitesimale rispetto alla grandezza di un incontro con la Fede. Ma in fondo anche questo è un piccolo miracolo.

Giuseppe Mascambruno
direttore de «La Nazione»

L'Io è stato la sua forza. L'Io ne ha fatto, da giovane cronista di periferia arrivato al mestiere contro la volontà della famiglia, uno degli inviati più popolari della tv italiana. E poi uno showman capace di passare dai programmi sportivi ai reality di punta. Fino a essere anche un rampante imprenditore della notte in Versilia. L'Io fatto di straordinaria determinazione, di indiscutibile capacità di dare gambe alle ambizioni, di trasformare i desideri in progetti e perseguirli senza risparmio.

Ma quell'Io è stato anche la sua maledizione, perché è stato tanto la cifra del successo professionale quanto quella dei rapporti personali, esasperando il desiderio di aiutare fino quasi a forzare le vite altrui. Perché l'ulteriore chiave della sua personalità – lo sa bene chi l'ha seguito negli anni – è sempre stata anche l'uso della sua popolarità, della forza mediatica al servizio di chi aveva meno e avrebbe potuto avere di più. Nella vita familiare e in quella pubblica, con un sostegno giorno per giorno nella carriera o con progetti di solidarietà umana che hanno lasciato il segno, anche per la contagiosa capacità di esondare e travolgere tutto e tutti. Ma ciò che vale per il pubblico non sempre funziona nel privato e Paolo, con indiscutibile sincerità, lo racconta in questo libro. Svela e rivela anche a se stesso le cause della fine del rapporto sentimentale della vita, strada per un tunnel di droga e sesso. Finché quei valori profondi smarriti nel *cupio dissolvi* non sono riemersi e si sono trasformati – fragorosamente, potentemente, com'è nel suo modo di essere – in un percorso verso Dio. Una fede vissuta in modo totale, capace di riportare la piena serenità in una vita pericolosamente perduta. Ma anche manifestata sul grande palcoscenico della vita dove è diventata una nuova occasione di coinvolgimento di centinaia di persone, una catena di nuovi percorsi di preghiera e solidarietà. Una scelta che può forse non condividere chi guarda alla fede come a una conquista e a un percorso intimo, ma per Brosio è più naturale ritrovarsi nell'idea dell'apostolo Giovanni, della fede come gioia che va condivisa. Ancora una volta è lì, nella capacità di condividere, la sua naturale forza. Da testimone dell'Io quanto del più impegnativo Dio.

Roberto Bernabò
Direttore de «Il Tirreno»

Se volete andare a Medjugorje anche voi,
cari amici lettori...

Devo un ringraziamento speciale alle guide che mi hanno accolto nei miei viaggi a Medjugorje: sono loro che hanno permesso che vivessi al meglio l'esperienza dei pellegrinaggi in Bosnia-Erzegovina che tanto hanno inciso sulla mia vita. Se pertanto desiderate anche voi recarvi dalla Regina della Pace, non esitate a contattarli:

MICHELE VASILJ - Michele.Vasilj@gmail.com
tel. 0038-763360960

MIRELA SEGO TORTORICCI - Mirela@tel.net.ba
tel. 0038-763323245

Se volete aiutare
anche voi suor Kornelya...

Cari amici, una parte dei ricavati della vendita di questo mio libro è destinata a sostenere le opere di suor Kornelya in favore dei bambini e degli anziani della Bosnia-Erzegovina. Se volete unirvi a me in questa grande azione di solidarietà e carità potete fare le vostre offerte tramite il seguente conto corrente:

Numero conto corrente:
OLIMPIADI DEL CUORE ASSOCIAZIONE ONLUS
Iban - IT 19 I 01030 01656 000002272778
Monte dei Paschi di Siena - Agenzia 37
Via San Pietro all'Orto, 24 - 20121 Milano

Causale bonifico:
Donazione pro suor Kornelya orfani dei Balcani
Medjugorje – Bosnia Erzegovina

Indice

Stampa: Mondadori Printing S.p.A. - Stabilimento NSM - Cles (Trento)